农业科研院所团队建设研究与探索

中国热带农业科学院椰子研究所　组织编写

师雪茹　陈　刚　主编

中国农业科学技术出版社

图书在版编目（CIP）数据

农业科研院所团队建设研究与探索 / 师雪茹，陈刚主编 . — 北京：中国农业科学技术出版社，2019.10

ISBN 978-7-5116-4235-6

Ⅰ . ①农… Ⅱ . ①师… ②陈… Ⅲ . ①农业 – 科研院所 – 组织管理学 – 研究 – 中国 Ⅳ . ① F324.3

中国版本图书馆 CIP 数据核字（2019）第 109994 号

责任编辑 姚 欢
责任校对 马广洋

出 版 者 中国农业科学技术出版社
北京市中关村南大街 12 号 邮编：100081
电 话 （010）82106636（编辑室）（010）82109704（发行部）
（010）82109702（读者服务部）
传 真 （010）82106631
网 址 http://www.castp.cn
经 销 者 各地新华书店
印 刷 者 北京建宏印刷有限公司
开 本 710 毫米 ×1 000 毫米 1/16
印 张 16
字 数 280 千字
版 次 2019 年 10 月第 1 版 2019 年 10 月第 1 次印刷
定 价 58.00 元

《农业科研院所团队建设研究与探索》
编写委员会

中国热带农业科学院椰子研究所　组织编写

主 任 委 员：王富有　赵瀛华
副主任委员：覃伟权　陈　刚　韩明定
委　　　员：师雪茹　王　挥　张春萍　李　杰
许丽菁　贾永立　范海阔　曹红星
刘立云　阎　伟　夏秋瑜　徐中亮

编写成员名单

主　　　编：师雪茹　陈　刚
副　主　编：黄宇峰　秦海棠
编 写 人 员：寇田田　陈仪茹　黄慧雯　彭娇洋

前 言

党的十九大对加快创新型国家建设做出了战略部署。农业科技创新是创新型国家建设的重要组成部分，农业科研院所是国家农业科技自主创新能力集成提升的主力军。创新团队作为农业科研院所科技创新的基本单元，在支撑科技创新与成果转化中发挥着基础性的作用。中国热带农业科学院根据院重点创新领域、重点学科建设的需要，以研究所为依托，以科技人员为基础，通过有效合作和跨所整合，共建设了34支院级创新团队。中国热带农业科学院椰子研究所（以下简称椰子所）作为隶属于中国热带农业科学院的基层科研机构，根据作物和学科发展需要，建立了2支院级创新团队和6支所级创新团队。

为丰富高效团队建设知识，提高科研团队创新和团队管理的效率，椰子所将2018年定为“高效团队建设年”，开展了撰写心得体会和演讲比赛等活动，获得全所职工的积极参与，取得了良好的效果，正如王富有所长在总结讲话中说的“一个人只有把自己和集体的事业融为一体，才能发挥最大效能”“在院所推行改革创新的新时期，只有高度的凝聚力、强烈的合作意识、和谐的人际关系，才能不断实现不同时期的发展目标”。为总结凝练学习成果，我们整理汇编了本书。

本书两个部分，上篇共7章：第一章为科研院所团队建设研究背景和意义。第二章为团队概述，主要对团队的概念进行界定，分析团队的一般理论和科研团队的基础理论。第三章为团队建设，主要从团队建设的基础理论、团队评价和团队构建等方面进行说明，论述高效科研团队建设的独特性。第四章为团队领导力训练，主要阐述了领导、领导力等理论基础，并着重论述如何提升领导者在团队建设中的领导力。第五章为团队精神，主要探索如何打造团队文化建设。第六章为团队绩效提升，主要通过分析影响团队绩效的主要因素，阐述科研团队绩效管理的方法。第七章为农业科研院所团队建设，主要根据农业科研团队的特点，有针对性地分析农业科研团队建设的关键影响因素，从而为高效农业科研院所团队建设提供参考。下篇为椰子所团队建设实例，通过介绍椰子所高效团队建设的主要做法，汇编职工学习心得体会和演讲稿，为农业科研院所创新团队建设提供借鉴。

在本书的编写过程中，我们如履薄冰，认真研读了国内外许多专家和学者的著作，并借鉴了其中部分内容，在此谨向他们表示衷心的感谢！由于编者水平有限，加之时间仓促，书中难免存在错谬和不足之处，敬请各位读者和同仁提出宝贵意见。

2019年，适逢椰子所建所40周年，谨以此书向椰子所建所40周年献礼！

编者

2019年4月

目　录

上篇　理论研究篇

下篇　实践探索篇

上篇·理论研究篇

第一章
科研院所团队建设研究背景和意义

一、研究背景

党的十九大报告从四大方面提出了实施创新驱动发展战略、加快建设创新型国家的具体举措。一是瞄准世界科技前沿、具有前瞻性、引领性的基础研究科技创新；二是旨在转化现实生产力、推动经济迈向全球价值链中高端的应用基础研究科技创新；三是有利于调动创新积极性、促进科技成果转化的科技体制机制创新；四是培养创新人才和创新团队的科技人才队伍建设。这四大方面，既有创新的“硬件”建设，也有创新的“软件”建设。尤其是“软件”建设，也就是创新人才和创新团队建设，对创新驱动发展战略的深入实施将提供有力的智力支撑，担负着“兵马未动粮草先行”的重要角色。人才作为第一资源，只有着力加强创新团队和创新人才队伍建设，真正发挥科技人才在创新团队中的核心要素作用，才是实施创新驱动发展战略的重要途径。

二、研究意义

现代经济的增长越来越依赖于科技含量的增长，“科技是第一生产力”已经渗入到各种生产要素中。现代农业科学研究的深度、广度和复杂性也不断增强，使得各农业学科之间相互交叉和融合，生物技术和信息技术的发展及其在农业生产中的广泛应用，为农业科学技术的研究开拓了新的领域。而这些科技创新的前沿阵地，需要多专业、多学科、多部门的共同合作，需要团队的联合攻关作战，真正实现一加一大于二，因此农业科研院所加强科技创新团队建设迫在眉睫。

农业科研院所的发展，重点是加强科技创新团队建设。但如何发挥管理团队的管理和服务效能、如何发挥团队领导力在团队中的引领作用，对农业科研院所的发展也有着举足轻重的重要意义。

第二章 团队概述

一、什么是团队？

团队，是由不同分工、不同角色的两个人以上的成员根据功能性任务组成的一个共同体；这一共同体需要集合每一个成员的观念、思维、知识、经验、技能、体能等因素，才能协同工作、完成任务，最终实现共同的目标。其主要特征是团队成员承诺共同的工作目标和方法，相互积极配合协作，相互承担责任。团队成员要具备解决问题和做出决定的能力，还要能确定问题并提出解决问题的方法。因此，并不是群体中的每一个人都能成为团队成员；同时，也不是每一个既定组织都可以适用团队组织和团队管理。

团队的起源，有人认为早在军队产生时就已出现，它最早的含义是“一起拉”，见于印欧语系的“DEUK 拉”，16 世纪演变成“一起行动的一群人”。20 世纪 40 年代，英国塔维斯托克研究院研究了工人组成团队时对生产力的影响。50 年代，通用食品的托皮卡厂，以自主管理的团队做实验，取得成功，但传统组织不欣赏这种方式。70 年代，日本的“丰田生产方式”在工序与工序之间建立一种团队协作关系，实现全员参与提高产品质量和劳动生产率。60 年代末至 70 年代初，西方的一些大跨国公司开始采用团队的组织形式，80 年代进一步推广，并取得了显著的成效。进入 21 世纪，随着知识经济的到来和信息革命的深入，智力资源越来越重要，生产过程各环节的联系和相互依赖性越来越紧密，而且，在信息时代个人所掌握的知识资源总是有限的，因此，组织要实现其目标，就必须在分工的同时加强成员间的合作与交流。于是，世界范围内再次掀起了对以团队为基础的生产方式的研究浪潮，“团队合作”的生产组织形式也逐渐成为涵盖生产、科研甚至包括政府、企事业组织最受欢迎的组织方式，成为一种管理理念、一种文化。

作为一个团队，要符合以下 3 个条件：

1. 自主性

团队要有自主性，这就要求团队领导者对团队成员适当放权，让成员能自主做事，不用逢事就向领导者请示。① 理清授权范围。领导者要理清自己的授权范围，掌握团队每位成员的“有效操作空间”，授予权限要形成书面文字。② 合理安排工作。领导者要根据重要性和紧迫性，按轻重缓急安排好工作。③ 共同协商。领导者要关注团队成员的工作进展，及时沟通与纠偏。

给团队成员充分自主权，有利于成员在履行职责的同时实现自身的价值，从而获得较大的心理满足，进而最大限度地调动成员的主观能动性和创造性，激发工作热情。

2. 创造性

许多团队都存在着这样一种现象，即领导下达命令，领导作出决策，而下属只是依照领导的指示做事。什么事都是领导一个人思考、一个人决策，这样的团队是没有创造性的团队。作为团队领导者，应该下达意见，带动大家共同动脑筋，形成大家的管理意志。团队领导者要思考的是问题的关键点，如何实施等细节的操作步骤应交由下属去思考。① 鼓励学习。建设学习型组织，鼓励成员加强政治素养、职业操守和业务水平的学习，不断加强新知识的摄取。② 自我检查。领导者应要求每个成员做自我检查，对目前工作状况的缺失进行分析，并提出具体的改进意见。③ 优化改良。领导者应要求成员在学习和借鉴他人优点与长处的基础上，结合自身特点，优化改良，提出新观念、新思路、新方法。④有创造性思维。领导者还要引导成员打破固有的思维定式，形成创造性思维模式。

一个好的团队，要努力培养成员的创新意识，使团队具有创造性，改变传统的上令下行管理模式，使团队能够突破现状，不断超越、发展和进步。

3. 协作性

俗话说“众人拾柴火焰高”，一个团队如果缺少成员之间的精诚协作，不论策略、创意多么完美，都是没有用的，协作是一切团队成功的保障。① 身先士卒。在团队遇到重大任务或困难时，尤其面临比较棘手、难以解决的问题时，领导者首先要身先士卒、勇为表率，激励大家团结一致，共同战胜困难。② 角色转变。领导者在下属面前不宜始终保持威严的形象，要视具体情况灵活转变角色。例如，对于新来的下属，领导者要充当教练员的角色，指导并帮助下属适应新的岗位、新的环境。③ 不要推诿。一个具有协作意识的团队，其成员要勇于承担责任，主动想办法去解决问题、弥补过失，而不是相互推诿、相互指责。

任何组织的团队，都包括五大要素，简称“5P”，即：人员（People）、目标（Purpose）、定位（Place）、权限（Power）、计划（Plan）。这五个要素是组成团队必不可少之物。

（1）人员（People）。不同背景、不同角色、不同思维、不同经验、不同知识、不同技能、不同体能的人员，通过分工以及实现分工的工作内容，来完成团队的共同目标。目标是由人员来实现的，人员的选择决定了团队的作用和价值。在人员选择方面，要全面考虑人员的道德、观念、思维、技能、知识、体能、性格等要素，避免和减少冲突，力求做到匹配、互补、和谐。

（2）目标（Purpose）。任何团队，都应该制定一个目标或接受一个目标，这个目标，为团队成员指引行动的方向，让团队成员明确存在的价值。没有目标的团队，就没有存在的价值；失去目标或迷失目标的团队，不仅会给自身带来损失，还会给团队所隶属的组织、团队中的成员，以及关联团队带来重大损失。

（3）定位（Place）。定位包含两层意思：① 团队的定位。在一个组织或企业中，团队是什么角色？处于什么位置？团队接受谁的领导？接受谁下达的目标？对谁负责？谁来选择团队的领导和关键成员？② 个体的定位。成员在团队中扮演什么角色？成员如何构成、优化？如何指导成员的职业生涯发展？

（4）权限（Power）。团队权限主要是指：① 组织的活动范围。涉足多广的活动范围？从事哪些活动或业务？多大的组织规模？② 团队拥有的权力或被组织赋予的权力。主要包括投资决策权、人事聘任权、经营决策权，薪酬分配权，等等。

（5）计划（Plan）。① 统筹控制，联动集成。总体目标的实现，往往离不开多种资源的有效投入和合理使用，有时也需要其他团队的配合，本团队的计划也可能影响其他团队的计划，按时或适度提前完成计划，既为自己、又能为其他团队创造良好的基础。②分解目标，循序渐进。总体目标通常是一个个阶段性的目标积累的结果，阶段性的目标是总体目标的里程碑；围绕阶段性目标实施计划管理，循序渐进，最终实现目标。

二、团队与群体的区别

根据卡特莱特和赞德的解释，群体就是互有关系、互相依赖到一定重要程度的人的集合。更精确地讲，群体可以定义为：为了实现某个特定目标而由两个以上相互作用和相互依赖的个体结合在一起的集体。关于团队，威廉姆斯认为，它首先是一个群体，在此基础上，其成员具有高度的相互依赖性和共同性。国内学者同样认为，团队是由更具有自主性、思考性和合作性的个体组成的群体。由此可见，作为同是由个体组成的集体，群体所涵盖的范围更广，而团队则是建立在群体基础之上的子集。

关于群体和团队的具体区别，威廉姆斯用了四个维度来进行区分：期望、沟通、过程和亲密程度。在期望维度上，威廉姆斯认为团队的成员在参与、贡献、合作和支持方面有着比群体成员更高的期望值。在沟通维度上，威廉姆斯认为团队成员对沟通框架的要求比群体成员更高，并且团队成员也需要更快捷的沟通效果。在过程维度上，威廉姆斯认为团队成员的相互依赖性更强，但是在管理上的要求却要低于群体中的成员。在亲密程度这一维度上，威廉姆斯认为较群体中的成员而言，团队成员间的亲密程度更高，虽然较高的亲密程度并不一定能够保证更高的效率和更好的结果。

威廉姆斯提出这四个维度的根据主要是他个人积累的丰富经验和管理与洞察能力。可以说，这四个维度比较综合地概括了群体与团队的不同。但是，对于每个维度中的具体指标（如果可能细分的话），威廉姆斯并没有给出明确的定义或者描述。而且这些维度本身也只是相对浅层的集中概括，它们并没有充分展开，因此也不能发掘出团队与群体在更深层面的区别。比如，在期望维度，虽然威廉姆斯提到了其中的一些诸如参与、贡献、合作和支持等具体层面的不同，但是关于为什么会产生这些不同期望的原因，比如成员身份的认同，却没有提及到。而对于希望进行团队建设的组织，那些关于团队区别于一般群体的更详细而明确的描述，则更具现实意义。

笔者参照石金涛等数位国内学者关于群体与团队的区别方面的论述，综合他们所提及的不同的和更加详细的区分，最终将这些群体和团队的区别归纳到九个层面上。主要表现在目标定位、身份认同、技能组合、领导作用、成员关系、沟通方式、工作态度、协作能力、工作结果等诸多方面。

1. 个体与集体目标层面

无论是群体还是团队，都可以定义为一个集体，而他们的组成单位则是构成集体的个体。作为集体中的个体，个人目标往往与集体目标是不尽一致的。当然也不可避免地会发生在群体和团队的成员身上。所不同的是，当这种情况发生时，群体成员会将个体目标放于集体目标之上，而团队成员则会将个体目标置于集体目标之下。

2. 成员的身份认同层面

根据威廉姆斯的分析，团队和群体的成员在参与、贡献、合作和支持方面具有不同的期望值。而导致这些不同期望值的最主要的原因之一，就是个体成员对自己身份的认同。在这方面的最大不同是个体相对于集体的主观意愿上的区别：团队中的个体成员具有强烈的组织归属感和使命感，而一般群体中的成员则仅仅将自己定位为一名普通的成员。

3. 成员的技能组合层面

对于一般的群体而言，最初组建时所考虑的各方面的因素与组建团队所考虑的是不同的。通常，一般的群体中成员的技能组合是随机产生的，并且在其后的工作中也往往处于相对静止的状态；而对于高效率的团队，在其组建时就已经充分利用了成员间的互补性，而在其后的磨合与运营的过程中，成员的技能组合更是呈现多元并且互为补充的状态。

4. 领导权力和作用层面

这一层面主要是讨论集体中的领导和领导人的作用。通常，为了更好地达到组织的管理和运营目标，一般群体的领导权力更多地集中在少数的个体成员身上，他们的领导作用也因为其重要性而显得格外突出；但是对于团队而言，这种情况则是反方向的：越是高效的团队，其组织内的领导权力越是呈下放的趋势，并且领导权力的作用也因此而逐步减少和弱化。

5. 成员之间的关系层面

这一层面所包含的内容可以包括具体的交流方式、成员间的信任度，以及发表意见的多少等几个方面。在一般的群体，成员间的交流往往是非正式的和不充分的，彼此之间不够了解也缺乏信任，沟通的渠道少而不畅；而团队成员间的沟通却是多样而充分的，并且越是高效的团队，其成员间的互相信任程度也就越高，也因此更鼓励成员发表不同的意见和建议。

6. 成员工作的主动性层面

这一层面和前面提到的成员身份的认同与相互间的期望有很大的关系。作为一般群体中的个体，成员往往是比较被动地接受领导所安排的任务，并且在创新方面不会有更多的想法，或者即使有也不愿意去实施；而对于团队中的个体，其工作的态度是积极主动的，而且在其工作的过程中成员们愿意进行不同的尝试来提高工作效率，采取更有效的运行方式。

7. 协作配合层面

这一层面主要是讨论集体中统一或者协调活动时群体和团队所呈现出的状态。在一般的群体中，集体行动通常是由领导者统一安排的全部个体行为的简单组合，行为没有或很少能够产生协作；但是，团队的集体行动则是具有严密分工与合作的集体协作，每个成员的个体行动都是完整的集体中重要的有机成分，并且集体力量的发挥高度依赖于个体的相互支持和配合。

8. 沟通方式层面

与前面提到的领导的权力和作用具有很强的反向相关性的是：个体在集体决定方面所扮演的角色和所起到的具体作用。在一般的群体中，个体成员往往极少有机会参与关于整个集体的决策，因而每一个单独的个体所扮演的角色并不是很重要；但是，对于团队中的成员，每一个分子都可以参与任何影响团队的决定，并在各种决定中扮演重要的角色。

9. 集体的工作结果

这一层面的表现也是衡量其是否算得上是真正的团队的最重要依据之一。对于一般意义上的群体，其集体工作的结果通常是小于个体成绩的总和的。在进行集体工作的过程中，往往有大量的个体成绩要在组织内部耗掉，所以集体成绩最多也不过是个体结果的累积。但是，对于一个团队，其集体工作的结果是要大于全部个体成绩的总和的。因为个体成员所扮演的角色和所起到的作用与原来单独的个体角色和作用有了本质的区别，高效的团队所产生出的效果通常可以数倍，甚至是数十倍地高于单个个体工作结果的总和。

表 2-1 用更简洁的方式总结了群体和团队在以上 9 个层面上的区别。熟悉这些不同的层面和每一层面上的具体区别，可以帮助管理者更好地分析所管理集体的实际状态。对于那些旨在进行团队建设的集体，可以根据各自的实际情况更好地设定每一个层面上所要达到的具体目标，从而让团队建设更加有的放矢。根据普通的群体和高效的团队在这些层面上的差距，还可以制定出更具体的评估指标，而那些细化了的指标则可以作为检验团队建设是否成功的有效衡量标准。

表 2–1　团队与群体的区别

九个层面	团队	群体
1. 目标	个体目标置于集体目标之下	个体目标放于集体目标之上
2. 身份认同	具有强烈的组织归属感和使命感	将自己定位为一名普通的成员
3. 技能	互相补充的	随机的或不同的
4. 领导作用	弱化	突出
5. 成员关系	信任程度高，沟通多样而充分	缺乏信任、沟通少
6. 工作主动性	主动推进	被动实施
7. 协作配合	积极的分工协作	中性
8. 沟通方式	参与决策	极少参与决策
9. 工作结果	1+1>2	1+1 ≤ 2

三、团队发展阶段

通常，团队的发展可描述成五个部分组成的一个过程，这五个部分是：成立阶段、激荡阶段、稳定阶段、高产阶段和调整阶段。了解各个阶段的团队状态将对我们制定和执行团队建设计划有很大帮助。

1. 成立阶段

在一个组织中组建团队一般有两种可能：一是建立以团队为基础的组织，即以团队为整个组织的运行基础；二是在组织中有限的范围内或在完成某些任务时采用团队的形式。其特点是，团队的目的、结构、领导都不确定，团队成员各自摸索群体可以接受的行为规范。当团队成员开始把自己看做是团队的一员时，这个阶段就结束了。

在这个阶段，主要应完成以下两方面的工作：一方面是形成团队的内部结构框架，另一方面是建立团队与外界的初步联系。① 形成团队的内部结构框架。团队的内部结构框架主要包括团队的任务、目标、角色、规模、领导、规范等。在其形成过程中，下列问题是我们必须要明白的：是否该组建这样的团队？团队的任务是什么？团队中应包括什么样的成员？角色分配如何？团队的规模要多大？团队生存需要什么样的行为准则？② 建立团队与外界的初步联系。主要包括：建立起团队与组织的联系；确立团队的权限；建立对团队的绩效进行考评、对团队的行为进行激励与约束的制度体系；建立团队与组织外部联系与协调的关系，如建立与外部协作者的联系等。在团队组建之初，团队成员比较关注所要做的工作目标和工作程序。

在人际关系的发展方面表现为：成员之间相互了解和相互交往，彼此出现一种在一起的兴趣和新鲜感受。所有团队成员需要明白的是“人们对我的期望如何？我如何才能融入团队？我们该做什么？有什么规矩？”

在行为方面则可能表现为：在完全了解情势之前，不会轻易投入；承受着可能的对个人期望的模糊和不确定状况；保持礼貌和矜持，至少一开始不表现出敌视态度等。

总的来说，成立阶段是一个定位和适应的时期。

2. 激荡阶段

团队经过成立阶段后，随着成员之间越来越熟悉，隐藏的问题逐渐暴露，团队内部冲突加剧，虽然说团队成员接受了团队的存在，但对团队加给他们的约束，仍然予以抵制。而且，他们开始强调自己的个性，成员间的性格特征和行为风格差异会逐渐暴露出来，冲突也在产生。在这一阶段，热情往往让位于挫折和愤怒。抗拒、较劲、嫉忍是常有的现象，那些团队组建之初就确立的基本原则可能像屹立风中的大树一样被打倒。这时，团队就进入了激荡阶段。

这个阶段之所以重要，是因为如果团队成员可以安全渡过的话，出现在面前的就不再是支离破碎的部分，而是团队本身了。激荡包括成员与成员之间、成员与环境之间、新旧观念与行为之间 3 方面的激荡。

（1）成员与成员之间的激荡。团队进入激荡期后，成员之间由于立场、观念、方法、行为等方面的差异必然会产生各种冲突，什么工作行为、任务目标、工作指导等统统忘却于脑后。此时，人际关系陷入紧张局面，甚至出现敌视、强烈情绪及向领导者挑战的情况。其结果是，一些人可能暂时回避，一些人准备退出。

（2）成员与环境之间的激荡。首先，这种激荡体现在成员与组织技能要求之间的激荡。如团队成员在新的环境中可能对团队要求的技能不掌握或不熟练，经常出差错，这时最紧迫的是进行技能培训，使成员迅速达到团队所要求具备的知识水平和技能要求。其次，成员与组织制度系统之间的激荡。在团队建设中，组织会在其内部建立起尽量与团队运作相适应的制度体系，如人事制度、纪律制度、考评制度、奖惩制度等。但是，由于这些制度是在组织范围内制定和实施的，相对于小范围的团队来说，未必有效，也就是说，缺乏针对性，所以制定适应团队发展的行为规范已迫在眉睫。最后，团队成员与组织内其他部门之间的关系磨合。团队在成长过程中，与组织内其他部门要发生各种各样的关系，也会产生各种各样的矛盾冲突，需要进行很好的协调。

（3）新旧观念与行为之间的激荡。团队在激荡期会产生新旧观念、行为之间的激荡。在传统组织中进行团队建设将不得不面临着一系列行为方式的激荡与改变，在这一过程中，团队建设可能会碰到很多阻力，例如，成员可能会因为害怕责任、害怕未知、害怕改变等而拒绝新的团队行为方式；领导者也可能会因为权力变小而拒绝改变等。

这时需要运用一系列手段来促进团队的成长。团队领导者应采取以下措施：首先，领导者要认识并能够处理各种矛盾和冲突，在此基础上安抚人心，同时激励团队成员就有争议的问题发表自己的看法，积极进行有效的沟通。其次，要建立工作规范，没有工作规范的约束会造成一种不均衡，这正是冲突的源泉，领导者在此过程中要以身作则。最后，团队领导者要适度授权，并鼓励团队成员参与决策。

3. 稳定阶段

经过一段时间的激荡，团队成员工作技能开始提升，团队将逐渐走向规范，进入稳定期，这就是团队发展的第三个阶段。在这个阶段中，团队内部成员之间开始形成亲密的关系，团队表现出一定的凝聚力。此阶段的团队具有以下三个特征：① 成员间的沟通更加有效，会产生强烈的团队身份感和友谊关系，彼此之间保持积极的态度，表现出相互之间的理解、关心和友爱。② 团队形成了自己的合作方式和新的规章，人们的注意力开始转移到工作任务和目标上来，大家关心的问题是彼此的合作和团队的发展。③ 团队成员对新的技术、制度也逐步熟悉和适应，建立了代表团队特色的工作规范和流程。

稳定阶段是形成团队文化和氛围的重要时期。团队精神、凝聚力、合作意识能不能形成，关键就在这一阶段，虽然团队文化不可能通过移植实现，但可通过借鉴、参考形成这一阶段，团队面临的主要危险是团队的成员因为害怕冲突的发生和得罪他人，而不愿提出自己的正面建议。这时的工作重点就是通过提高团队成员的责任心和信心，来帮助他们放弃沉默，给团队成员新的挑战显示出彼此之间的信任。

当团队结构稳定下来，团队对于什么是正确的行为基本达成共识时，这个阶段就结束了。

4. 高产阶段

“养兵千日，用兵一时”。在这个阶段，团队结构已经开始充分地发挥作用，并已被团队成员完全接受。团队只有接受和完成好一项任务，才能充分体现出团队的绩效，而团队成员的注意力已经从试图相互认识和理解转移到充满自信地完成手头的任务。至此，人们已经学会了如何建设性地提出不同意见，能经受住一定程度的风险，并且能用他们的全部能量去面对各种挑战。高产阶段团队表现如下：① 大家高度互信、彼此尊重，也呈现出接收团队外部新方法、新输入和自我创新的学习性状态，可以协力解决各种问题。② 整个团队已熟练掌握如何处理内部冲突的技巧，能用标准的流程和方式进行沟通，也学会了团队决策和团队会议的各类方法，能有效分配资源。③ 团队成员可自由分享观点和信息，并享有一定的领导权。④ 在顺利完成一项任务后，团队成员会有一种使命感和荣誉感。

对于一个高效的团队来说，当然是维持得越久越好，为此就要团队的领导进行以下工作：① 积极推动变革，及时更新工作方法和业务流程；② 领导者应把自己当作团队的一分子去工作，而不要以团队的长官、领袖自居；③ 鼓励团队成员，对他们下达具有挑战性的目标，并通过给他们一些承诺而不是命令来追求更佳的结果；④ 监控工作的进展，肯定团队整体的成就，并承认个人所作的贡献。

5. 调整阶段

俗话说“天下没有不散的筵席”，任何一个团队都有自己的寿命，高产阶段的团队运行到一定时期，完成了自身的目标后，就会进入团队发展的第五个阶段——调整阶段。在调整阶段，对团队而言，有以下几种可能的结局：① 团队解散。为完成某项特定任务而组建的团队，伴随着任务的完成，团队也会因任务的完成而解散。此时，高绩效不是压倒一切的首要任务，注意力到了团队的收尾工作。这个阶段，团队成员的反应差异很大，有的很乐观，沉浸于团队的成就中，觉得没有白来一趟，完成了既定的目标，新的目标还在等待着他们；有的则很悲观，惋惜在共同的工作团队中建立起的友谊关系不能再像以前那样继续下去。② 团队休整。对于另外一些团队，如科研院所在完成阶段性工作任务（如一年为周期）之后，会开始休整而准备进行下一个工作周期，此时可能会有团队成员的更替，即可能有新成员加入，或有原成员调换。③ 团队整顿。对于表现差强人意的团队，进入休整期后可能会被整顿，整顿的一个重要内容就是优化团队规范。在这里，皮尔尼克提出的“规范分析法”很是值得我们借鉴：首先，明确团队已经形成的规范，尤其是那些起消极作用的规范，如个人领导而非共同领导、个别负责任而非联合责任、彼此攻击而非互相支持等；其次，制定规范剖面图得出规范差距曲线；再次，听取各方面对这些规范进行改革的意见，经过充分的民主讨论，制定系统的改革方案，包括责任、信息交流、反馈、奖励和招收新员工等；最后，对改革措施实现跟踪评价，并作必要的调整。

上述各个阶段需要多长时间，取决于若干因素。这些因素包括：任务对团队成员的重要程度、任务性质、群体规模、成员是否习惯于[illegible]同工作、成员忠诚度等。

四、团队规范

团队建立后经过一段时间，其成员会形成行为规范。其中一部分是社会的一般行为规范，比如，上班时应当衣着得体或者准时等；另一部分是该群体所特有的，与其目标密切相关，也就是群体规范，它是群体所形成或确定的、所有成员应当共同遵守的一些行为准则。群体规范意味着，群体对其成员在一定情景下一定行为方式的期望和潜在的约束。群体规范一旦被群体成员认可并接受后，就会成为用最少的外部控制来影响群体成员行为的手段和力量。

埃尔顿·梅奥（Elton Mayo）认为，有效的管理应使本组织能直接从所属工作群体的行为规范和实践中获益，如果忽视人在群体工作中长期形成的行为规范和价值观念，就会与管理目标发生冲突，降低管理的有效性。

斯克恩（Schein）指出，群体规范的有效性由两种类型组成：关键规范（Pivotal Norms）和外围规范（Peripheral Norms）。关键规范表明了最重要的、工作状态的核心假设。比如，对于一个科研部门的人来说，关键规范可能是体现在科学研究和成果运用的价值观，而对于一个管理团队来说，关键规范应该是管理效率和服务质量。然而，外围规范相对来说不那么严格，被用来处理一些相对次要的问题。通常群体能容忍违反外围规定的行为，而违反关键规范则被看成是十分严重的事情。

团队和群体都具有规范，团队也是一种群体，是一种特殊的群体，它们关键的差异是各自规范包含的内容。工作群体的规范通常假设人们在一起工作，共有的价值观应该与他们各自的工作相一致；而团队的价值观中包含着团队共同的任务和每个人的工作都对整个团队工作作出了贡献，并且团队规范倾向于以任务为焦点，鼓励以人物为中心的交往活动，重视能带来高绩效的尽责工作行为。

五、团队的类型

1. 按照团队存在的目的和形态进行分类

如果按照团队存在的目的和形态进行分类，一般可以将团队划分成问题解决型团队、自我管理型团队、多功能团队和虚拟团队。

（1）问题解决型团队（Problem-solving Team）。这类团队常常是为了解决组织中的某些专门问题而设立的。团队的成员通常每周利用几个小时讨论改进工作程序和工作方法的问题，并提出建议，但他们通常没有权力根据这些建议单方面地采取行动。例如讨论如何提高科研效率、科研基地建设水平和改善工作环境等问题。

（2）自我管理型团队（Self-management Team）。自我管理型团队是与传统的工作群体相对的一种团队形式。传统的工作群体通常是由领导者来决策，群体成员遵循领导的指令。而自我管理型团队则承担了很多过去领导者来承担的职责，例如进行工作分配、决定工作节奏、决定团队的质量如何评估，甚至决定谁可以加入到团队中来等。自我管理型团队能够很好地提高员工的满意度，但是有人发现与传统组织相比，自我管理型团队的离职率和流动率更高。

（3）多功能团队（Cross-functional Team）。有的团队是由来自于组织内部同一层次、不同部门或工作领域的员工组成的，他们合作完成包含多样化任务的一个大型项目，这样的团队就是多功能团队，也称跨职能型团队。多功能团队打破了部门之间的界限，使得来自不同领域的员工能够交流，有利于激发出新观点，协调解决复杂的问题。

近年来，越来越多的组织采用这种跨越部门界限的横向小组。早在 20 世纪 60 年代，IBM 公司就组建了一个大型的特别任务工作组，它的成员来自公司的各个部门，用于开发后来十分成功的 360 系统。这个特别任务工作组就是一个临时性的多功能团队。实际工作中被广泛采用的委员会也是一种多功能团队。

（4）虚拟团队（Virtual Teams）。前面的三种团队形式都是基于我们的传统理解的，即团队的活动是面对面进行的。由于现代科技的发展，如互联网、可视电话会议等，使得协同性的工作并不需要面对面进行了，这种利用计算机和网络技术把实际上分散的成员联系起来，以实现一个共同目标的工作团队，即为虚拟团队。

虚拟团队可以同样完成传统团队能够完成的所有工作任务，如分享信息、做出决策和完成任务等。与传统团队相比，虚拟团队表现出以下几方面的特征：一是缺少副语言和非言语沟通线索，二是有限的社会背景，三是克服了时间和空间上的制约。这些特点既创造了虚拟团队的工作优势，也带来了一些新的问题，如情感问题等。

2. 按照团队在组织中的功能进行分类

按照团队在组织中的功能进行划分，可以将团队分成生产服务团队、行动磋商团队、计划发展团队、建议参与团队。

生产服务团队通常是由专职人员组成的，从事的工作是按部就班的，很大程度上是自我管理的。例如生产线上的装配团队、科研机构的后勤服务团队、计算机数据处理团队等。

行动磋商团队由一些拥有较高技能的人员组成，共同参与专门的活动，每个人的作用都有明确的界定。这种团队以任务为中心，具有不同专门技能的团队成员都对成功完成任务做出贡献。团队面临的任务十分复杂，有时是不可预测的。例如医疗团队、谈判团队、科研机构为解决某项国际合作任务的外事团队等。

计划发展团队是由技术十分娴熟的科技人员或专业人员组成，并且团队人员来自不同的专业。这类团队的工作时间跨度一般较长，可能需要很多年才能完成一项发展计划，例如开展新品种选育，他们可能是组织中承担研究工作的永久团队。常见的计划发展团队有科研团队、生产研发团队等。

建议参与团队主要是提供组织性建议和决策的团队。大多数建议参与团队的工作范围都比较窄，不占用大量的工作时间，成员在该组织中还有其他任务。例如议事协调小组、学术顾问团队。

六、团队的作用

随着科技的发展和社会的进步，人们所面对的工作越来越复杂。在当今世界，几乎所有的事务都需要各种层次、各种专长、各种性格、各种特点的人进行合作。团队就如同一合精密设计的机器，个体就如同组成这机器的零件，虽然他们功能各异，但各司其职、密切配合，从而发挥出整体的巨大的功能。所以，一个团队效率的高低，不仅取决于团队成员中人才的多少和水平的高低，更加取决于团队的所有成员之间能否相互精诚合作。这种越来越需要人们合作的发展态势正是当今团队流行的客观基础。团队的作用主要表现在以下几个方面：

1. 个人的有形资产和无形资产可通过团队得到增大

现代社会竞争异常激烈，团队力量的竞争已经成为社会的主流。由于团队力量大于个人力量的总和，所以团队的加入使竞争发生了质的升华。当团队成员只关心实现个人目标时，他们便会有意无意地与他人发生摩擦，这种摩擦引起的不愉快远远比摩擦损失本身要糟得多；而当团队成员为了团队的共同目标奋斗时，他们会主动谋求合作，这样既减少了冲突的可能，又创造了愉快的工作氛围，因而带来的效果是双重的。正如前人所说，把别人的能量转化成自己的能量，就是成功的关键。

2. 团队是执行组织和个人各项任务的有力工具

大量的实践证明，团队是组织创造高绩效的基石。例如，通用汽车公司的一个由技术部门组成的团队，通过协作，在两年内就将后轮驱动避震系统的售后保证成本降低了 4 倍。

3. 团队工作有助于发现问题

在团队中主要是面对面的沟通，这种沟通方式非常有效，它可以帮助我们更清楚更方便地弄清问题。由不同背景、不同经历的个人所组成的团队将会产生更多具有创新意义的设想，通过团队作出决策，能保持活力和创新，从而在竞争中求得生存和发展。

4. 团队有满足个人心理需要的作用

每个人都有安全、社交、自尊、被认可的需要，而团队却正好能够满足人们的这些基本需要，从而增加个人的满足感和组织的稳定性，人员的流动和离职率也会跟着降低。在团队中，个人还能够得到别人的帮助、支持和具体指导，这就增强了团队士气和自信心，弥补了整体的不足，有助于个人在相互协助中达到团队目标。另外，团队还能够给个人提供精神上和物质上的支持，帮助个人解决生活上的困难。

5. 团队工作有助于提高工作效率

当某种工作任务需要多种技能和经验时，显然成员各有特色并能集思广益的团队力量要胜于个人。实行团队工作方式后，高层管理者把大部分的任务和日常决策权都交给团队，团队就可以按一种特有的传动方式运转起来，而高层管理者得以脱身去做更多的战略规划，集中精力思考诸如长期发展计划等事宜，这能够激励团队成员进行自主决策，激发工作动力。另外，在团队中工作，还可以增进员工之间的友情，有利于满足员工的归属感和自身的心理需求，团队还会对懈怠者产生一定的压力，促使他们努力工作。在这样的环境中，员工的工作参与度和积极性得到很大的增强，必将直接提高组织工作效率。

此外，团队工作可以节约信息传递的时间，减少信息的失真。团队能集思广益，更好地促进团队成员之间、团队与组织之间的沟通和协调，也能达到约束个人的作用。

总之，团队可以作为借力、交流、学习、培训和激励等环节的平台。失败的团队中没有赢家，而成功的团队中没有输家。

七、团队角色多样化建设

1. 团队角色的含义及特点

团队角色是指团队成员中的角色定位和担当。对团队角色的研究是随着研究兴趣的转移而产生的。当研究的兴趣转移到团队思想时，对群体角色的研究也随之转移到团队角色上来了。

贝尔宾是研究团队角色的杰出代表者，他在 1981 年提出了有效团队的八大角色，他们是：将目标分类进行角色职责与义务分配的“协调者”，寻求群体达成一致意见并做出决策的“塑造者”，进一步提出建议及新思想的“培养者”，分析问题与看法并评估别人贡献的“监督 / 评价者”，将思想语言转为行为的“公司员工”，给予个人支持并帮助他人的“团队成员”，引进信息与外部谈判的“资源调查者”，强调任务的时效性并完成任务的“完成者”。

随着团队角色概念的进一步发展，马杰森与麦卡恩在 1991 年又提出了“团队管理轮盘”，将八大角色划分为四类：开拓者、建议者、控制者和组织者。这并非简单的套用，而是为了使团队高效运转进行的一系列轮式循环。

后来贝尔宾博士又将八大角色完善为九大角色，即著名的贝尔宾团队角色理论，指一支结构合理的团队都必须拥有九种角色，这九种角色与团队规模无关，在很多情况下一个团队成员要承担多种角色。

（1）智多星 PL（Plant）。智多星创造力强，充当创新者和发明者的角色，为团队的发展和完善出谋划策。通常他们更倾向于与其他团队成员保持距离，运用自己的想象力独立完成任务，标新立异。他们对于外界的批判和赞扬反应强烈，持保守态度。他们的想法总是很激进，并且可能会忽略实施的可能性。他们是独立的、聪明的、充满原创思想的，但是可能不善于与那些气场不同的人交流。

（2）外交家 RI（Resource Investigator）。外交家是热情、行动力强、外向的人。无论公司内外，他们都善于和人打交道。他们是与生俱来的谈判高手，并且善于挖掘新的机遇、发展人际关系。虽然他们并没有很多原创想法，但是在听取和发展别人想法的时候，外交家效率极高。就像他们的名字一样，他们善于发掘那些可以获得并利用的资源。由于他们性格开朗外向，所以无论到哪里都会受到热烈欢迎。外交家为人随和，好奇心强，乐于在任何新事物中寻找潜在的可能性。然而，如果没有他人的持续激励，他们的热情会很快消退。

（3）审议员 ME（Monitor Evaluator）。审议员是态度严肃、谨慎理智的人，有着对过分热情与生俱来的免疫力。他们倾向于三思而后行，做决定较慢。通常他们非常具有批判性思维，善于在考虑周全之后作出明智的决定。具有审议员特征的人所作出的决定，基本上是不会错的。

（4）协调者 CO（Co-ordinator）。协调者最突出的特征就是他们能够凝聚团队的力量向共同的目标努力。成熟、值得信赖并且自信，都是他们的代名词。在人际交往中，他们能够很快识别对方的长处所在，并且通过知人善用来达成团队目标。虽然协调者并不一定是团队中最聪明的成员，但是他们拥有远见卓识，并且能够获得团队成员的尊重。

（5）鞭策者 SH（Shaper）。鞭策者是充满干劲、精力充沛、渴望成就的人。通常，他们非常有进取心，性格外向，拥有强大驱动力。他们勇于挑战他人，并且关心最终是否胜利。他们喜欢领导并激励他人采取行动。在行动中如遇困难，他们会积极找出解决办法。他们是顽强又自信的，在面对任何失望和挫折时，倾向于显示出强烈的情绪反应。鞭策者对人际不敏感，好争辩，可能缺少对人际交往的理解。这些特征决定了他们是团队中最具竞争性的角色。

（6）凝聚者 TW（Teamworker）。凝聚者是在团队中给予最大支持的成员。他们性格温和，擅长人际交往并关心他人。他们灵活性强，观察力强，适应不同环境和人的能力非常强。作为最佳倾听者的他们通常在团队中备受欢迎。他们在工作上非常敏感，但是在面对危机时，往往优柔寡断。

（7）执行者 IMP（Implementer）。执行者是实用主义者，有强烈的自我控制力及纪律意识。他们偏好努力工作，并系统化地解决问题。简言之，执行者是典型的将自身利益忠诚地与团队紧密相连、较少关注个人诉求的角色。然而，执行者或许会因缺乏主动而显得一板一眼。

（8）完成者 CF（Completer Finisher）。完成者是坚持不懈、注重细节的人，不太会去做他们认为完成不了的任何事。他们由内部焦虑所激励，但表面看起来很从容。一般来说，大多数完成者都性格内向，并不太需要外部的激励或推动。他们无法容忍那些态度随意的人。完成者并不喜欢委派他人，而是更偏好自己来完成所有的任务。

（9）专业师 SP（Specialist）。专业师是专注的，会为自己获得专业技能和知识而感到骄傲。他们首要专注于维持自己的专业度以及对专业知识的不断探究。然而由于专业师们将绝大多数注意力都集中在自己的领域，因此他们对其他领域所知甚少。最终，他们成为了只对专一领域有贡献的专家。但是很少有人能够一心一意钻研，或有成为一流专家的才能。

2. 多样化建设

（1）角色定位。角色定位是指综合角色期望和角色知觉，进而找到团队成员最佳的角色位置。角色期望是指别人认为你在某一场合有怎样的表现。角色知觉是指个体对某一场合应如何行为处事的认识。对团队而言，角色定位主要由组织和团队中资深人员根据自身的知识和经验来确定。要尝试让角色适合团队成员的个性，而不是勉强团队成员去适应角色。

（2）角色组合。俗话说“三个臭皮匠抵过一个诸葛亮”“三个诸葛亮不如一个臭皮匠”，如果每个“诸葛亮”都有自己的主意，又互不妥协，则会形成内耗。同时，即使每个“诸葛亮”都有无数个锦囊妙计，又有谁去执行呢？所以重要的是团队角色要符合团队任务的结构。结构是多样化的，有体力活和脑力活之分，脑力活也要考虑不同的学历水平和知识结构。要想使角色组合达到最优化必须将角色定位结合起来好好研究。

（3）角色调整。随着团队人员的变化要适时相应改变其角色。一是针对“优胜基准”的角色调整，“优胜基准”指以行业中的领先团队为标准或参照，通过资料收集、分析比较、跟踪学习等一系列的规范化行为，改进绩效，赶上并超过对方，成为市场的领先者。在进行“优胜基准”赶超优秀团队的过程中，团队成员的知识结构和观念必然发生变化，团队也要对其角色相应进行分析、判断和决定，避免团队成员结构与团队任务脱节。一个团队的知识结构发生变化，团队角色必然得改变。二是针对团队成员心理性格的角色调整，在了解到某个成员的性格与以前认识到的有差异的时候，要及时调整，避免角色不当。

八、科研院所科研团队的基础理论

1. 科研团队的定义与内涵

科学技术的发展、科学问题的研究越来越社会化，科学研究的集体性、开放性给科研管理带来了挑战，以往研究小组的组织形式难以适应新的变化和挑战，而强调集体智慧的团队运作适应了科学研究的变化和要求。

（1）科研团队的定义。所谓科研团队，是以科学技术研究与开发为内容，由为数不多的技能互补的，愿意为共同的科研目的、科研目标和工作方法而相互承担责任的，以高校、科研院所的科研人员为主而组成的群体。

（2）科研团队的内涵。科研团队是针对一个或一组科学问题，由处于一定情境之中的，愿意为共同的科研目的相互承担责任的，若干技能互补的科技研发人员组成的团队。科研团队既具有一般团队的目标共同性、知识共享性、利益依存性、行为联系性、心理相容性、能力放大性等特征，也具有自身的独特性。

一方面，与企业的科研人员相比，科研院所的科研人员从事科学研究的直接目的不是“为科学而科研”就是“为职称而科研”，对科研成果的市场应用前景考虑不足，市场意识有待提高。另一方面，科研院所科研团队研究的主要方向是基础研究和应用研究，而企业的科技创新团队多是开发新设备、新工艺、新产品的试验发展研究，高校的科研团队多是通过基础性的理论研究实现知识创新。

2. 科研团队的类型

按照不同的分类标准，科研团队可以划分为不同的类型，也呈现不同的特点。

（1）按科研活动的纵向流程分类。科研活动是任何旨在增进已有科学知识并予以实际应用的、系统的、创造性的工作。按科研活动的纵向流程可划分为以下三类。

① 基础研究型科研团队：此类团队以认识自然现象、探索自然规律、促进科学知识的增长为主要任务，以提出新概念、新定理、新定律和新理论等的学术论文为成果的主要表现形式。基础研究型科研团队注重研究成果的学术价值和研究活动的自由性与非功利性，一般来说，研究周期较长、风险较大，研究成果的市场应用前景难以预测，但若取得突破性成果则可对科学技术领域产生广泛而深远的影响，该类团队从事的是原始性创新。② 应用研究型科研团队：此类团队是以提高人类改造客观世界的能力，达到具体实际应用的技术发明和创新为主要任务。此类团队承担的课题在科学、技术、生产体系中居承上启下的地位，一方面是将基础研究中的理论成果转化为某一特定领域的技术原理，另一方面将应用研究和发展研究中提出的一些基本理论问题反馈给基础研究。该类团队研究成果的主要表现形式是提出新技术原理的论文和发明专利。应用研究型科研团队注重研究的实用性、课题的可规划性以及研究周期的适中性，计划管理较严密，方案途径一旦确定，通常不宜做大的变动。③ 发展研究型科研团队：此类团队以开辟新的应用，生产新的材料、产品和装置，建立新的工艺、系统和服务，并对原来生产的和建立的上述各项进行实质性改进为主要任务，成果的主要表现形式是与生产实践紧密结合的新产品、新技术、新方法、新流程，或对现有的样品、样机进行本质上、原理上的改进。发展研究型科研团队所承担的课题通常是面向社会经济或企业生产的，研究的针对性和计划性较强，研究周期较短，相对其他两类科研团队来讲，获取成果的成功率较高。

（2）按研究所涉及的学科分类。按照科研团队研究所涉及的学科，可分为两种：

① 单学科科研团队：科技创新团队的研究项目仅涉及某一学科的知识，团队成员来自同一学科。该类型科研团队成员间具有共同的研究基础，在科研活动中基本没有学术上的沟通障碍。一般来说，人文社会科学以及理科的从事基础研

究的科技创新团队大多数是单学科的。② 跨学科科研团队：科研团队的研究项目涉及多学科的知识，由具有不同学科背景的科研人员为达到共同的科研目标而组建科研团队。此类团队成员在科研活动中（合作过程中）存在着语言、研究方式与方法以及价值观念等方面的交流障碍。跨学科科研团队的形成主要由研究项目的性质决定，由于课题涉及的问题较为复杂，单一学科难以解决，往往需要来自多个学科领域的科研人员组成团队，共同完成课题任务。一般来说，从事应用研究和发展研究的团队大多是跨学科的。

（3）按其他标准划分的类型。① 学术大师或领军人物聚集型科研团队：在该类团队的形成与发展过程中，组成系统的各要素以某一极具人格魅力的学术大师或领军人物为核心加以集聚。由于该类团队是在个别人的影响下形成的，我们也可将其称为人员主导型团队。② 任务或项目驱动型科研团队：该类团队的形成与发展主要是因为一项特定的任务或项目需要一批人协同作战和攻关，从而挑选合适的人员，以目标为导向，组合而成。③ 以平台为依托的科研团队：这种类型的团队在组建时以平台为依托，通过充分利用和发挥平台的效能，力求在特定的研究领域或特定的问题上有所突破。

3. 科研团队的作用

（1）激励科研人员。工作团队能创造一个好的环境，使员工投入到工作中。团队的气氛给那些敷衍塞责的人施加压力，迫使他们为团队的荣誉努力工作。研究表明，个体在面对他人时的工作表现较独自一人时会变得更好。团队工作多变的任务形式可以提高团队成员的工作满意度、形成更高的激励状态。

（2）提高科研成果的产出率。科学研究的复杂性日益增加，使得科研人员不能再像以前那样靠单打独斗出成果，毕竟个人的知识技能是有限的，科研机构的管理者也不能充分了解科研运作的所有方面，这些都促使了科学研究必须以团队的形式运作，团队的组织形式促进了工作的协同，减少了内耗和不协同作业造成的延搁，产生了比个体简单综合高得多的生产率。团队能提高个体的生产力与效率，并由此产生协同效用。

（3）促进对共同目标的承诺。团队鼓励科研人员把个人目标融入和升华为集体目标，用相互理解达成和承诺团队的共同目标。团队的社会压力也促使团队成员承诺他们的共同目标，团队成员希望相互之间帮助和支持。以团队方式开展工作，有效促进了成员之间的合作并提高了员工的士气。可以看出，团队规范在鼓励其成员工作卓越的同时，还创造了一种增加工作满意度的氛围。

（4）提高科研人员的归属感。归属需要是人的一种基本需要，就是每个人都希望被一个组织接纳，成为某个组织的一员，当然自己也愿意参加这个组织，以成为这个组织的一员而骄傲。组织是由团队构成的，所以一个人的归属说到底是归为一个团队。科研人员也一样，归属问题解决了，才有“着落”和依靠。如果科研人员归属问题得不到解决，必然是孤立无援、心绪难宁、才智难展，这是心理上的“失群效应”。

（5）增进团队沟通。团队的工作形式使其成员在工作中要相互配合才能很好的完成工作，也使他们在工作中有更多的沟通。科研团队作为自主性团队让团队成员享有更多的权利和自由，相应之下，也就承担更多的责任，科研团队是知识和技能互补的人员在一起工作，从而加强了团队成员之间的沟通和依赖程度。

（6）促进科研人员个人成长。采用团队工作形式需要对员工进行工作技能的训练，使团队成员在工作中能互相协作、相互补缺。工作扩大化的训练培养了成员的技术能力、决策和人际技能，有效促进科研人员的成长。

（7）规范科研人员的行为，协调人际关系。团队是为了实现组织目标而产生的。科研团队是为了实现一定的科研任务或者科研项目而组成的，为了团队健康有效的发展，一定要有团队规范来协调科研人员的行为和相互关系，形成一个有“战斗力”的科研团队。团队规范有成文的，也有习惯成自然的。规范科研人员的行为，协调人际关系，这是科研管理的一项重要任务和职能。团队搞好了，自然会提高科研效率。

第三章
团队建设

一、团队建设的目的

团队产生于传统组织内部，它是传统组织为了进一步提高效率并能在不断变化的环境中生存下去的结果。团队建设的目的，就是为了克服传统组织的弊端，塑造出一种能够适应当前网络信息时代的新型组织。

1. 增强组织灵活性

市场环境的新变化是企业组织普遍采用团队形式的主要原因。如今的市场环境已逐步走向全球化激烈竞争的买方市场，产品的寿命周期不断缩短，顾客的需求也日益向个性化和多样化的方向发展，多样化和及时获得是顾客需求的最重要特征。因此，组织的团队结构管理模式就成为企业竞争战略重点转移的必然要求。任何组织要想在激烈的竞争环境下生存、发展，都必须改变过去等级分明、决策缓慢、机构臃肿、人浮于事、对外界变化应变能力差的管理模式。团队给予团队成员必要的团队工作技能训练，团队的共同价值取向和文化氛围使组织能更好地应付外部环境的变化和适应组织内部的改革、重组。团队工作以灵敏和柔性为其竞争战略。

2. 强烈的动机激励

工作团队由传统组织中的被动接受命令转变为拥有独立的决策权，使团队成员拥有更大的活动天地，享有宽松、自主的环境，极大地激励团队成员的工作积极性和创造性。由于最终产出是团队共同努力的结果，因此，团队的气氛会给那些存在“免费搭便车”思想而产生偷懒动机的参加者施加无形压力，迫使他们为团队的绩效、荣誉而努力工作。

3. 提高生产率

团队的组织模式使组织结构大大简化，组织内部协调简单，领导和团队、团队和团队以及团队内部成员之间的关系变成伙伴式相互信任和合作的关系，使决策层能腾出更多的时间和精力去思考重大决策性问题，制定正确的经营发展战略，寻找良好的市场机会，改变传统的“火车跑得快，全靠车头带”的组织状态，组成“联合舰队”的作战群体，产生比个体简单相加效率更高的劳动生产率。

4. 建设积极的内部员工关系

增进团队沟通协调，提高员工归属感和自豪感，增强团队组织内部的凝聚力。每个团队都有特定的团队任务和事业目标，团队鼓励每个参与者把个人目标融入和升华为集体的团队目标。同时，团队的工作形式要求其参加者只有默契地配合才能很好地完成工作，促使他们在工作中有更多的沟通和理解，共同应付工作和生活压力。

5. 提高成员素质

团队鼓励成员一专多能，并对其进行工作扩大化训练，要求成员积极参与组织决策。团队工作形式培养了成员的技术能力、决策能力和人际关系处理能力，团队建设可以极大地提高成员素质、增强成员的工作技能，充分体现了以人为本的管理思想。

6. 保证信息传递畅通

团队工作以计算机网络、信息处理软件为支撑技术，通过信息共享及时知晓团队相关信息和要求，避免了因层层传递而造成信息失真和延误。

二、团队建设的原则

团队建设的首要任务就是要建立起所有成员强烈而积极的归属感和参与意识。不能将团队看做是“我们”的简单集合，而是要充分考虑传统组织结构对团队的影响，力求达到一加一大于二的效果。

1. 系统性原则

团队建设的成功与否与各方面的内外部因素都有关系，因此，在决定是否进行团队建设时，以及进行团队建设的过程中，要遵循系统性的原则，从整体去统筹考虑和把握，做好方方面面的工作。

2. 实事求是原则

在构建团队时，我们应具体问题具体分析，也就是要做到实事求是。对于在其他组织中成功运用的做法，不能够生搬硬套地全盘接受，而应首先对自己组织作一个全面完整的分析，以把握住自己所拥有的特点，然后再根据实际情况进行适当的调整，以适应所处的环境，形成属于自己的独特形式。

3. 循序渐进原则

构建一个团队不是一朝一夕的事情，不可能一蹴而就。因为不仅团队自身的运作需要艰苦卓绝的努力，要想有效地发挥团队的作用，还需要组织内外环境的配合协调。构建团队需要组织的许多方面摆脱传统的做法，进行大的转变和调整。然而，在变革的进程中必然会碰到障碍和阻力，因此，可按照循序渐进的原则，采用试点、摸石头过河逐步总结推广的方式来开展团队建设活动。许多实践表明，采用此方式能明显地减小阻力，减少团队建设的实施成本。

4. 做好榜样原则

俗话说：“其身正，不令而行；其身不正，虽令不从。”如果团队领导者要求成员遵循某项规则，那自己一定要先做到才行，这可以说是一条最直观、最实效的途径，也只有领导者率先做好榜样，团队成员才会心服口服。团队领导者还要不断地鼓励其下属成员，并且要做到言行一致。那些告诉员工“按我说的做”的领导者是不可能赢得下属尊重的，只有敢言“像我这样做”的领导者才能得到下属的拥护。

5. 允许成员犯错原则

在团队工作中，如果成员犯了错误，不应该太苛责他们，要及时给予帮助。领导者特别要注意的就是提醒成员不能犯相同的错误。第一次的错误可以原谅，但同样的错误屡次再犯就可能拖垮团队。所以在允许成员犯错的前提下，更要让他学会在错误中学习和改正，不断提高自身能力。

6. 优劣互补原则

单打独斗的时代已经一去不复返了，合作共赢才能更好地发展。团队成员要善于找自己的弱点、善于发现别人的优点，通过和别人合作以弥补不足，从而为成功奠定基础。一个优秀的团队应该是一个优劣互补、精诚合作的团队。

7. 和谐沟通原则

良好的沟通对团队的建设来说是非常重要的，在团队构建初期，必然存在许许多多的问题，这时团队就更应该成为成员们交流的热土。作为团队创建者要鼓励成员说出自己的看法，使团队成员之间没有误解，从而达到理解一致、行动一致，进而使成员友好相处，不用担心明争暗斗的事情发生。

8. 以人为本原则

以人为本是现代企业管理的基本出发点，尊重人性、人人平等、问题公开化等都是团队建设的要点，团队领导者要让员工看到自己的位置和价值，并做到利益和资讯的共享。

三、高效团队的特征

高效团队的特征表现在：团队整体运作所取得的工作成效通常大于单个人员取得的工作成效；团队可以有效地解决复杂的问题；团队工作可以激发人员的创造力；在团队中成员之间可以互相学习、互相弥补各自的不足；团队工作可以加强人员的自省，令团队成员充满工作激情。

从表 3-1 可以看出高效团队与无效团队之间的差别。

表 3-1　高效团队与无效团队的特征对比

高效团队	无效团队
共同设定目标，个人与组织目标相结合	由上级设定目标，不考虑个人需求
双向沟通，充分表达	政令宣达，压抑自我
共同参与，注重每一个人的贡献	权威领导，注重短期目标达成
能力与信息决定影响力	职位决定一切
寻求共识以作决策	寻求决策的共识
鼓励分歧与冲突，以强化决策品质	压抑冲突，要求和谐一致
重视问题根源的解决	妥协或处理表象问题
强调组合功能与相互依赖性	强调个人功能，英雄主义
自我评估，并以团队发展绩效为主	主管考核，以成果绩效评定为主
鼓励创新与自我实现	要求服从及内部稳定性

有专家对高效团队研究发现，高效团队具有以下七个特征：

1. 目标明确、价值观统一

对于任何一个团队来说，目标都应该是团队建立的前提，我们都知道，先有了目标才会有团队，所以没有目标的团队就称不上团队。团队成员有着共同的目标，并清晰地知道目标、方向、原则分别是什么，为完成共同的目标，成员之间彼此合作，这是构成和维持团队的基本条件。实际上，正是这种共同的目标、方向，才决定了团队的性质。

因此，领导者在团队管理中，首要的任务就是先确定目标、方向。这样不但能使不同角色的团队成员有完全一致的目标，更重要的是使团队有前进的动力，这正是高效团队与无效团队的不同之处。

有了团队目标只是团队目标管理的第一步，更重要的是第二步：统一团队的目标，就是要让团队的每个人都认同团队的目标，并为达成目标而努力地工作。高效团队在行动前总能经过周密的调研，确定要达到的目标，并坚信这一目标对团队来说具有重大的意义和价值。然后，通过目标所指引的方向制定行事的原则，以便按照绩效来考量，以保证目标的实现。

一支优秀的团队，必定拥有一个合理的目标，这个目标不仅能使团队成员明白团队以及自身所追求的方向，也能激发团队成员的热情、好奇心、活力和创造力。应该说，目标使得团队的存在有了价值。

2. 互信协作、真诚共享

打造高绩效团队还需要团队拥有共享机制和氛围。因为不管是什么样的团队，它们都不可能是闭塞的。

共享在团队中十分重要，这可以迅速提高团队中新进成员的经验和技能，使其迅速融入到新的团队中，还可以增进成员间的情感、减少摩擦，这样有利于团队和谐，使团队成员能团结一致地完成团队目标。

而在团队分享中，包括很多，但是最主要的有两点，一个是经验分享，一个是信息分享。

经验分享可以使老成员向新成员介绍自己成功的经验以供借鉴，还可以使成员之间进行经验交流。也就是说，团队成员在交流的时候可以将自己的成功经验介绍给团队的每位成员，这样团队中的每个人都可以根据交流的经验改进自己的不足。

3. 定位准确，合理分工

再优秀的领导者，一个人的能力毕竟是有限的。现代化大生产是一种系统经济，生产和科技的发展涉及多种学科和多种技能，单有某一方面专长的领导者一个人是无法胜任的，必须要建立一个稳固高效的团队，才能完成管理的目标。

一个合理的团队结构，其成员的年龄、专业知识和智力水平等，不应该也不可能是整齐划一的。在成员的总体构成上，既要有强有力的主要负责人，又必须有各具专长的其他成员。主要负责人的责任是把群体成员的积极性最大限度地调动起来，使全体成员之间长短互补，相互配合，充分发挥群体的整体功能，所以他是实现群体结构科学化的关键。

同时，在年龄结构上，一个理想的群体应该由不同年龄段的成员组成，这样的群体既有老年人的成熟，又有中年人的稳重和青年人的朝气。

团队的成员还要形成互补的专业结构，现代化大生产下，任何一项工作都具有很强的专业性，因此，团队的成员必须掌握一定的专业知识和专业技能。团队必须是多方面专业人才的合理搭配和组合，在实际工作中实现互补，才能有效地履行团队职能。

而对于团队专业结构的合理化不能作机械的理解和规定。不同类型团队，其成员的专业组合方式和比例应该是各不相同的，但一个高效的团队必定有合理的智能结构，也就是指具有不同类型成员之间的协调组合，比如有些人善于运筹策划，有些人善于组织协调……一个高效的团队必须针对每个成员的特点，准确定位并清楚划分每个成员的工作职责范围，并且有严格的工作流程。

4. 认同性强，凝聚力强

团队的凝聚力直接关系到团队的战斗力。高效团队中，成员对团队的认同性强，并期望为团队的持续发展而努力付出，从而自愿把自己的潜力发挥出来，用积极的态度去应对团队面临的挑战和困难，团队凝聚力高。反之，无效团队中，人人各自为政，自打算盘，团队协作难以进行，团队默契也无从说起，团队凝聚力低，团队效率也就低下，建设团队的意义也就失去了。

5. 发现问题，迅速反应

在高效团队中，每个人都善于观察事物，并能迅速地发现问题，及时做出反应，适时分析问题症结，提出决策。也就是说，高效团队成员都具有缜密分析后马上采取行动的能力，知道在出现问题时下一步将要干什么。这样的行为方式有助于克服工作中的困难，打破前进道路上的壁垒，并能有效及时地处理棘手的问题。

6. 执行力强

班尼斯与纳那斯在他们对成功团队的研究中同时发现，执行力强是高效团队成员所具有的相同特点。什么是执行力？简而言之，指能将目标转化为现实、将不可能转变为可能的能力。

7. 实践中总结，总结中实践

实践是团队学习的基础，毫无疑问，通过学习获得并提高工作技能，是团队学习的主要内容和目的。高效团队往往能从实践中总结，在总结中实践，通过学习来提升自己。也就是我们所说的学习型团队。

在高效团队中，人人都是学生。“学习、学习、再学习”以及“终身学习”是全体团队成员的共识。虽然在学习型团队中团队领导扮演着老师的角色，但他同时也是学生的角色。在学习型团队中，每一位成员都是先做学生、再做老师，大家互帮互学，没有严格的师生之分。“知之为知之，不知为不知”，大家互相帮助，互相提高，共同进步。

在学习型团队中，团队成员之间关系融洽，大家经常在一起探求新知，通过交流与沟通，各人倾其所能，贡献自己所学的新知识、新技能，相互取长补短。每个人都可以各展所长，成为老师；反过来，同时虚心学习别人的长处，成为其他成员的学生或听众，互通有无，取长补短。

反省其实也是一种学习能力。团队走向高效是一个不断摸索的过程，在此过程中难免会不断地犯错误。而反省正是认识错误、改正错误的前提。无论是团队还是团队成员，反省的过程就是学习的过程。有没有自我反省的能力、具不具备自我反省的精神，决定了团队能否永葆高效。

因此，“一日三省吾身”是高效团队的日常工作。唯有时常反省自我，对团队进行反思，及时审查团队的所得所失，才能使团队不断进步，始终保持高效。

四、高效团队的五大标准

知道了高效团队的七个特征，那如何判断是否是高效团队呢？本书根据实践总结了五大标准。

1. 团队成员的自我主控能力

主要指三个方面：一是领导不在时自动自发做事的能力；二是团队成员能够区分事情主次；三是出了事情下属和领导一样都着急。

团队内部普遍存在领导不在时放松心情乃至消极工作的现象，且此现象在各个层面均有不同程度的存在，究其原因，笔者认为责任不全在下属，而主要在于单位的制度出了问题，如：对能用“指标”考核的岗位是否进行了合理、有效的

“量”的考核？对不能明确用量进行指标考核的岗位是否能运用综合指标予以细化管理？制度没制定好才会出现此类现象，乃至发展到“领导急，下属不急”等不良现象。针对此问题，解决的办法是：完善制度，细化考核。

2. 思考力和创造力

主要通过 3 个方面衡量：一是团队的方案大部分都是谁在思考？二是开会讨论问题时大家是踊跃发言还是沉默不语？三是下属去找领导，是仅仅带着问题去还是带着解决方案去？

此问题由 2 个方面决定。一方面是各级领导的领导艺术，能否让下属充分表述？对下属的诸多见解是否会合理采用？这都需要领导有一个“宽广的胸襟”，直接关系到单位“思考与创造力”的良性发展。作为各级主管领导，在不违反原则的前提下，只要对单位有利，应有“宽厚仁慈的肚量”，能够听取各方不同意见、建议，给予下属足够的空间，使其敢于说话，善于表述自己的思路、想法，养成积极、踊跃发言议事的习惯。另一方面是团队成员之间要善于沟通协作、拓宽思路、积极思考与创新。

这里讲三个和尚有水喝的故事，给大家一点新的启发。

有三个庙，这三个庙离河边都比较远。怎么解决吃水问题呢？

第一个庙，和尚挑水路比较长，一天挑了一缸就累了，不干了。于是三个和尚商量，咱们来个接力赛吧，每人挑一段路。第一个和尚从河边挑到半路停下来休息，第二个和尚继续挑，又转给第三个和尚，挑到缸里灌进去，空桶回来再接着挑，大家都不累，水很快就挑满了。这是协作的办法，也叫“机制创新”。

第二个庙，老和尚把三个徒弟都叫来，说我们立下了新的庙规，要引进竞争机制。三个和尚都去挑水，谁挑得多，晚上吃饭加一道菜；谁水挑得少，吃白饭，没菜。三个和尚拼命挑水，一会儿水就挑满了。这个办法叫“管理创新”。

第三个庙，三个小和尚商量，天天挑水太累，咱们想想办法。山上有竹子，把竹子砍下来连在一起，竹子中心是空的，然后买了一个辘轳。第一个和尚把一桶水摇上去，第二个和尚专管倒水，第三个和尚在地上休息。三个人轮流换班，一会儿水就灌满了。这叫“技术创新”。

由三个和尚没水喝，到三个和尚通过不同的办法达到共同的目的，关键在不局限于固有的思维，发扬了团结协作、良性竞争、开拓创新的精神。故事新解，希望给我们高效团队如何发挥全员思考力和创造力提供思路和启发。

3. 执行力

执行力是团队持续发展的基础。执行力，就个人而言，就是把想干的事干成功的能力；就团队而言，则是将长期战略一步步落到实处的能力。当一个团队的战略方向已经或基本确定，这时候执行力就变得极为关键。战略与执行就好比是理论与实践的关系，理论给予实践方向性指导，而实践可以用来检验和修正理论，一个持续发展的团队一定是战略与执行相长。

良好的沟通，是执行的核心，此问题的关键在于要有健全、完备的管理制度。政令不明，责任不清，就谈不上有好的执行力。遇见“成果”，蜂拥而至，遇见“责任”，避之不及，只有将“责任”与“成果”统筹权衡，才能明辨对应主管领导执行力的强弱。只有切实明确岗位责任，统一、细化标准，加强考核监督，才能从根本上解决执行力的问题。

4. 愿景吸引力

主要考虑四个方面：一是团队未来要实现什么？二是团队能实现什么？三是个人能在团队中实现什么？四是团队能帮助个人实现什么？

只有员工个人的未来目标与单位的发展前景、发展目标一致，单位的资源、支持给个人实现目标提供有效保障，并给予明确有实现可能的要约，才能吸引员工为了单位愿景去自愿自发地努力。所以，“愿景吸引力”就不单是针对员工的，而是双方相互的。

5. 团队合作能力

主要指五个方面：一是团队成员之间是否相互排斥？二是团队成员的经验技能是否能够互补？三是大家是否愿意共享资源？四是彼此是否能够诚心相助？五是合作之后是否能够提高工作效率？

合作力同样需要有良好的氛围、环境。单位制度健全、合理，执行规范、顺畅，奖惩公开、分明，在这种环境下，单位肯定高效运营，沟通、衔接自然无障碍，合作力的问题就会迎刃而解。

五、团队建设的阻力

虽然团队建设成为流行的趋势已是事实，但在具体的团队建设过程中仍不可避免地会遇到一些阻力。

1. 组织方面的障碍

（1）等级和官僚结构。有的组织强调等级分明的管理方式，要求员工绝对服从上级的领导。这种管理方式会对建设高效团队造成阻碍，因此团队中需要消除这种等级制度。

（2）自上而下的管理方式。很多组织都采用自上而下的金字塔式管理方式，而团队一般宜采取矩阵式管理方式，以便使每一位团队成员都参与到团队管理中。如果将金字塔式管理方式套用到团队中，则可能致使团队活力不能得到发挥。

（3）信息传递不通畅。在传统组织中，尤其是采用自上而下管理方式的组织中，多采用单向的、自上而下的信息传递方式，而团队需要更为灵活、通畅、迅速的信息传递方式。

（4）死板而没有大胆的企业文化。企业是越稳越好，但事实上成熟的企业都鼓励边缘化的探索，鼓励做一些大胆的、创新性的、有益处的尝试。这可以为企业未来的生存和发展带来新的渠道和发展路径，对团队其实是一种很好的尝试。

2. 管理层方面的障碍

（1）管理者害怕失去权力和地位。传统组织中，自上而下的管理方式决定了管理者拥有较多的权力和较高的地位；而在团队中，管理者的权力被削弱，成员间的平等协作被强调。如果管理者试图保护自身利益，维护原有权力，就可能阻碍团队的建设。

（2）管理者害怕自己失去价值。在团队中，成员有着不同的角色分工，管理者的角色相比于传统组织，发生了较大变化。有的管理者可能会因此担心自己不再重要，团队不再需要他们，这种消极的想法不利于高效团队的建立。

（3）缺乏足够的培训和支持。团队与传统的组织形式不同，对于团队成员来说，要扮演好自己的团队角色，需要学习一些新的技能。如果管理者不能提供足够的培训和支持，也会阻碍团队建设。

（4）成员责任不明确。团队中强调有效授权，在授予成员权力的同时，还需要明确相应的责任，否则成员承担的角色就是不完整的，不利于团队目标的达成，也不利于成员能力的提升。

3. 成员方面的障碍

（1）害怕失去个人价值。有些团队成员的独立工作能力很强，并且一直得到大家的认可和良好的回报。他们可能会担心，团队强调共同的力量和共同的目标，那么个人的作用就变得不再明显。

（2）害怕任务过重。一般的组织中，成员只要完成自己的工作职责，达到既定的绩效考核标准，就会得到相应的回报。而在团队中，虽然成员也有明确的职责，但由于团队以完成团队任务为目标，具有较强的灵活性，因此员工可能担心团队任务过重，需要投入额外的时间、精力，从而产生抵触情绪。

（3）害怕承担责任。相对于传统组织来说，团队成员的角色更加独立，更有必要对自己的工作担负起责任。随之而来的责任增加可能使一些员工产生顾虑。

六、高效团队建设的步骤

1. 设计高效团队

团队建设实际运行过程虽不是一件轻松的事情，但通常可以借助一些常见的管理工具来简化团队建设工作。开展团队成员的自我深入认识，明确团队成员具有的优势和劣势、对工作的喜好、处理问题的解决方式、基本价值观差异等；通过这些分析，最后在团队成员之间形成共同的信念和对团队目的一致的看法，以建立起团队运行的游戏规则。

每一个团队都有其优势和弱点，要取得任务成功，就要面对外部的威胁与机会，通过分析团队所处环境来评估团队的综合能力，找出团队目前的综合能力与达到团队目的之间的差距，以明确团队如何发挥优势、回避威胁、提高迎接挑战的能力。

以团队的任务为导向，使每个团队成员明确团队的目标、行动计划。为了能够激发团队成员的激情，应树立阶段性里程碑，使团队对任务目标看得见、摸得着，创造出令成员兴奋的幻想。

在合适的时机采取合适的行动是团队成功的关键。团队遇到困难或障碍时，应把握时机来进行分析与解决；团队面对内、外部冲突时应在什么时机进行舒缓或消除，以及在何时与何地取得相应的资源支持等，都必须因势利导。

怎样行动涉及团队运行问题，即团队内部如何进行分工，不同的团队角色应承担什么职责、履行什么权力、如何协调与沟通等。因此，团队内部各个成员之间也应有明确的岗位职责描述和说明，以建立团队成员的工作标准。

团队要高效运作，必须要让团队成员清楚地知道他们为什么要加入这个团队，这个团队运行成功与失败对他们带来的正面和负面影响是什么，以增强团队成员的责任感和使命感。即将我们常常讲的激励机制引入团队建设，包括团队荣誉、薪酬或福利的增加以及职位的晋升等。

2. 为成员提供深造的机会

只有一个懂得不断充实自我的学习型团队，才能在发展的社会中创造出更多的“奇迹”。从学习的作用来讲：传统型团队的学习性意识不强，他们多满足固有的知识和经验，而不自觉汲取新知识，也不积极开展横向学习。而在学习型高效团队里，成员无论是从机制上还是观念上都充满了强烈的再学习意识，善于在实践中将理论和实际相结合，善于发现他人优点，加以吸收。面对这样的成员，团队领导者需要为他们创造学习的机会和组织学习。把团队形容为一个三条腿的凳子，三条腿都非常重要，如果拿掉一条腿，凳子就会倒，左边那条腿叫做热望、欲望，右边的是心智模式和团队学习，中间就是系统思考。每一条腿都非常重要，也就是说每个核心能力都非常重要。总体来说，团体的智慧总是高于个人的智慧。当团体真正在学习的时候，不仅团体能产生出色的效果，其个别成员的成长速度也比其他的学习方式更快。

3. 听取成员的见解

在团队里，也许我们并不需要每个团队成员都异常聪明，因为过度聪明往往会自我意识膨胀，好大喜功。相反，我们需要每个人都具有强烈的责任心和事业心，要在对团队精心制定的战略理解、把握、吃透的基础上把战术不折不扣、坚定不移地贯彻执行下去，对于过程中的每一个运作细节和每一个项目流程都要落到实处。另外，在执行过程中明确要实现的目标分哪几个阶段和确定具体工作指标，是确保任务完成的关键，也是保证团队执行力的关键。

4. 鼓励成员的创造力

只有不断地创新才能保持团队的竞争优势，但是创新能力从哪里来呢？从人才培养中来。人才培养不只重视知识技能方面，还要考虑品德、情感、志趣等精神层面的东西，考虑企业文化、考虑人才队伍的凝聚力和团队精神，这只有综合性的教育培训才能做到。谁在这方面把握得好、做得好，谁就能在竞争当中保持长久的整体创新优势，并最终在竞争中打败对手。

5. 团队分工与合作

团队发展从内而言，是由创始人聚集松散个体到扩大群体规模直至组织结构、功能均衡发展的过程。也就是说，团队领导人拥有带领、发动团体的能力，管理层拥有管理、服务部属的能力，成员拥有学习、完善自我的能力，最终形成上中下协调平衡、整体互动的运动态势。但各个阶层也要能对其他部门熟悉、了解，并能在工作中相互配合，否则制定的战略、战术只能是孤芳自赏，根本无法让其他部门实施运作。

6. 增强领导才能

增强和发挥领导的指导作用，首先领导必须以身作则，对团队成员起榜样和示范作用；其次，明确具体的工作质量、范围、期限、成本等目标约束；最后，明确各团队成员的角色和责任分工，充分发挥项目团队成员各自的作用。

7. 充分发挥领导的沟通和协调作用

首先，团队成员之间的沟通和协调。成员之间由于价值观、性格、处世方法等方面的差异而产生各种冲突，人际关系陷入紧张局面，甚至出现敌视、强烈情绪以及向领导者挑战等各种情形。领导要进行充分沟通，引导团队成员调整心态和准确定位角色，把个人目标与工作目标结合起来，明确知道自己要做的事，以及清楚如何去做。

其次，团队成员与工作环境之间的沟通和协调。团队成员与周围环境之间也会产生不和谐，如与技术系统之间的不协调、对团队采用的信息技术系统不熟悉等。领导要帮助团队成员熟悉工作环境，学习并掌握相关的技术，以利于项目目标的及时完成。

最后，团队与其他部门之间的沟通和协调。在工作过程中，团队与其他部门各干系人之间的关系，也会产生各种各样的矛盾冲突，这需要领导与之进行很好的沟通协调，为团队争取更充足的资源与更好的环境，并对工作进程以及工作目标与工作干系人不断达成共识，更好地促进工作目标实现。

8. 充分发挥领导的激励作用

在工作过程中，由于严格的目标约束及多变的外部环境，领导必须运用各种激励措施对成员进行适时的激励，鼓励和激发团队成员的积极性、主动性，充分发挥团队成员的创造力。

9. 灵活授权，及时决策

随着团队的建设和发展，领导要通过授权让团队成员分担责任，使团队成员更多地参与项目的决策过程，允许个人或小组以自己的更灵活的方式开展工作。

首先，通过灵活的授权，显示了领导对团队成员的信任，也给团队成员学习与成长的空间。这种信任可以奠定团队信任的基础，也是团队精神在领导与团队之间的体现。

其次，授权有利于充分发挥团队成员的积极性和创造性。每个人都有实现自我价值的愿望。富于挑战性的任务，使他们不断地拓展自己的知识技能，发掘他们的创造潜力。每一项工作的成功，不仅是领导管理的成功，更是所有实现自我价值的团队成员的成功。

最后，灵活授权，有利于及时决策。一方面团队成员在自己的授权范围内可根据内外部环境的变化及时决策，另一方面，通过灵活的授权，领导逐渐将工作重点转向关键点控制、目标控制和过程监控。领导的工作重心由内转向外，侧重于处理工作与外部环境之间的关系，从外部保障项目团队的运作。

七、高效科研团队建设的独特性

高效科研团队建设的步骤与一般高效团队建设的步骤一样，具有共性，但也有独特的地方。科研管理是对知识生产过程中的社会活动的管理。它不同于其他管理，科研活动具有较大的灵活性和不确定性，科研管理是对以探索性、创造性为主的脑力劳动的管理，工作过程中出现的问题也是难以预测的。针对这些方面，一个良好的科研团队建设应该注重以下几方面。

1. 制定团队的发展目标

以完成明确的科研目标为依据。

2. 人才的层次

一个团队绝对不仅仅是几名“最优秀”的人的简单集合，一个好的科研团队除了有战略眼光的导师和带头人外，实验室技术人员和其他工作人员也是必不可少的。选人要任人唯贤唯德，选择有能力或潜力的人做同事，录用有合作精神和创新思维的科研人员和研究生加入实验室也是如此。

人才的层次好了，还应该保持人才的稳定性以利于工作的稳定性，采用各种合理、有效的激励措施留住高素质人才，使他们产生自豪感、归属感和认同感。不过科研团队是知识型的团队，即使是有层次，也要建立在共享、平等、权利淡化的基础上。此外，还要避免一些先来者以长者自居，变相地侵占后来者的现象。

3. 分工合作

为发挥科研团队管理的效果，每位成员须先了解课题组或研究室近期和长期的课题目标与研究任务，明确团队的使命及个人的角色和责任；其次须了解如何完成小组任务，最后要能积极投入小组目标的达成。这需要定期开会讨论。

4. 团队文化建设

如果想持续发展团队的话，不管科研团队大小，团队文化也是应该有的。即使没有一个系统的团队文化，融合团队精神的几条也应该经常提起。假如缺乏积极进取团结向上的工作氛围，项目成员的力量就很难合在一起，大家相互扯皮推诿指责，项目也就不可能成功。团队和谐与合作的基础是凝聚力，团队文化不好，会导致科研人员对重点问题达成一致意见变得很困难，团队出现“高度的和睦交往，低度的团结一致”的现象。

特别是科研项目中，人为的因素很多，更应该注重团队精神的作用。人是要有精神的，科研更需要精神的支持。一个良好科研团队特别需要培养牺牲精神、敬业精神、合作精神等。

5. 建立良好的沟通机制

在科研中，会经常出现研究接口问题，往往是导师领进门，师兄师姐带师弟师妹。但是有些科研项目要结题，要审核，还会经常出现对项目研究内容的更改要求等，在这些时候，没有良好的沟通方式将导致更复杂的问题。建立成员有效沟通技巧，才可使团队管理工作走向良性循环。

6. 制度建设

俗话说“不以规矩，无以成方圆”，如果要短期的工作，那就人治；但是要建设良好的科研团队和长期的公关合作，制度建设是必不可少的。高效科研团队需要有严格的规章制度和较高的治理标准。

（1）采用工作责任制。如果团队分工不清，人员责任不明，互相推诿，什么时候才能搞好工作？所以要明确规定某个人在某个项目中的责任，并且尽量稳定地持续下去。

（2）奖惩制度公正、激励机制完善。对于工作成绩突出者一定要让其精神物质双丰收，对于出工不出力者应让其受到相应的惩罚；科研业绩与评优、职称晋升、培训等结合起来。另外，既要在工作中让每个成员承担一定的压力，又要在生活中多关心多照顾科研团队成员，让大家都能感受到团队的温暖。

（3）制定平等交流的制度。平等也应该作为一种制度制定下来。很多时候，课题组或研究室一说到“老师说的”，那就好像是对的，这极大地影响了研究生的积极性。在学术问题讨论上，要民主要平等，不做学霸不搞一言堂，充分调动每个成员的积极性。

（4）完善实验室制度等。良好的实验室管理制度为科研工作的顺利开展提供保障和支撑。

值得注意的一些问题：可以经常组织一些团队集体活动，提高团队成员之间的沟通意识；建立学习型科研团队，课题组或研究室成员经常在一起交流研究进展；培养和鼓励成员独立做研究，让他们尽量发挥潜力。

第四章

团队领导力训练

一、领导与管理

1. 领导的含义

领导就是领导者率领和激励下属为实现组织或群体的目标而努力的过程，其实质是对下属的一种影响力，即利用权力，发挥影响力，带领团队和下属全力以赴地实现预定的正确目标。该定义包含以下要点。

（1）领导者一定要有下属或追随者，即被领导者。领导者必须与团体其他成员构成领导和被领导关系。

（2）领导和被领导关系之所以产生，是因为权力在领导者和被领导者之间的分配是不平等的。就是说，领导者拥有相对强大的权力，可以影响组织中其他成员的行为；而组织中的其他成员却没有这样的权力，或者说，其所拥有的权力并不足以改变其被领导的地位。

（3）领导的本质是影响力。影响力泛指一切能够改变团体或个人行为的力量。领导过程既是领导者运用职权进行指挥的过程，又是领导者凭个人的人格魅力和影响力，吸引、指导和激励下属去实现组织目标的过程。

（4）领导具有目的性。就是说，领导影响下属是为了达到这样的效果：使下属心甘情愿和满怀热情地为实现群体的目标而努力，与下属一道达成组织或群体的目标。

（5）领导是一种活动过程，是包含着领导者、被领导者、作用对象和客观环境等多种因素的一种活动过程。

（6）领导的基本职责是确立目标、制定战略、进行决策、编制规划、组织实施，促使下属努力实现预定的共同目标。

（7）领导的工作绩效不是归功于领导者个人，而是通过被领导者的群体活动的成效表现出来的。

2. 领导与管理的区别与联系

（1）领导与管理之间的辩证关系。被誉为“领导力第一大师”的哈佛商学院教授约翰·科特说：“管理者试图控制事物，甚至控制人，但领导人却努力解放人与能量。”这句话实际上道出了领导与管理之间的辩证关系：领导和管理互不相同——管理的工作是计划与预算、组织及配置人员、控制并解决问题，其目的是建立秩序；领导的工作是确定方向、整合相关者、激励和鼓舞下属，其目的是产生变革，显然，这也正是领导力的运行轨迹。

具体地说领导通常关注意义和价值，关注所要达到的目标是否正确、是否值得。领导关注做人，关注人的尊严、人的价值、人的潜能、人的激励和发展。如果说管理侧重技术和手段，侧重过程和方法，那么领导侧重人文和目的，侧重结果和艺术。当然二者间还存在一些重要的区别。比如，管理是重权力作用，而领导是重魅力作用的、重影响力的等。

其实任何组织、团体乃至国家，都必须既有领导又有管理。只有领导而无管理，则领导的意图和目的往往比较难以实现；同样，如果只有管理而无领导，管理的愿望和目的同样也难以达到。总之，领导者是决策者，管理者是执行者。二者的区别见表 4-1。

表 4-1　领导与管理的区别

领导	管理
建立愿望	执行计划
创造未来	改善现状
看见森林	只见树木
集中于人	集中于事
洞察外部	检视内部
授权、激励、教练	指挥、控制、监督
注重做正确的事	注重正确地做事
思考“为什么”和“为什么做”	思考“做什么”和“如何做”
注重价值观和原则	重视制度、政策和程序
把梯子搭在正确的墙上	快速爬上梯子
振臂一呼，应者云集	身体力行，鞠躬尽瘁
典型人物：毛泽东	典型人物：周恩来

（2）不同层级的领导与管理详见表 4-2。

表 4-2　不同层级的领导与管理

层级	领导与管理
高层	80% 的领导，20% 的管理
中层	40% 的领导，60% 的管理
下层	10% 的领导，90% 的管理

二、领导与领导力

领导工作包括五个必不可少的要素：领导者、被领导者、作用对象（即客观环境）、职权和领导行为。领导的本质是影响。领导者通过影响被领导者的判断标准，进而统一被领导者的思想和行动。领导通过影响的方式，实现大同。

总体上，领导的概念从名词的角度看是指指挥、激励下属（被领导者）完成特定目标的人。从动词的角度来看，领导是对一个组织集体设置目标以及实现目标的活动施加影响的过程。

1. 合格领导者的基本特质

当人们几乎不知道有领导者存在时，这时的领导才是最佳的领导。他会做到当自己的工作完成和目标实现时，人们却说："这是我们自己做的。"究竟具有什么特质才能成为一名合格的领导者呢？一名合格的领导者至少要具备六个方面的基本特质，这六个描述基本特质的单词都是以 P 开头，所以我们把它们称为"领导的 6P 特质"。

（1）领导远见（Purpose）。领导者必须对未来有明确的发展方向，他们应该向下属展示自己的梦想，并鼓励成员按梦想去前进。一旦下属需要，领导者随时都在身边，就像彼得·德鲁克所说："优秀的经营管理和平凡的经营管理有一个不同，那就是优秀的经营管理能够取得长期和短期的平衡。"在制定领导远见的时候，同时必须要有领导的目标来进行配合。优秀的领导者应该是一个方向的制定者。

（2）热情（Passion）。领导者必须对自己所从事的工作和事业拥有特别的热忱。同时，好的领导者不仅自己对未来充满信心，还要能激发下属的工作热情。一个不能够激发下属工作热情的人，或者说不会激励下属的人，是没有资格做领导的。领导热情既没有替代物，也很难量化，但它是企业完成目标和任务的一种催化剂。

（3）自我定位（Place）。领导者应该特别清楚自己扮演的角色以及这个角色所应承担的责任。这些角色包括上司、下属、同事，还包括一个角色，那就是千万不要忘记你自己。他应该知道如何让自己进步，怎样给自己加压，怎样去学习新东西。

（4）优先顺序（Priority）。优秀领导者的一个特点就是能够明确地判断处理事务的优先顺序。领导者要想提高领导绩效，就必须有所取舍，在有限的时间和资源范围之内，决定到底先做什么，这就是优先顺序的思维方式。领导者应当能决定自己需要什么，而且能决定应当放弃什么，这两个决定具有相同的重要性。也许决定放弃什么会比决定要做什么更难，但是领导者需要这种勇气和智慧。

（5）人才经营（People）。领导者应该相信，无论是上司、同事还是下属都是一个组织可以依赖的资源，都是组织的绩效伙伴。但是，人员也可能成为组织的负担。领导者需要识别人才并善用人才，发挥他们的才干。

（6）领导权力（Power）。自古以来，领导和权力是密切相关的。领导能力包含着领导风格的因素，也包含着权力的因素。所谓权力就是一个人影响另外一个人的能力。权力的关键是依赖性，你对谁有很强的依赖性，反过来他对你就有很大的权力。权力须与领导者个人的魅力结合起来。

上述的六个特质是成为一个合格的领导者必不可少的。我仅仅是说“合格”，而不是“优秀”或者“卓越”之类的词。请记住这句话：真正的领导者不是天生的，是奋斗出来的，而且通常是自己奋斗出来的。领导者造就自己。

2. 领导者影响力的内涵

组织行为学理论认为，领导的核心是影响力，影响和改变他人心理和行为的能力是有效领导的关键。领导者影响力，是指领导者在被领导者的思想意识中产生的一种外在的心理影响与行为能力，作为影响和改变下属行为的一种力量，既是实现有效领导的重要因素，又是提升领导能力的前提条件。

领导者影响力主要分为五类，即法定权、惩罚权、奖励权、专长权和个人影响权。前三种为权力性影响力，是由领导者所处的地位决定，是由上级组织赋予个人的领导权力，具有明显强制性，时间和范围都有一定的局限性；后两种为非权力性影响力，由领导者个人的品质、道德、学识、才能等方面的修养在被领导者心目中形成的形象与地位决定，表现为被领导者对领导者的敬佩、信赖、认同和服从等心态，它取决于领导者本人的素质和修养，无法由组织“赋予”。

对于领导者来说，权力性影响力和非权力性影响力都是不可或缺的，但后者在领导者影响力方面是更长期与持久的因素，对领导行为效果能产生重大影响。“居高声自远，非是藉秋风”，品德高洁、人格高尚、能力高超，其影响力自能传之久远。领导者要在正确行使职权、提高权力性影响力的同时，不断完善自我，提高非权力性影响力。

3. 领导力的概念

领导力是引领组织前进的能力，是影响他人积极行动的艺术。也就是说，领导力是怎样做人的艺术，而不是怎样做事的艺术，最后决定领导者领导力的是个人的品质和个性，即非权力性影响力。

领导能力是把握组织的使命及动员人们围绕这个使命奋斗的一种能力。

领导者是通过其所领导的人的努力而成功的。领导者的基本任务是建立一个高度自觉的高产出的工作团队。领导者的成功不是自己专业能力的成功，而是通过他所领导的人、所感召的众人去实现他的目标。像爬珠穆朗玛峰那样不是他自己爬上山顶就行，而是要感召别人。领导者的基本任务就是建立一个高度自觉的高绩效高产出的团队。

“领导者们要建立沟通之桥。”我们所说的领导力不是用制度或者命令来约束一个团队，而是要让大家自觉地、高度效率地实现高业绩目标。这个时候领导者要建立沟通之桥，就是通过沟通的方式让大家追随你，被你感召。

4. 领导力的三个层次与个人领导力的五个层次

国内著名的管理大师、领导力专家林正纳先生把领导力分成三个层次，分别是“个人领导力”“团队领导力”以及“面对组织和外界变化的变革领导力”。其中，“个人领导力”还可以划分为以下的五个层次，也就是说，个人领导力的提升包括五个层次，这五个层次的进阶过程实际上也是一个人的修炼过程。

（1）领导力的第一个层次：职位。当你进入这个层次时，你开始踏上了培养领导力的进程。

80% 的人都认为职位是体现领导力的最高表现，你的职位越高你的领导力越高。其实这只是领导力的开始，因为在这个阶段人们是靠的权力去领导他人。人们之所以跟随你是因为他们不得不听从你，但你的领导力是被授权的，被别人赋予的。

如果一个领导者只能用权力去指挥调度他人，整个团队往往会士气低落，效率低下。团队成员只会做自己该做的事情而不会付出额外的努力。领导者无法发挥出团队真正的潜力。如果你长期待在这个层次，你会开始慢慢习惯使用权力去让别人屈服。

但每个希望成为出色领导者的人都必须从这一个层次开始。当然要达到这一个层次你也必须要有一些出色的个人能力与经验，毕竟你要有足够的能力从一群人中脱颖而出，最终才能被委派在一个领导者的职位上。

（2）领导力的第二个层次：认同。人们之所以跟随你是因为他们认同你。

关系是这个层次的关键词。当你要从第一个层次进入第二个层次的时候，你要学习如何与团队建立良好的关系，如何真正发自内心地去关心他人。当进入到这个层次，你才开始走向真正的领导者。往往这时候你要负担起建立良好人际关系的压力，你将肩负更多的责任，要对你的团队负责任，因为你的团队不再因为职位而跟随你，他们跟随你是因为你这个人本身。

当然如果你真正在这个层次做好的时候，你得到的回报也是丰厚的。你的团队会更加的团结，有更高的生产力。每个人都更加热爱自己所做的事情。团队的工作效率会是第一个层次的几倍。

（3）领导力的第三个层次：生产。人们跟随你是因为你能做出成绩来、产生效益。

如果不好理解，可以读读原文“Produce，when you produce you will succeed，when you succeed people will follow.”

你不要求别人做什么，而是在不断地要求自己去做什么，通过不断地实践让自己成功，你的跟随者会络绎不绝。人们只希望跟随成功者，希望进入到行业龙头的公司里去。当你不断做出成绩的时候，不用去宣传自然会有人要跟随你。当你固步自封犹豫徘徊的时候，人们不会来找你，更惨的是那些跟随你的人也会一个个离开。

（4）领导力的第四个层次：立人。人们跟随你是因为你能培养他们成为想成为的人。

如果你是一个很好的第三层次领导者，你会开始建立信誉度和品牌，但你还只是一个人做。这个阶段有生产力，但生产力还是很低下。所以你需要开始学习如何培养他人从而进入第四个层次。把自己会的东西传授给他人，让他人也可以和你做同样的事情，这样就可以倍增你的生产力。

要进入这个阶段的前提是你必须做好第三个层次。很多人希望教别人怎么做，但自己却没有做到，这时候就会碰到一个信誉的问题。第四个层次是生产力最高的阶段，你的组织开始有各种各样优秀的人才，这些人才和你团结在一起，每个人都发挥出自己的潜能，每个人在你的带领下都在不断地成长。与此同时他们也在培养他们的属下，建立起同样的组织文化与行为习惯。所有的一切都是因为你在第三个阶段设立了一个好榜样，同时在第四个阶段你无私地培养了他们。

（5）领导力的第五个层次：巅峰。人们跟随你是因为人们敬仰你的所作所为！

当把第三、第四个层次要做的事情做的够好的时候，你将赢得更多信誉，你和你的组织会影响并培养更多的人才。你将会自动来到第五个层次。

三、提升领导者在团队建设中的领导力

领导者在团队建设中扮演了三种角色。一是导演角色，在团队建设中不仅要为下属搭建一个施展才华的舞台，也要实时督促和指导员工按照自己指明的方向前进；二是教练角色，团队领导者就像一位教练，他不是为被教练者解决具体问题，而是利用教练技术反映学员的状态，让被教练者主动察觉自己的状态和理清自己的目标：三是掌舵者角色，一个团队的一路行程就像一艘大船行驶在茫茫大海，面对无可预知的挑战和苦难时，需要一位具有远见卓识的领头人，指引这个团队闯过难关。

可见，领导者在团队建设中的地位举足轻重。团队建设的一个关键问题就是通过如何正确地发挥领导者的作用来最终实现单位的发展。

1. 领导者应该明确自己的岗位职责

领导者的定位是：贯彻者、组织和管理者、协调者、当好服务员、做好员工表率与道德模范。

（1）将自己定位为“服务人员”。在“团队创造企业价值”越来越明显的今天，领导者与被领导者更应该是一种“互相依赖的工作关系”，即被领导者依赖领导者科学的领导和管理创造个人绩效，领导者更依赖被领导者竭诚协同工作创造团队整体绩效。现代企业认可领导者的标准不再是你个人怎样，而是你领导的

团队怎样。要实现这样一个目标，领导者就应该多为下属着想，多为他们创造更好的工作条件和更多的发展机会，即多为下属提供“服务”。

（2）平衡单位与员工的关系。领导者是连接单位与员工的桥梁，一个合格的领导者，应该对单位和员工“双向”负责。通过带领团队为单位创造绩效，在创造绩效的同时合理地为员工谋福利。

（3）采用“和缓”的交流方式。安排和检查下属的工作是领导者的职能之一，但需要注意方式方法。我们知道，人都有一种被尊重的需要，作为领导者，工作中要有意识地尽量“淡化”上下级差别，采用“建议”或“商量”的口吻来安排工作一定会比“命令”更有效；采用“晓之以理，动之以情”的方式来指出下属的过失或不足一定会比“斥责”更管用。有些管理者担心自己的“威信”会不会因为自己这种“和缓”的交流方式而变得“荡然无存”，其实这种担心完全是多余的。恰恰相反，你的下属只会越来越尊敬你。

（4）少考虑自己多考虑别人。作为领导者，需要有一种高尚的“思想境界”，要多替单位、团队和下属着想，少为一己私利着想。当部门、个人利益与单位利益有冲突时，要优先考虑单位的利益；当个人利益与下属利益有冲突时，要优先考虑下属利益。其实，作为领导者，除了“收入”外，培养机会、人脉关系的建立机会等都是一般员工没有的，而这些正是领导者获得更高经济收入的基础和保障。

（5）正确对待上司、下属和自己。作为中层领导者，需要“敬以向上”“宽以对下”“严于律己”。

2. 领导者真正发挥在团队建设中的作用

针对领导者执行力差，甚至出现的“亲友团”领导层的现象，应该尽量避免。领导者的选拔应该是能者上，庸者下，领导者要具备团队建设能力、学习能力、细节管理能力、执行力、流程管理和绩效管理等六个方面的具体工作能力，既涉及战略层方面的问题，亦涉及具体操作方面的问题。领导者在团队建设中必备的能力有以下五个方面：

（1）团队建设能力。增强团队的团结意识，发挥团队的整体效能，是一名领导者应具备的基本能力。“火车跑得快，全靠车头带”，一个企业的团队无论大小，工作做得好坏，关键在领导，因为领导是这个团队的核心。领导者作为所在团队的负责人，不仅要有强烈的责任感、事业心和大胆创新的精神，更重要的是要在自己部门、系统内部形成一种民主的气氛，让大家畅所欲言，把各自的潜能发挥出来，使大家的智慧聚在一起，形成整体的合力。只有这样，团队成员才感觉自己受到了领导的尊敬，有责任干好工作。作为领导者，平时要把握好几个原则：首先是用人不疑。所谓用人不疑就是增强对部下的信任意识，特别是对团队内的业务骨干，要相信他们、支持他们，让他们在工作中大胆创新，做好自己的参谋和助手。其次是适当放权。作为领导者，不能事无巨细都抓和管，不能吝惜自己的权利，要让团队成员真正感到有协助你干好工作的责任。最后要正确处理好与部下的关系，支持每一位部下的工作，帮助他们解决生活与工作中的困难，营造良好的工作氛围，提高员工工作积极性。

（2）学习能力。领导者自身整体素质的高低，对团队建设开展的好坏起着决定性作用。因此，作为领导者，必须强化自身素质，加强学习。首先，加强业务学习，提高自身的理论素质，增强把握全局的能力。其次，要适应复杂多变的市场形势，提高自己的决策素质。作为一名领导者，在谋事布局上要站得高，看得远，跳出小圈子，站到全局的高度去看待周围的一切事物。针对上级的指示，要吃透精神，结合实际，深入调查研究，树立超前意识，精心谋划组织，做出正确的决策。

（3）细节管理能力。老子曾说："天下难事，必作于易；天下大事，必作于细"。一心渴望伟大、追求伟大，伟大却了无踪影；甘于平淡，认真做好每个细节，伟大却不期而至。这就是细节的魅力。一个人的价值不是以数量而是以他的深度来衡量的，成功者的共同特点，就是能做小事情，能够抓住生活中的一些细节。

（4）执行能力。对于一个成功的团队，最重要的是它的执行力。领导者的能力将直接决定这个团队整体的执行能力。领导者的核心点是"管理"，通过有效管理，经过"计划、组织、实施、控制、反馈、改善"等管理环节，最终实现组织的所有目标。确保执行力的有效实施，完善执行体系的细节等，这些都只有通过"管理"才能实现。

（5）绩效管理能力。绩效管理是一个完整的系统，是以目标为导向，以绩效指标为标准，进行过程控制并取得预期结果的一个螺旋式上升的动态循环过程。这个过程包括绩效目标的明确、绩效实施、绩效评价、绩效改进等四个阶段，着重考虑绩效目标和绩效指标的建立过程。

3. 提高领导者影响力的方法

（1）全面开发领导者权力的来源。法定权、惩罚权、奖励权、专长权和个人影响权，它们都是领导者影响力的基础，需要着重开发。领导者权力的其他来源是指部门间相互依赖、信息控制和应对不确定因素等，在许多组织里，部门间互相依赖是领导者权力的一个重要来源。

（2）建设性运用自己的职位权力。法定权力决定个人在组织中的地位。高水平的领导者在运用其法定权力上是颇下苦心的，较注意检讨自己的领导方式是否有不当之处，这是因为他们认识到个人的领导方式通常会影响个人行使其法定权力。领导者可用法定权力来影响其下属。反过来，下属也可使用他们的法定权力来影响领导者。

（3）多方提高自己的个人影响力。领导者可采取诸如参加培训、向专家学习、参与专题研讨会等措施以使自己拥有胜任本职工作所必需的专长权力，成为下属认可并被下属当作榜样的领导者，就拥有较大的个人影响力。

（4）把权力交给更适合的下属去运用。有三层意思：一是用权主体可以分散化，靠一人智慧不如集合众人智慧；二是通过分权、授权来实现权力的部分下授；三是要有胜任受权者来接受下授的权力。

四、科研团队领导力提升的特殊要求

科研团队领导力是科研团队领导者在特定的情境中吸引和影响科技人员与利益相关者以持续获得团队竞争优势并实现团队领导绩效的综合能力。

根据科研工作的特殊性，科研团队领导力提升需着重考虑提升 7 个能力：引领经济社会转型能力、把握发展机遇能力、创造发展空间能力、追求自我完善能力、创新文化塑造能力、科技资源整合能力和科技协同能力。具体如下。

（1）对于科研团队来说，首要问题是处理团队战略方向与创新型国家战略需求之间的关系。因此，科研团队应着重对团队外部的政治环境需求和现有科技领域结构进行分析，以便及时将竞争战略转向有吸引力的科技领域上。

因而，在如今必须依靠自主创新提升国家综合国力和核心竞争力的时代，科研团队领导者根据建设创新型国家需求进行战略定位的能力越强，团队领导力越高；在我国必须加快转变经济发展方式的时代，科研团队领导者通过科技创新引领和促进经济社会转型和发展的能力越强，团队领导力越高；科技团队领导者洞察科技发展方向和爆发点、把握发展机遇的能力越强，团队领导力越高。

（2）对于科研人员来讲，目前科研人员的典型特征是自我实现需求，独立性和自主性很强，渴望专心开展科研工作的氛围；而且科研队伍年轻化趋势明显；另外压力大、心理健康水平较低，学术道德缺失、学术腐败现象导致有失公允的事件发生。

因此，在70后、80后逐渐成为科研主要力量的背景下，科研团队领导者为广大科技人员创造发展空间和优化科技平台的能力越强，团队领导力越高；在科技道德伦理缺失、风气日益浮躁的背景下，科研团队领导者追求自我完善和塑造团队创新文化的能力越强，团队领导力越高。

（3）科技竞争与合作，归根到底是对科技资源的竞争与合作。对于科研团队领导者来说，可以以团队优势资源整合外部资源，也可以通过战略联盟来创建新的科技合作体系，积极创造条件以实现内外优势资源的整合与利用。

因此，在全球化竞争越来越激烈，科技整合越来越普遍的背景下，科研团队领导者整合科技资源的能力越强，团队领导力越高。

（4）团队协作，是提升科研团队竞争优势的关键。因此，科研团队领导者的科技协同能力越强，团队领导力越高。

第五章
高效团队的灵魂——团队精神

一、团队精神的定义与内涵

所谓团队精神，是指团队成员为了团队的利益与目标而相互协作、尽心尽力的意愿与做法。简单来说，就是大局意识、协作精神和服务精神的集中体现。团队精神的基础是尊重个人的兴趣和成就，核心是协同合作，最高境界是全体成员的向心力、凝聚力，反映的是个体利益和整体利益的统一，保证组织的高效率运转。

团队精神的内涵：团队精神的形成并不要求团队成员牺牲自我，相反，挥洒个性、表现特长保证了成员共同完成任务目标，而明确的协作意愿和协作方式则产生了真正的内心动力。团队精神是组织文化的一部分，其中管理文化扮演着重要的角色。如果没有正确的管理文化，没有良好的从业心态和奉献精神，就不会有团队精神。

1. 团队精神的实质：共同的价值观

（1）在个人对待组织的态度上，团队精神首先表现为组织成员对组织具有强烈的归属感，即：对组织的认同和忠诚。人总是希望自己在社会中有一个确定的位置，以获得物质上和精神上的满足，这就是归属感。它首先表现为对组织的认同。组织成员把组织视为“家”，强烈地感受到自己是组织的一员，将自己在社会中的位置具体定位在所在的组织，认识到组织为自己提供了工作、学习、生活、繁衍、社会保障所需的条件，自己的命运与组织休戚相关，并且由衷地把自己的前途与组织的命运系在一起。在处理个人利益、目标与组织利益、目标的关系时，归属感又表现为组织成员对组织的忠诚。组织成员采取集体利益优先的原则，个人服从集体，愿意为集体的利益尽职尽责，做出贡献；组织成员相信、支持组织的目标，并把自己的个人目标融于组织目标之中，以组织目标为重，自觉为了实现组织的目标而尽心尽力，努力工作。

在个人对待组织的态度上，团队精神还表现为组织成员具有强烈的自豪感，也就是为组织的成功而骄傲、为组织的困境而忧虑的集体荣辱感。自豪感是组织成员认为自己所在的组织有令外人羡慕的因对社会的贡献、良好的声誉、美好的形象和可观的收入而产生的荣耀心理。而当组织暂时陷入困境时，成员也认为组织确定、一定以及肯定能够走出困境，这是一种积极的心态，能激发工作的欲望，使人在工作中处于较佳的向上的精神状态。

（2）在对待团队事务及工作的态度上，团队精神表现为组织成员具有强烈的责任感和奋发向上、积极创新的敬业精神。组织成员衷心地把组织事务视为自己的事，视工作为组织赋予的使命，不仅尽职尽责，而且积极主动，充满活力和热情，全方位地投入，创造性地工作，表现出锲而不舍、孜孜以求的恒心和坚定、积极的作风。

（3）在组织成员相互之间的关系上，团队精神表现为成员之间的相互协作及友好联系、共为一体，即一种亲和意识。现代化大生产流程式管理的特点决定了生产必须井然有序，人们在工作中互相依从、互相服务、密切配合。同时，为了实现共同的目标，还要求人们相互之间有理解、有信任。亲和意识就是在此基础上产生的一种爱人、仁慈、和谐、互助、团结、合作、忍让、自尊、互尊、相互承认个人价值、懂得人际关系和谐的重要性、互相关心的意识。

综上所述，团队精神表明了组织成员的一种态度，一种对真善美，对个人和组织之间以及组织成员之间的关系，对组织目标、利益与发展，对待团队事务与工作等的根本态度，这种态度与组织的要求相一致。因此，其实质就是组织与个人在长期的活动中形成的共同的价值观，是组织成员对客观事物意义总的看法和观点，这是一种持久的、稳固的、积极的群体心理，是综合群体成员意向、信仰、情感、意志和品质后形成的一种新的“特殊的情感”。

2. 团队精神的基础：张扬个性

团队管理看重的是团队的宗旨、价值，认为掌握了团队价值观和信念宗旨的人能够完全主动地提出无数具体的规则和目标。团队管理的价值性体现在关注人精神的满足，而真正的团队精神应挥洒个性、表现特长。树立个性意识，鼓励个性发展是形成团队理念、塑造团队精神的前提和基础。树立个性意识，就是注意到个人是自由的，能够自主地支配自己。团队精神是以人的充分解放和全面发展为基础的。

3. 团队精神的核心：团结协作、优势互补

团队的所有工作成效最终会毋庸置疑地在一个点上得到检验，这就是协作精神。而良好的人际关系则是协作精神的前提，因为良好的人际关系有助于加强团队成员之间的团结，团结是团队赖以生存和发展的重要条件。没有团结，团队就缺乏凝聚力。甚至当成员之间的矛盾和冲突超过一定“度”的时候，团队就会破裂。为了团队的生存与发展，就必须协调好团队的人际关系。良好的人际关系还可以增强团队成员的正义感、责任感和集体荣誉感，可以激发团队成员的工作热情，形成和谐的团队气氛，使人心情舒畅、精神振奋，更好地发挥各自的聪明才智和吃苦耐劳的精神，积极工作，提高团队成员工作的积极性、主动性、创造性，从而实现团队成员的整体效应，提高工作的效率。在处理团队的人际关系上，彼此间要相互合作，和睦相处，营造一种积极向上的人际氛围。中国古代的人本主义管理强调“和为贵”的思想，这一思想可以被看做是当代团队精神的思想萌芽。客观地说，团队的合作是以人格的平等为基础的。

除了良好的人际关系外，团队成员在才能上的互补也是必不可少的。合作是在分工基础上的合作，团队就是由技能各异、甚至个性也存在差异的人组成的。将这些人组合到一起，在工作上加强沟通，有分工有合作，团结协作，利用个性和能力差异，实现优势互补，发挥积极协同作用，这就是团队精神的核心所在。

4. 团队精神的境界：奉献精神

在一个组织中，没有个人的自我克制，组织就很难对个人行为进行支配，那么整个组织就难以有协作行为产生，组织活动也难以持久。然而，在日益提倡个性化、讲究个人能力的今天，要使那些几乎在各个方面都相差甚远而且工作独立性又强的人自我克制、相互理解、信任、协作乃至甘当配角，绝不是一件说到就能做到的事。这需要一种奉献精神，即人们在与人共事时，不只是看到自己，而是从大局出发，在为他人、为社会、为集体的贡献中，在与他人的协作中实现自我价值。从这一角度讲，团队精神的境界就是一种奉献精神，因为它要求团队中的每个人都在自己的岗位上尽心尽力，主动为了整体的和谐而甘当配角，与他人协作，自愿以整体利益为重，甚至为了整体的利益而放弃自己的私利。

5. 团队精神的实现方式：良好的沟通和激励机制

沟通是团队协同合作、树立共同目标的必然途径，是形成一个优秀团队不可或缺的重要条件，是团队精神的黏合剂。在现实的管理活动中，沟通比权力更重要，激励成员的积极性，依赖的是良好的沟通而不是权力。因此，团队应该在思想上、精神上充分地把价值目标在系统中进行合理有效的传播和建设，以坦白、开放、沟通作为团队的基本原则来实现团队管理，并使这些原则在思想观念上扎根、生长。在心理上实现一系列“鼓励倾听，积极回应他人观点，对他人提供支持并尊重他人兴趣与成就的价值观念。”要实现对团队的认知，就要在组织中进行不断交流与沟通，使个体感到彼此间都以真挚、诚恳、友善的态度相待，实现心理上的零距离，达成心理默契，这样方能在利用集体智慧的同时促成团队精神的实现。

在团队中，想让成员充分地发挥自己的努力去工作，就要把成员的“要我去做”变成“我要去做”，实现这种转变的最佳方法就是对员工进行激励。要形成一个优秀的团队，培养良好的团队精神，除了积极的沟通之外，还必须具有良好的激励机制。在这个良好的激励机制下，使一个团队始终以高昂的士气、忘我的精神来实现团队的目标。激励机制包括利益激励和精神激励。

6. 团队精神的功能：实现创新和增强凝聚力

团队建设是实现创新的革命性手段。团队建设特别强调人是组织中最宝贵的财富和资源，它把人的基础职能定位为进行创新和超越。团队建设通过在团队中树立团队精神，从而激励个体从更加勤奋地工作发展到创造性地工作。

团队精神的树立，使组织中的个体在精神上融合为一体，让个体以共同的价值观为准则来自觉地监督和调解组织中的日常活动，从本质上营造了民主、自由、开放的氛围，使主体性与个体性得以充分地发挥与展现，从而增强了组织的内聚力、向心力和能动力，为齐心协力实现组织目标创造了有利的前提条件。实践表明，个体得不到展示自己机会的组织很难形成一股较强的向心力。

二、团队精神的功能

1. 目标导向功能

团队精神的培养，使所有成员齐心协力，拧成一股绳，朝着一个目标努力，对单个成员来说，团队要达到的目标即是自己所努力的方向，团队整体的目标顺势分解成各个小目标，在每个成员身上得到落实。

2. 凝聚功能

任何组织群体都需要一种凝聚力，传统的管理方法是通过组织系统自上而下的行政指令，淡化了个人感情和社会心理等方面的需求，而团队精神则通过对群体意识的培养，利用成员在长期的实践中形成的习惯、信仰、动机、兴趣等文化心理，来沟通人们的思想，引导人们产生共同的使命感、归属感和认同感，反过来逐渐强化团队精神，产生一种强大的凝聚力。

3. 激励功能

团队精神鼓励成员自觉地要求进步，力争与团队中最优秀的成员看齐。通过成员之间正常有序的竞争可以实现激励功能，这种激励不止是单纯表现为物质奖励，而且还体现为精神激励——荣誉，得到团队的认可，获得团队中其他成员的尊敬。

4. 控制功能

成员的个体行为需要控制，群体行为也需要协调。团队精神所产生的控制功能，是通过团队内部所形成的一种观念的力量、氛围的影响，去约束、规范、控制成员的个体行为。这种控制不是自上而下的硬性强制力量，而是由硬性控制向软性内化控制；由控制成员行为，转向控制成员的意识；由节制成员的短期行为，转向对其价值观和长期目标的控制。因此，这种控制更为持久有意义，而且更容易深入人心。

总之，团队精神对任何一个组织来讲都是不可或缺的，否则组织就如同一盘散沙。“一根筷子容易弯，十根筷子折不断”就是团队精神重要性的直观表现，这也是我们理解的团队精神。

三、打造团队精神

1. 树立共同的目标和愿景

所谓共同愿景，是指大家共同愿望的景象，最简单的说法是“我们想要创造什么？”共同愿景是人们心中一股令人深受感召的力量。高效团队作为一个相关利益者的共同体，它的愿景是相关利益者的意象或景象的汇合。

建立共同愿景要注意：第一，要有长远的目光；第二，要进行持续、永无止境的工作；第三，要系统思考问题。建立的方法和步骤是：首先，领导要有正确的追求理念，共同愿景最初源于领导个人；其次，通过沟通，整合个人愿景；

最后进行培训，分享共同愿景。

2. 拥有卓越的领导

一个优秀的团队少不了一名出色的领导，统帅素质的好坏很大程度决定了团队战斗力的强弱。第一，领导者要有个人魅力，有感召力；第二，领导者要有眼光、胸怀和魄力；第三，领导者要有协调能力和凝聚力；第四，领导者要善于倾听，善于决策；第五，领导者要敢于承担。

3. 建立良好的沟通机制

所谓沟通，是指通过使用共同符号传递信息和理解信息。沟通的过程一般包括五个因素：沟通者、信息、媒介、接受者和反馈。

沟通是团队功能的内在部分，它贯穿于团队的整个活动中，是使任务在团队中得到完成的过程。人们注重沟通不在于沟通的过程，而在于沟通的效果。所谓有效的沟通是指沟通者与接受者有了共同了解的结果。只有当沟通者传递的信息接受者能够理解，沟通才会成功。但在现实生活中，人们往往没有形成有效的沟通，致使问题产生意外的结果，比如说一个不经心的玩笑导致人与人之间的争吵，领导的非正式评论被歪曲等。因此，怎样改善沟通，提高沟通的有效性，是当前人们研究的重要课题。

有效的沟通必须遵守以下原则：第一，提供上下互动机会；第二，建立正式沟通渠道；第三，组织业余文化活动；第四，积极有效的倾听。

4. 创建互信的环境

信任是团队成功的重要因素。信任是合作的开始，也是团队管理的基础。一个不能相互信任的团队，是一支没有凝聚力的团队，也是一支没有战斗力的团队，一个高效的团队必须以信任为前提。信任意味着一种凝聚力的产生，高效的团队成员必须学会彼此欣赏、信任，勇于承认自己的错误、弱点，还要乐于认可别人的长处，即使这些长处超过了自己。

所谓信任，是对他人言词、能力、行为、承诺的可靠、肯定的期望，相信他人有能力会自觉按自己的意愿做出对自己有利的事情。

由于信任是人们协作的前提，因此对信任的研究注重的不是其本身，而是其形成的过程，也就是怎样才能建立信任。我们认为要形成团队成员之间的相互信任，必须采取以下措施：第一，要遵循公开、公平、公正的原则；第二，充分授权；第三，有效的沟通；第四，不能任人唯亲。

5. 形成适当的激励机制

人是一种情绪化动物，在遇到不顺意的事情时往往出现消极态度，如果这些消极的态度得不到正确的引导，就会对个人生活和团队工作产生负面影响，这时最有利的一剂良药就是激励。正面激励要注意以下几点：第一，对于人事的安排要遵循“人尽其才，才尽其用”的原则，对团队每一个成员作出最合适的安排；第二，尽可能地去满足成员合理的愿望；第三，物质奖励和精神奖励两手抓两手硬；第四，建立合适的升迁机制，考虑每位成员的职业发展。

6. 引入良性竞争机制

通过良好的团队竞争可以激发成员的积极性和创造性。竞争能激发一个人无尽的智慧，每一个人都有一种拼搏取胜的愿望，一种展现自我价值的意愿。

鲇鱼效应同样适用于团队，经验丰富的领导者在面对一个毫无活力的团队时，他们便会引进一批充满活力、积极行动的新人，以打乱团队中原来已经形成的较为稳定的工作人际关系。由于新人们个个如狼似虎，不畏强者，敢于争胜，让原来的老成员为了维护自身的利益不得不解放思想、积极行动，以适应激烈的竞争，从而使团队焕发新的活力与创造力。

竞争与合作是统一不可分割的，竞争要求合作，而合作促进竞争。为了将良性竞争引入团队，应从以下几方面做起：第一，打造学习型团队，授人以渔，团队之间相互交流，相互学习共同提高，实现资源的共享；第二，成员制定自己的目标，超越自我；第三，开展学、比、赶、帮、超活动。

第六章
团队绩效提升

一、绩效、绩效管理和绩效评价

1. 绩效

绩效指员工围绕所在岗位的职责而达到的结果，以及在结果实现过程中的行为表现。绩效一般包括两个方面：一方面指工作结果，相当于通常所说的业绩，如工作的效率、工作产生的效益或利润等；另一方面指影响工作结果的行为、技能、能力和素质等。因此，绩效既包括静态的结果内容，也包括动态的过程内容。两者相辅相成，结果是工作的最终目标，过程则影响和控制目标的实现。

绩效是组织期望的结果，是组织为实现其目标而展现在不同层面上的有效输出。绩效一般由三个层面构成：组织绩效、部门绩效、个体绩效，三者所包含的内容及其考评和管理方法也不尽相同。三个层面中，个体绩效是根基，一般表现为个人的工作成果和工作过程；部门绩效是个体绩效的整合和放大，体现了组织整体目标在该部门的分解；组织绩效又是部门绩效的整合和放大。简而言之，组织绩效，只有组织目标按一定的逻辑关系被层层分解到部门，部门又将工作目标层层分解到每一个体工作岗位上，每个任职者都达到了组织的要求，这样目标才能实现。

2. 绩效管理

绩效管理是一个上一级管理者和成员持续不断双向沟通的过程，是制定目标与如何达到目标而达成共识的过程，以及促使成员成功达到目标的管理方法。

在绩效管理实施的过程中，管理者不是单打独斗，成员也不是孤独的行者，绩效管理目标的实现需要管理者与成员的共同努力，离开任何一方，绩效管理都将流于形式，招致失败。绩效管理的实现首先需要管理者和成员就工作目标达成一致，其次管理者作为成员的辅导员、教练，要帮助成员不断提高能力以实现绩效目标最终使成员达到绩效目标的要求，获得自身能力的提升，最大限度地激发成员的潜能。而绩效管理的终极目标就是提升成员的能力、激发成员的潜能。

绩效管理由四个环节组成。① 绩效计划：确定组织对成员的绩效期望并得到成员认可的过程。② 管理绩效：保证成员能够按照设定的目标，在规定时间内完成工作任务（辅导、咨询、回顾、自我监控）。③ 绩效考核。④ 奖励绩效：对考核结果进行多种形式的奖励和处罚。

3. 绩效评价

绩效评价就是根据成员个人的绩效标准，对其当前以及过去的绩效进行评价。绩效评价结果能够为薪酬决策提供信息，为成员职业生涯发展规划提供依据，为管理者改善组织绩效提供可靠的参考信息。

二、影响团队绩效的主要因素

1. 团队目标不明确

指团队领导以及团队成员未能充分了解团队的整体目标和阶段目标，未能充分了解与目标相匹配的工作范围、质量标准、预算和进度计划等方面的信息。目标不清楚，将导致团队成员在工作过程中盲目和无所适从，遇到挫折容易妥协，最终影响团队绩效。

2. 团队领导不力

指团队领导不能充分运用职权和个人权力去影响团队成员的行为，带领和指挥团队为实现目标而奋斗。这是影响团队绩效的根本因素之一。团队领导不力使团队成员的信心降低，凝聚力下降，最终影响团队绩效。

3. 团队成员的职责不清

指团队成员对自己的角色和责任认识含糊不清，或者存在团队成员职责重复、角色冲突的问题。这同样是影响项目团队绩效的一个重要因素。职责不清容易导致集体卸责现象的发生，最终影响团队绩效。

4. 团队内缺乏沟通

指团队成员对工作中发生的事情缺乏足够的了解，团队内部和外部之间的信息交流严重不足。这不但会影响一个团队的绩效，而且会造成决策错误和团队任务的失败。

5. 团队激励不足

指团队领导所采用的各种激励措施不当或力度不够，使得团队激励不够。这也是影响团队绩效的一个重要因素，因为这会使团队成员产生消极思想和情绪，从而影响整个团队的绩效。

6. 制度不全，约束不力

指团队没有合适的规章制度去规范和约束团队及其成员的行为和工作，团队成员内部各行其是，松散无序。这同样是造成项目绩效低下的因素之一。

7. 团队精神缺乏

指团队成员缺乏内在的工作热情和动力，没有积极的协作意愿，团队失去凝聚力。这将严重影响团队绩效。

三、如何提升团队绩效

1. 明确团队使命，制定清晰目标

组建团队之前，必须明确“团队为什么存在？”。描述团队使命，以清晰阐述团队存在的意义。通常情况下，团队使命来源于组织的要求，因此可以通过理顺组织对新建团队的要求或明晰上级领导对新建团队的要求，来确定团队使命。

根据团队使命，制定团队目标。通常团队的目标必须服从组织的目标，是组织目标中一个特殊项的细化，而且目标的设定必须遵循 SMART 原则：

（1）明确性（Specific）：用具体的语言清楚地说明要达成的行为目标。如“增强客户意识”是非常不明确的描述，而“将客户满意度由目前的 80% 提高到 90%”则是明确性的表达。

（2）衡量性（Measurable）：目标必须有标准可以测量。如“将客户忠诚度由目前的 80% 提高到 90%”则是很难衡量的，忠诚度不像满意度易于判断。

（3）可接受性（Acceptable）：赋予团队或成员的目标必须是与团队或成员充分沟通的结果。

（4）可实现性（Realistic）：目标必须是在现有资源条件下可行的。过于乐观的目标，往往会给团队的信心带来打击。

（5）时限性（Timed）：时间要求必须非常明确，时间的遵循必须是严格的，而且应设置阶段性时间要求，以一个个小的关键点的跨越，不断提高团队士气。

根据目标制定具体的策略，明确其主要内容、目的、实施计划与时间表、组织方式和资源配置、负责人、考核方式等。同时，目标应进行有效地宣传，让团队内外的成员都知道，甚至可以把目标贴在团队成员的办公桌上、会议室里，以此激励所有人为这个目标去工作。

2. 选择合适成员，实现技能互补

目标是通过人员具体实现的，所以人员的选择是团队中非常重要的一个部分。联想柳传志提出“搭班子、定战略、带队伍”的战略，搭班子处于首位，由此说明团队成员选择的重要性。团队成员的选择一般应遵循如下原则：① 要选最适合的人，而不是选学历最高或工作经历最丰富的人；② 要选有团队精神的人，不要选喜欢单打独斗的明星；③ 要选诚信务实的人，而不是选夸夸其谈的人；④ 尽可能选择价值趋同、性格和能力互补的成员。

3. 界定成员职责，实行主副分工

目标与策略明确后，细分每项职责，分别确定一名主要负责人，全权负责相应工作的计划与组织实施，对团队集体负责。同时团队中应确定一名“代理人”，当主要负责人因故暂不能履行职责时，由代理人履行。这一策略应遵循如下两个原则：① 成员需要并且必须了解他们真正的工作职责。② 帮助每一位成员明确界定他们在实现目标过程中的增值角色。这里应关注两个关键词——灵活、界定。灵活，是因为随着环境的变化，每一个成员的职责也必须相应调整以适应变化的需要；界定，是因为每一个人都必须清楚地知道自己的职责、目标和工作权限。

4. 重视过程沟通，强调阶段管理

建立定期和不定期的团队沟通机制。团队中的每一位成员有责任将自己的工作进展随时反馈给团队领导，进行必要的沟通和调整。过程沟通是实施阶段管理的重要手段，也为绩效考核提供重要信息。

可以通过过程沟通来加强阶段管理，阶段管理的目标是保障团队计划按序进行。通常，在阶段管理中针对每位成员询问四个问题：① 态度：有正确的态度和自信心吗？② 知识：有相关工作的知识和经验吗？③ 技能：有应用知识和经验的相关技能吗？④ 外部障碍：有不可控制的外部障碍吗？由此来诊断团队阶段管理中出现的问题，然后针对性地进行调整解决。

5. 注重细节培养，提升成员技能

细节决定成败。细节对于团队成败的影响也是同样重要的，要让团队成员的价值观趋同是很难或不可能的事，但是让团队成员注重相应的细节却很容易，通过细节培养，可以让成员间形成一种团队习惯。一位哲人说过：行为决定习惯，习惯决定性格，性格决定命运。好的团队习惯的培养，将决定团队的命运。

细节培养是随时随地的，应使团队成员都养成随时与人分享知识和经验的习惯。一次谈话交流、一次会议沟通都是培养和提升成员技能的大好时机。另外，团队也应该有系统培养和提升成员技能的计划。通过以下四个方面的分析来确定培训需求：① 团队发展的需要：通过分析团队的愿景、目标和工作内容来确定培训需求；② 团队文化的需要：通过分析团队的使命、价值观等来确定培训需求；③ 个人培训需求调查：了解团队成员的个人培训需求；④ 能力测评结果：建立能力素质模型，通过能力测评判断成员的培训需求。培训资源的整合非常重要，除上述提到的内部培训，还应借组织力量引入外部培训资源。

6. 重视人际协调，避免关系冲突

团队冲突一般体现在三个方面：与工作内容和目标有关的目标冲突，与如何完成工作有关的过程冲突，集中在成员之间的关系冲突。研究表明，比较少的过程冲突和比较适度的目标冲突总能对团队绩效有积极的作用，因为这些冲突会刺激团队内的一些讨论，从而使团队做得更好。而关系冲突几乎对工作没有任何好处。因此，培养和谐的人际关系是团队通往成功的桥梁。

建立有效人际关系的四种关键方法：① 形成有效的 360° 人际关系。不仅在工作中让成员有更多的接触，还应在生活中创造更多的机会让大家交流，如周末郊游、聚餐、开小 Party 等。② 展现令人依赖的团队愿景。让成员感觉在团队中工作是一项荣幸的事，成员的心中先有团队，后有个人，那么大家在交往的过程都会以集体荣誉感为重，而忽略个人的不愉快。③ 建立开放、即时和有针对性的双向沟通。④ 培养团队协作精神。团队协作能力培养的四个关键点：尊重他人，能站在对方角度看待问题；和不同的人建立并保持积极的协作关系；在保证完成本职工作的前提下，能主动、积极帮助他人；鼓励、支持他人，让每个人感觉到自己在团队中的价值。

7. 实施团队考核，坚持赏罚分明

清晰的标准引导团队前进，严明的赏罚保障目标实现。任何一个团队，在明确使命、愿景的同时，必须对团队业绩的考核有严格的赏罚制度。考核必须兼顾团队和个人，设立考核个人的指标，让团队成员之间形成竞争；设立考核团队的指标，又让成员之间形成协作。通常情况下竞争与协作的比例是 3∶7，因为团队绝不宜过多鼓励内部竞争。

团队绩效考核可采用“过程控制点，结果控制面”的方式进行。所谓“过程控制点”，是指平时以直接奖励或扣罚金额的形式，奖励团队或成员在过程中的优秀表现或处罚其犯下的错误。过程控制具有高度的不确定性，同时也能收到强有力的警示效果。“结果控制面”，则是指从目标的达成率、时效性、质量、难易程度和对组织的影响程度，来进行系统考核。团队的考核结果直接影响团队总体的奖金，然后结合团队业绩和个人业绩的考核结果，将奖金分配到个人。

团队绩效考核的注意事项：① 赏罚制度必须事前约定，奖惩标准必须前后一致；② 绩效标准必须得到 80% 及以上的成员认同；③ 不要相信绝对标准，任何考核结果都是相对的，关键是让成员感觉到公平、公正；④对团队和成员的考核结果必须直接或间接地反馈到每个成员，让大家明白做什么会获得奖励，做什么会受到处罚，以明确团队的价值导向，同时持续改善计划。

四、科研团队绩效管理

科研团队是团队工作中比较特殊的一种，其绩效管理既有一般团队的共性，又有其特殊性。

1. 科研团队绩效管理的基本特点

科研团队的共同特点是：一是团队成员学历高、能力强。科研团队成员普通具有高学历，经过一定的实践后，成员主持和参与相关领域项目研究的能力普遍较强。二是科研领域日渐宽广。随着科技水平的普遍提高和技术需求的不断发展，科研团队所涉及的研究领域，不断向与行业相关的基础与应用相结合的领域拓展。三是科研工作具有风险性，投入与产出比很难测算。

因此，科研团队的绩效管理有其特殊性：一是团队融合存在较大障碍。科研人员往往较多专注于自己的日常工作，对自身学术地位有较强的权威意识，对别人的质疑难以接受，这些特点可能让他们在专业领域能较好地潜心研究、研有所成，但也可能成为科研团队融合的障碍。二是科研思路创新和科研能力提升存在认知壁垒。科研工作要求不断创新，研究思路的创新是关键。但科研团队的研究思路往往主要依赖于领导者个人的知识积累和判断，容易造成研究思路跟不上实际需求。同时，一些团队成员担心传授知识和技术会危及自身的地位，不愿把自身知识和技术作为科研团队的共有财产而传授于人，既禁锢了自己也贻害了团队。三是科研成果的评价与成员的利益诉求容易发生冲突。研究成果是团队成员的共同结晶，但在成果评价时往往倾向于领导者或某些个人，很难完全做到按技术贡献和工作实绩的大小来评价。团队成员对评价结果的认可程度会对后续的工作热情和研究动力产生影响。

2. 科研团队绩效管理的主要问题

（1）绩效测评的维度难以确定。所谓测评维度，就是指项目中被确定为用于评价团队绩效高低的那些因素。一般而言，团队绩效的测评维度有定性和定量两个方面。现实中，对科研团队的绩效进行评价存在一个很难把握的问题，比如：一个大的项目往往被分成几个子项目，由不同成员来完成，如果用定量方法进行测评，就会出现某些成员完成项目个数虽少，但他们所完成的项目却是整个项目支撑所在的现象；若以定性方法测评，则会面临某些子项目对整个项目虽然只是起辅助作用，但其工作量却很大的问题。这两种情况都会对研究团队成员的工作积极性产生消极影响。因此，科研团队绩效测评维度的选择，到底是采用定性方法还是定量方法，还是定性与定量相结合，都需谨慎思考。

（2）绩效测评的指标难以细化和量化。如果说测评维度是从宏观方面确定考核因素的话，测评指标就是具体的、细化的、可操作的考核内容。理论上，指标越细化，越能反映团队成员的工作业绩，越具体就越有可操作性，越能体现公平性。但实际操作中很难做到。比如，一个科研项目的最终成果是一本著作或一篇论文或一份报告，那么如何设置测评指标才能不失公平，才能使每位成员的劳动成果得到全面、准确的反应？是以团队成员完成内容的字数还是撰写的具体部分在整体研究中的重要程度？如何做到测评指标与团队成员的自我评判相符合，工作业绩与报酬相符？是一个重要而困难的问题，需要团队领导者权衡各方利益和工作业绩来做出决定。

（3）绩效测评的过程很难做到公平合理。公平体现为纵向公平和横向公平：纵向上，科研团队的成员会比较不同时期业绩测评的结果；横向上，成员会比较同一团队其他成员的业绩测评结果。而合理是指团队成员的工作能力及工作价值是否得到真实反映，这本身就很难找到足够客观的标准。

（4）绩效测评难以形成相对稳定的运行机制。一个相对稳定的测评机制可以持续发挥对科研团队成员的激励作用。但实际上，科研团队面临的课题及项目在多数情况下都完全不同，此项目的考核方式、考核标准不一定适用彼项目。而且，根据科研事业发展的需求，研究项目和内容以及标准和要求也要与时俱进地进行调整。这都给科研团队绩效评价增加了难度。

3. 科研团队绩效管理的几点建议

第一，确立团队的愿景和目标。建立明确的团队愿景和目标是打造高绩效科研团队的第一步。共同愿景是团队存在的基础，也是团队开展工作的前提。科研工作一般周期较长，目标较为长远、宏观，在确立科研团队目标时，可从几个方面着手：一是根据研究所的战略目标确定科研团队目标，再对目标进行阶段性分解，使每一个小目标都具体生动，以增强团队成员达成目标的信心；二是团队成员就目标广泛讨论，达成共识，增强成员对团队目标的认可度和接受度。

第二，营造良好的沟通氛围。科研工作特别需要团队合作，而合作需要通过有效沟通来发挥。有效的沟通能使团队成员迅速掌握各种信息和技术，从而使工作绩效得以提升，目标得以实现。营造良好的沟通氛围，必须在团队成员间培养相互尊重的自觉意识，当意见冲突时，应冷静下来，多听取对方的不同观点，求同存异，最终化解冲突，使问题得到圆满解决。营造良好的沟通氛围，还必须建立科研团队与外界组织畅通无阻的双向沟通渠道，使彼此清楚工作进展及资源需求，从而增强团队的科研实力。

第三，建立客观公正的绩效测评体系。科研团队的特点决定了对其成员工作绩效的衡量方式有别于对其他独立劳动者工作绩效的衡量方式。科研团队的贡献在短期内很难表现为具体的成果，对科研团队的绩效测评应该是多方面、多维度的，不仅关注短期效果，也应关注长期效益；不仅关注工作成果，也应关注工作过程和工作能力等因素；不仅关注个体成员的绩效，更应关注作为整体的团队的绩效。只关注个体成员的绩效，必然会导致团队成员间激烈的竞争，导致协作减少，甚至牺牲团队整体利益；相反，只关注团队整体绩效，则会出现团队成员“搭便车”的现象。科研团队绩效测评主体应多元化，可采用定性与定量考核相结合的办法，定量指标要具体可操作，需得到大多数团队成员的认可；定性指标采用360°评估模式，即除了团队上级主管之外，还要将团队内其他成员、使用科研成果的内外部客户作为评估主体，力求对团队及个体成员做出更加全面的评价。

第四，建立富有竞争力的薪酬机制。一个完善的奖酬体系是激励和保证团队获得更高业绩水平的保障。科研团队薪酬设计上应遵循“对内具有公平性、对外具有竞争力”的原则，无论是经济性报酬或非经济性报酬，其目的都在于激发员工的创造力和团队合作精神。因此，在薪酬设计上，应根据科研团队对组织的整体贡献进行首次分配，再根据团队成员的绩效在团队内进行二次分配。物质的奖励可以用成果转化提成的方式来发放，精神的奖励可通过晋升、表扬、给予更有挑战性的工作等来给予。团队领导者可以给予优秀的科研人员一定的荣誉称号或者采用科研成果署名的方式来增加他们的工作成就感和荣誉感，充分体现科研人员的自身价值。

第七章
农业科研院所团队建设

农业科研团队建设是当前农业科研院所人才队伍建设中的一个重要命题，关系到农业科研事业的发展，对农业科研院所的农业科研地位和未来发展具有重要影响。

一、科研团队的特点

一般认为团队具有四大特点：一是要有共同的目标；二是成员技能互补；三是成员要相互沟通、协作；四是成员要共同承担责任。在此基础上，国内学者进一步对科研团队进行了定义：科研团队以科学技术研究与开发为内容，一般由一个或者多个相关课题的研究人员组成，这些研究人员以课题为纽带而联系起来，属于典型的问题解决型团队，团队成员间的分工、约束比较明确，在专业上具有较强的协作特征；科研团队中的科研人员应该能自我管理并且愿意为共同的目标而承担各自的责任；科研团队里的权力即影响力主要来源于专业的影响力，决策权掌握在拥有专门知识的成员手中；科研团队的结构是扁平式的，强调人人平等。

二、农业科研团队的特点

农业科研团队除了具备普通团队的特点外，由于研究对象的不同，还具有以下 7 个特点。

第一，研究方向明确且相对稳定。研究方向一经确定，将作为科研团队的长期目标而具有相对稳定性，这是重大的原创性科研成果的客观要求。

第二，对学科带头人要求较高。科研团队的带头人在业务上应是学术带头人，能把握研究方向；在管理上要扮演教练和后盾的角色，能为团队提供指导和支持。

第三，可持续的竞争优势。高素质的科研队伍、先进的设备、完备的资料和信息资源，以及良好的学术氛围、健全的规章制度、健康的人际关系，这是保证科研团队生存和健康、持续发展的前提条件。

第四，注重团队学习。当今科技发展日新月异，信息量、知识量迅速增长，适应这种快速变化环境的最有效方法就是不断补充新知识，学习新的观念和思维模式。

第五，核心成员的稳定性和辅助人员的流动性。科研团队的核心骨干力量应保持相对的稳定，以保证科研工作的延续性以及高质量重大成果的产出。而科研团队的辅助人员，如研究生和完成研究项目阶段性任务而临时聘用的人员则流动性较大。

第六，团队维持时间较长。由于农业科研周期较长，需 5~8 年才能培育出一个品种或产出一个成果，需要团队成员精诚合作多年，比生产型、管理型团队维持的周期要长。

第七，团队成员技能的互补性要求更高。农业科研院所以基础研究和应用研究为主，工作地点从田间到实验室，工作内容从简单的农事操作到复杂的生化实验，工作跨度大，需要人员结构更加合理，对成员技能的互补性提出了更高要求。

三、农业科研团队建设的关键影响因素

根据科研团队定义和特点，农业科研院所的科研团队主要以研究室、项目组的形式存在，根据农业科研团队理论的有关报道，结合农业科研院所实际情况，我们认为对农业科研团队建设有影响的关键因素有 8 个，具体如下。

一是研究基础，主要指某学科经过多年发展积累下来的研究资料、学术成果，以及人才积累等；二是学科带头人，主要指科研团队的负责人（项目组组长）；三是团队意识，主要指团队是否有共同的目标，成员之间是否沟通顺畅，相互信任，对团队有认同感、归属感，是否具有合作奉献意识；四是政策支持，主要指院所对团队人才引进、人员协调、课题申报、后勤保障等方面的支持；五是科研条件，主要指科学仪器试验平台、信息交流平台等；六是学术氛围，主要指院所以及团队内部从事科学研究的文化氛围；七是激励机制，主要指考核、奖金发放等激励措施，以及培训、进修等发展机会；八是人员结构，主要指团队成

员在年龄、学历、职称、技能等方面的互补关系，是否呈现合理梯队结构。

四、不同岗位人员对科研团队影响因素的优先度认可

科研团队建设的关键首先是核心人才，是团队或学科的带头人，在一定程度上可以说“一个人决定了一个学科，一个人可以带起一个团队”；其次学科研究基础也十分关键，侧面反映了农业学科研究周期长、投入大、继承性强、出成果慢的特点，科研需要“站在前人肩膀上”在前人研究的基础上开展；再次，注重团队意识、政策支持和科研条件也很关键，注重干事创业的条件，希望能够实现自身的价值，与马斯洛需求层次理论相吻合。而激励机制的优先度比较靠后，说明科研人员认为现有的激励机制（主要指绩效奖励）对科研团队建设并不是最重要的。而管理人员更加关注团队意识，需要认同感和归属感。同时，作为科研团队的局外人，认识到了科研团队成员的合作协作对团队的重要性，但对科研团队人员结构的重要性认识不足。

下篇·实践探索篇

第一章
中国热带农业科学院椰子研究所高效团队建设

一、中国热带农业科学院椰子研究所概况

中国热带农业科学院椰子研究所（以下简称“椰子所”）始建于1979年，前身为华南热带作物科学研究院文昌椰子试验站，1993年更名为椰子所至今，是我国唯一一个以热带油料作物为主要研究对象的社会公益性科研机构，主要开展椰子、油棕等热带油料和槟榔、椰枣等热带经济棕榈植物的科技创新、成果转化和产业服务工作，在我国同类科研机构中具有鲜明的特色。

椰子所现设有综合办公室（党委办公室）、科研办公室、财务办公室、基地与条件建设管理办公室、成果转化办公室、土地管理办公室6个办公室，种质资源研究室、椰子研究室、油棕研究室、油茶研究室、槟榔研究室、产品加工研究室、植物保护研究室、生物技术研究室8个研究室。椰子所人员编制数326名，现有科技人员143人，退休职工159人；拥有木本油料、槟榔黄化病两个院级创新团队。

椰子所现有确权土地6 737.58亩（15亩=1公顷。全书同），拥有9 000多米^{2}实验室和价值3 000多万元的仪器设备；建有6 500多亩良种良苗繁育和标准化试验示范基地；1 500亩种质资源保存基地和种质保存库，保存着来自世界60多个国家的1 600份热带油料和热带棕榈的种质资源；承担建设了农业部热带油料科学观测实验站等省部级科研平台17个。

“十二五”期间，椰子所承担科研项目192项，取得科研成果70多项，获省部级以上科技奖励13项，其中国家科技进步二等奖1项、海南省科技进步特等奖1项、全国农牧渔业丰收奖一等奖1项、海南省科技进步一等奖1项，获授权专利52项，发表论文420多篇，出版著作20部；陆续引进了一系列优质高产的

油棕、椰子等热带油料作物种质资源，建立了油棕、椰子再生体系，培育了一批具有自主知识产权的热带油料作物优良品种；应用生物防治和生态控制等技术，有效地监测与防治重大外来入侵生物对热带油料作物的危害；研究掌握了油棕、椰子等热带油料作物的综合深加工技术，填补了国内空白，延长了产业链；主持制订了油料作物的国家、行业、地方标准和技术规范 30 多项，在椰子、油棕等作物研究领域处于国内先进水平，并赢得了广泛的国际影响力。在“十一五”全国农业科研机构科研综合能力评估排名中椰子所从“十五”的第 357 位跃升到第 129 位，行业、专业和本省排名分别为第 15、第 6 和第 6 位。

椰子所以科技示范园、示范基地为服务平台，以科技下乡、科技入户等方式推广普及油棕、椰子等关键技术，解决生产上技术难题。在热区，服务范围覆盖率达到 90% 以上，实用技术普及率达 95% 以上，实现椰子新品种增产 80% 以上，亩产增加效益 2 000 多元；与 20 多个国家及国际组织建立了合作关系，多次派出专家到科摩罗、印度尼西亚、缅甸、越南等开展热带油料作物技术支持，主办或承办近 20 多期国际发展中国家技术培训班和国际会议；有密克罗尼西亚、纳米比亚等国总统和多位主要国家领导人亲临洽谈科技合作和技术支持事宜，为热带油料作物“走出去”战略打下坚实的基础。

二、椰子所高效团队建设的主要做法

椰子所将 2018 年确定为“高效团队建设年”，制定了《中国热带农业科学院椰子研究所高效团队建设年活动方案》，重点开展了读书学习、撰写心得体会、演讲比赛等活动，丰富了高效团队建设知识，提高了创新团队和管理团队的效率效能。通过全所职工的努力工作，在 2018 年中国热带农业科学院全院绩效考评中获得“先进集体”荣誉称号。主要做法和效果如下。

6 月初所里向职工发放了《打造高绩效团队》读本，要求所领导带头学习，组织干部职工开展好阅读、学习活动，并将自己在读书中的感想和体会记录下来，形成学习心得体会。截至 2018 年 8 月 17 日，共收到心得体会 99 篇，经评审，评出一等奖 1 名、二等奖 2 名、三等奖 3 名、优秀奖 10 名，其中获 80 分以上 54 篇，全体所领导都提交了学习心得体会。

10 月 17 日，开展了“打造高效团队”主题演讲比赛，来自办公室、研究室、附属机构的 13 名选手参加了比赛。比赛中，选手们热情洋溢、充满激情的演讲赢得了现场评委和观众的阵阵掌声。经过两个小时的激烈角逐，评出一等奖 1 名、二等奖 2 名、三等奖 3 名，其中成果转化办郑小蔚同志以“打造高绩效团队，团结敬业创新谋发展”为题，结合自身工作感悟，声情并茂地演讲，一举夺魁。

椰子所“高效团队建设年”活动历时 4 个月，获得全所职工的积极参与，取得了良好的效果，正如王所长在总结讲话中说的“一个人只有把自己和集体的事业融为一体，才能发挥最大效能”“在院所推行改革创新的新时期，只有高度的凝聚力、强烈的合作意识、和谐的人际关系，才能不断实现不同时期的发展目标”。

“高效团队建设年”活动的顺利开展，统一了广大干部职工对高绩效团队建设的认识，激发了高效团队建设的活力，为椰子所加快建设世界一流的热带油料科技创新中心提供了强有力的支持。

第二章
高效团队建设年“读书活动”优秀笔记和体会

学习《打造高绩效团队》笔记与体会

工所长从去年就想让全所职工学习《打造高绩效团队》这本书，说书写得很好，对打造创新团队很有用。抱着半信半疑的态度，我翻了几页，觉得多学习学习也不妨。在寇田田的努力工作下，终于在6月4日拿到这本书，并于当天在书本上签了名字，写上日期，准备研读这本书。

刚翻了几页，就发现越看越好看，受用的东西真是不少，书面上也划了不少横线、圈圈，重要的地方还特意打了“√”。下面结合学习情况，将圈出来的东西和自己的体会向大家汇报。

第一章强调“这是一个团队制胜的时代”。书中“个人的成功建立在组织整体成功的基础之上，组织与个人之间是双赢的关系，只有组织有更好地发展，员工才能有更大的发展空间”这句话，让我深刻地认识到，椰子所的发展对我是多么的重要。因此，更加坚定了我要为椰子所建设和发展努力工作的决心。后面列举的狮子、羚羊、斑马的故事，羚羊虽然是世界跑得最快的动物之一，但被狮子捕杀的数量远超过斑马，因为羚羊是单打独斗，斑马是围成一圈、一致对外。“团结是团队协作得以顺利进行的前提，是团队协作能够结出硕果的基础，是团队协作能够长期久远的保证”，F1比赛，中途进站加油换胎22位工作人员的分工合作最有说服力。“人才是种子，团队是土壤”。一个人只有融入到团队中，才能得到生存和发展，才能更好地发挥自己的潜能，更快地实现人生价值。

在第二章中，主要谈到领导者这个关键。这里面的东西，对自己的学习、影响就更大了，毕竟在所里还领导着几个部门，领导着一些人。因此，对照这些知识，我一直在查找自己的不足，比如书本说“做一名优秀的教练型上司”，我自认为，在办文、办会、办事等方面，努力做到对分管部门的同事，尽量将自己知道多少的知识，就传授多少给他们，还经常给大家修改会议纪要、文件资料等，争取做一个“教练型上司”。但是，反观自己，确实存在一些不足的地方，也犯了一些书本中点到的错误，比如：“领导者要把自己定位在帮助员工提高，而不是替员工去学习的位置上”“我熟悉业务，自己做更快”，所以很多事情就自己干了，感觉“事必躬亲”有点过。这个问题，看来以后要把握好这个度，争取当好“教练型上司”，也多放手让下属去做，给下属多一些发挥空间。

在第三章中，对流程管控的学习，让我更加深刻。团队效率低的最重要原因就是不按流程做事；同时流程制定好了，也不是万无一失，需要不断优化，需要加强管控。书中，领导视察植树的故事，就形象地说明了这个问题，三个人一组植树，按照流程，一个人挖坑、一个人种树、一个人填土，可是由于种树的人生病没有来，按照流程操作，就变成第一个人在挖坑，第三个人在填土，做了无用功。这个简单明了的故事，提醒我们不仅要要求员工按流程办事，还应该加强对整个流程的管控，避免员工因埋头苦干而盲目执行，最后只能事倍功半。

“没有信任，就没有协作”，这是第四章的标题，也是我觉得说得最好的一句话。如果一个团队，最基本的信任都没有，那就不可能团结协作，干成大事来。正所谓“没有信任就没有协作，没有协作就不会有绩效”。但信任不是生来就有的，也是与个人心胸有关，需要工作中的不断磨合，不断积累。但是，我觉得要建立良好的信任关系，首先就是不要把别人想得太坏，如果你对他每做的一件事都往坏处想，那么不管磨合的时间有多长，我想永远也不会建立起良好的信任关系。正如我 QQ 签名“心中有佛，所见皆佛”“善心于人，尽心于事”所言，只有你相信别人，多看别人善的一面，我想你才能赢得别人的信任。也就是书本中说的“要想赢得他人的信任，就要做到信任他人”。这一章里面，还谈到高效团队信任的 3 个维度，一是信守承诺，二是主动承担责任，三是摆正工作态度。其中，关于责任的表述，我非常欣赏，比如“试想一下，如果你在工作中，对待每一件事都全力以赴，出现问题绝不推脱，而是设法改善，那么你将赢得足够的尊敬和荣誉”“世界上很少有报酬丰厚却不需要承担任何责任的便宜事”“想要一时不负责任当然有可能，但要免除所有责任就要付出巨大的代价”“当责任从门前进来时，你却自后门溜走，你失去的是伴随责任而来的机会”。就是以这样一种对责任的认识，我认真对待我的岗位，在所长、书记的领导下，积极推进工作。

第五章关于授权管理，这里面说的很多现象，是我所前两年最鲜明的写照，比如“领导者叫苦不迭地‘忙’，员工们闲得无聊地‘怨’”，应该说通过近几年大家努力工作，这样的现象少了很多。但现在，不注意领导方法、不进行有效授权的问题仍然存在，我觉得主要原因是我们对管理知识的学习不够，确实不懂得授权，所以就存在“领导做、下属看”“领导忙得要死，下属闲得要命”的怪现象。就像书中说的“事必躬亲会毁掉一个团队”，因此要妥善处理好“率先垂范”与“事必躬亲”的度，作为领导，要身先士卒、率先垂范，但不能事事管到底，事无巨细，事必躬亲，否则最后真的是毁掉你管理的团队。在这里，还是和大家一起来重温几段好句：“一位优秀的领导者不仅要告诉下属做什么，还要教下属怎么做，放手让下属锻炼，让下属提高工作能力，否则永远是在帮下属做事情”“领导者如果不让部下通过解决日常遇到的问题以获得经验，那就是不给部下提升的机会”“保姆型领导者只会让员工产生依赖，动手能力退化”“员工在没有依靠、没有退路的情况下，会竭尽全力，这样才会进步得更快”；同时，书中也说“授权管理的本质就是控制”“团队领导者一定要处理好放权与监督的分寸，这是领导者控制工作的关键。”

“没有考核，就没有绩效”，这是第六章的主标题，加强员工绩效考核是任何一个组织最基础的管理方式，也是提高员工执行力的有效方法。考核与执行力密切相关，团队领导者要拿出魄力，敢奖敢罚，使团队所有干得好的成员都感到有希望。奖罚的目的都是为了激发活力，书中说“奖励什么行为就是在鼓励员工发生类似的行为；同样的，惩罚什么行为也就是希望在员工中抑制甚至杜绝类似行为的发生”，然而，我们也经常发现，“奖励加班员工后，主动加班的员工越来越多，但工作效率却没见提高；员工说工作压力大要放松一下，然后领导者组织大家去旅游，却有很多人请假不来”，“最失败的激励莫过于奖金一分不少、休假一天不少——激励效果一点儿没有，甚至还被员工咒骂”，这种情况所里也严重存在，比如支部党员同志总是抱怨，党组织活动太少，除了传达学习文件，好像没有其他有趣的活动，然后当党支部组织党员开展去参观基地、春游等活动的时候，党员们这个家里有事请假、那个出差不能参加请假等等。所以，书中也分析，“很可能是你在激励员工的过程中行为出现了偏差”；同时，也反映出领导者不好当。在激励员工的时候，下面这些话也是很受用，“不论是对员工的表扬、奖励还是批评、惩罚，领导者都要做到实事求是、恰如其分、力求准确”“批评下属要控制自己的情绪，要有起码的尊重，要清楚批评是对下属表示关心，批评的目的不是为了追究下属责任，而是让下属在错误中成长，更好地创造价值”。另外，我觉得“热炉法则”也值得我们学习，当人们用手去碰烧热的火炉时立刻会被烫，而火炉绝不会管被烫的人是贵贱还是亲疏。这就形象地告诉我们执行制度，一定要“人人平等”，要严格执行。同时，我们也认识到“贯彻规章制度，严肃处罚违规者不是团队的目的。通过贯彻规章制度，保障团队工作的顺利进行，从而达到团队效益、员工利益的双丰收，才是团队的最终目标”。

第七章“说对话才能做对事”，告诉我们团队沟通极为重要。首先三人乘船渡江、船夫扔箱子的故事，就让我体会深刻。面对突如其来的暴风雨，为了确保渔船安全渡江，船夫二话不说，就把小伙子的两袋玉米扔入江中，接着把另一个人的布匹和农产品扔入江中，唯独留下自己沉重的木箱，最后那两个人很生气，于是问都没问，合伙将那个沉重的木箱推进了水里。结果，木箱一离开，船就像纸一样飘了起来，失去控制，撞到了石头，所有人都被甩入急流葬送江中。后面才知道，木箱里面装的是用来稳住船的沙石，但由于船夫没有做到有效沟通和解释，导致他人误解，造成了悲剧。因此，我在这里重述这个故事，就是想跟大家通过重温故事，认识到有效沟通的重要意义。如何做到有效沟通，书本告诉我们要把握三个重要环节：表达、倾听、反馈。其实，在我们所里仍然存在不注意倾听的情况，包括我自己也可能或多或少地存在。在这里，还是摘抄几句话与大家共勉，“在交谈中，有些团队成员，尤其是领导者总觉得自己比别人高明，知道得多，从而高高在上，不愿听取别人的建议或意见，或在对方反映情况时打断其谈话。如此，便会阻塞信息渠道，甚至让对方敬而远之”“往往滔滔不绝地讲话，并不能够解决问题，只有认真倾听，才能得到别人的想法，然后，才能对症下药地解决问题”。

第八章是“将‘羊’激励成‘狼’”，这里面令我印象最深刻的一句话就是“领导者必须不断激励员工，激发其主动工作的热情，使员工认识到他们不仅是在为领导者工作，还是在为自己工作”，同时“领导者的行为是最好的激励”“要想激励你的员工做出更多的成绩来，领导者自己就必须做得更多”。因此，我将努力做好自己，争取做激励员工的行为者。

第九章讲的是“直面问题，积极引导”，书里面说“对于所有的组织和团队而言，冲突是与生俱来，无法避免”“团队领导者一定要记住，化解矛盾的目的，是为了让冲突由破坏性转化为建设性”。其中，“鲶鱼效应”是团队引进冲突、强化竞争、正向激励的又一个好的理论，值得学习借鉴。

第十章“高执行＝高绩效——让员工成为不折不扣的执行者”，强调的是执行力建设。其中有一段话，对干部职工的培养，我觉得非常形象，就是沃尔玛的创始人山姆·沃尔顿曾说过的这一段话“对待员工要像对待花园中的花草树木一样，需要用精神上的鼓励、职务的晋升和优厚的待遇来浇灌他们，适时移植以保证最佳的搭配，必要的时候还需要细心除去园内的杂草以利于他们成长”。关于管理时间的一句话也很受用，“任何一个人的生命都是有限的，能力、精神也是有限的，不可能将面对的每件事不分轻重、大小、缓急统统都做完。因此，利用好时间对每个人来说都是非常重要的”，也就是告诉我们“忙也要忙到点子上”。人类有三大恶习，即任性、懒惰、嫉妒，而拖延是任性与懒惰本性的突出表现。拖延时间，看似是人的一种本性，实质上是一种对工作和生活极其有害的恶习。在培养员工好的工作习惯上，“责任是一种态度，对工作没有责任感的人，很难把工作做好”“积极的工作态度是提高执行力的前提”。要强调结果的重要性，做好最后的“那么一点”，“很多时候，工作执行到位还是不到位，就相差那么一点，但造成的结果却是天壤之别”“很多事情的成败往往取决于能否坚持并做好最后的那么一点”。“结果原理”强调，“我们靠结果生存，没有结果的努力是无用功，没有结果，就意味着我们将重新回到起点，一切从零开始，只有抓住结果才能实现我们的预期”。结果从哪里来？行动不一定有结果，但不行动就一定不会有结果，“一个差的结果也比没有结果强”。

在第十一章中，关于决策的问题，也有几个很好的句子，比如：“一个不冒任何风险的人，最后只能两手空空。领导者必须学会冒险，因为有些时候最大的危险就是不敢冒任何风险”，现在全院上下都在推行改革创新之风，强调敢担当、敢作为；然而，我也隐隐地感觉到，我所的改革步伐仍然偏慢，求稳思想还较为严重，有很多工作推动起来需要等等、看看、拖拖，最后可能就是为了追求你好、我好、大家好的氛围，导致改革创新大打折扣。

第十二章重点讲的是创新，我认为里面最受用的一段话是这样写的：“领导者要记住，与创新失败相比，‘做多错多，能够不做最好不做，或者尽量少做’‘不求有功、但求无过’‘多一事不如少一事’……这些思想对团队的危害更大。心态保守，不敢去尝试新事物，失去创造力，只会让整个团队的战斗力降到最低”。同时，要求我们正确对待创新失败，做到“同样的错误最好不要重犯，最大限度是不要三次犯同样的错误”。

看完这本书，重翻这本书，虽然摘抄了一些句子，谈了一点体会，但还是深感学得肤浅，不够深透，知识点也没有很好的串联起来。因此，我将在未来抽出更多的时间，逐章、逐节、逐页地再看三遍，争取深刻领会其中精髓，不断提升自我，为椰子所这个大团队、大家庭的建设，贡献自己应有的力量。

（陈刚）

上下共同努力，攻坚克难
——学习《打造高绩效团队》心得体会

刚刚从密克罗尼西亚出差、公休归来就接到“学习《打造高绩效团队》心得体会”的通知，其实早就思考过这个问题，只是未付诸笔端而已。由于距离交稿所剩时间无几，于是匆匆浏览了一下蒋巍巍老师的这部大作。蒋老师首先论证了打造高绩效团队的重要性，然后从高效团队的领导者、目标（根基）、信任机制、有效授权、考核、沟融、激励、化解冲突、执行、科学决策、鼓励创新 11 个方面进行了系统、详细的剖析，读之让人思绪万千，受益颇深。《打造高绩效团队》非常全面，然而有几章却让我印象深刻，感悟颇多，现结合自己这几年的思索和亲身经历谈一下自己的体会。

一、人才是种子，团队是土壤

蒋老师在书中说“企业的发展，需要高绩效团队的支撑……现代企业之间的竞争，已经不是员工个人之间的竞争，而是一个团队与另一个团队的竞争”。同理，科研单位的发展也需要高绩效团队的支撑，因为在当今社会，科研竞争也日益激烈，科研单位之间的竞争在人才、经费、资源等方面，是全面的团队之间的竞争。举个例子，当前海南省有中国热带农业科学院、海南大学以及海南省农业科学院等几家单位，为了单位更好地发展，扩大影响力，几家单位都制订了一系列人才引进政策、奖励办法等。然而，海南大学在这方面的优势会相对高一些。首先，它具有天然的人力资源优势，每年数以千计的入校生为其提供了丰富的智力、劳力资源，这是其他两家科研院所无法比拟的。笔者 4 月随同覃副所长赴海南大学进行 2018 年海南省重大项目协调时，在楼道里走了一下，看到三四十个研究生、本科生都在忙忙碌碌地开展着实验，当时感触颇深。回想一下自身的发展，当然也是大部分同事的现状，由于平常动不动就要参加会议、撰写材料、申报项目等等不一而足，总之是杂事特别多。因此，即使想安下心来做些实验也是身不由己无法实现，或者断断续续无法系统开展。究其原因，一方面是琐事缠身，另一个重要方面是没有学生或同事帮助，或协助做实验。尤其是后者，一旦出差，那很多的工作只能是暂时停顿下来。当然参加工作也有八九年了，至今还有许多困惑。例如，所里这些年其实引进了很多人才，大多是博士、硕士，然而其发展和产出与其所具备的能力到底有多大的距离？我时常会思考这个问题。以自身来说，坦率而言，自己智力中等，工作能力虽然比不上一些拔尖的同志（如肖博士、杨教授），但自认差距也不会太远（当然，一直钦佩、景仰杨教授的学术成就）。勤能补拙，别人花一周能够完成的工作，只要自己勤快些，比别人多付出些，两周、三周也肯定能完成。然而这只是就个人而言，放在团队里，差距就愈发明显了。以槟榔黄化病的攻关来说，从 2009 年参加工作以来就和朱辉同志搭档开展实验，在这期间也是历经挫折、波折，也彷徨过，也为此牵肠挂肚、辗转反侧、无法入眠过。如何能够很好地和几位同方向的同事合作开展好相关实验成了我思考的重点。其实，回想一下这一个月的密克罗尼西亚培训班的经历，则给了我另外一个启发。我们这个培训团队由刘副院长带队，共计 12 人，从 6 月 8 日出发至 7 月 8 日顺利结束培训任务返回国内，共计在雅浦州、丘克州、科斯雷州、波纳佩州培训密方人员 100 余人。其实，出发时刘副院长也反复强调我们这个团队是热科院历史首次以这么大的团队进行如此长时间的培训，一再强调团队配合的重要性。能够顺利完成这次培训，每个成员都尽职尽责，充分发挥了自己的作用。因为我们 12 个人（8 男 4 女）分别来自院机关、品资所、香饮所、南亚所和椰子所，大家有不同的生活习惯、个人爱好、表达方式等，然而我们却能紧密合作，克服了诸多困难，顺利完成了任务，这确确实实给我很大的启发。

二、做一名优秀的教练型上司

蒋老师在书中说“打造高绩效团队，领导者是关键。这就需要重新认识“领导”的含义，要求领导由原来的以管事为主的“发号施令者”转变为以教人为主的教练型上司，通过改善员工表现、引发团队智慧来整合团队，从而迅速、持续地提升团队绩效。领导者首先是教练，然后才是领导者。在当代，领导者最重要的管理动作应当是侧重于教导。对于一个优秀的领导者而言，重要的不是如何管理好那些优秀的人，而是如何提升并用好那些有缺陷的人，这是团队管理的关键”。这一方面，我也是深有感触。因为，我本身也有很多不足、欠缺，比如不善于交流、脾气有些急躁、对一些事情的重要性认识不足等。还是以这次国外培训为例，之前在国内给老外培训时穿着也比较随意一些，极少着正装上课。因此，这次参加培训只带了些T恤、运动服、旅游鞋，没有准备白衬衫、黑裤子、皮鞋，而且，出发时穿的是沙滩鞋。对此，刘副院长对我进行了“点拨”，他语重心长地告诉我出国培训就是代表中国形象，要给别人一个良好的精神风貌，并且告诉我在非洲，政府官员对衣着非常重视，如果客方没有西装革履着正装的话，对方是不会接待（接见）客人的。在整个培训期间，我也一直观察他的穿着，发现他平时带我们到野外进行种质资源、病虫害调查时衣着非常随意，但一到正式场合（如见总统或州长、开班仪式、上课、结业仪式或到大使馆协调工作）一定是穿白衬衣、黑色西裤、皮鞋，并且佩戴领带。当然，其他成员也有时会犯点小错，但是刘副院长却始终态度和蔼，没有过多地进行批评，只是适当地提醒。经过他的引导，大家也进步了很多，因为大家也是非常尊重他，也非常佩服他的学识和人格魅力。由此，我想到团队建设问题，我们都是凡夫俗子，难免犯错，如果一个团队的领导能够达到以理服人、以自己的行动和人格魅力来影响下属的高度，那么他对这个团队建设的影响无疑会非常巨大、无处不在。其实，我在不同的人物传记等资料上看到我们敬爱的周总理就是这方面的典范，在他的管理下，外交部、财政部、教育部、农业部等十几个部委有机、协调地运转了起来，为经历了抗日战争、内战后千疮百孔的中国的恢复、建设做出了卓越的贡献。同时，他的举手投足、一举一动也影响了很多外国友人，在世界上兴起了一拨“周恩来热”。由此，我认为领导者就是一个团队的领头羊，一个包容、具有前瞻性和人格魅力的领导会为高绩效团队的建设树立榜样，带领团队一直向前。

蒋老师在书中也提及电视剧《亮剑》中的李云龙，无疑这是一部优秀的影视剧，我也认真看过两遍，甚至把原著找来读了一遍，也像剧中政委赵刚一样，被李云龙这个独立团团长的人格魅力、不按常规出牌、心思缜密的作风影响。然而，这虽然是一部源于抗战、具有历史原型的几个人合体的影视人物，但却无处不在说明“高绩效团队需要卓越领导者”这个结论。

三、团队信任和沟通

蒋老师在书中说“很多团队之所以具有强大的生命力，根源不在于团队中每个员工个人能力的卓越，而在于团队成员间的相互信任”。他还指出在一个团队中有效的沟通，尤其是搭建起团队沟通的桥梁，有助于赢得他人的尊重和认可，获得他人的理解和支持，以及解决工作中各种各样的分歧、争议和冲突等。毫无疑问，如果团队成员之间没有信任，那么这个团队一定会遇到困难。在此，我想用电视剧《西游记》来进行论述。想必大家对这部百看不厌的电视剧耳熟能详，一定记得孙悟空三打白骨精的故事。毫无疑问，肉眼凡胎的唐僧显然错怪了火眼金睛的孙猴子，由此不信任“泼猴”，惹得孙猴子一怒之下回到了花果山，最后还是观音菩萨来帮着化解了矛盾。实际上当时的实际情况是师徒二人也是刚刚组建团队，彼此尚未了解，一个凡夫俗子、不分真假；一个野性未脱、顽劣任性。由此，作为领导者的唐僧显然是缺乏沟通能力或艺术的，当然对孙猴子也很难以产生信任。但是，在现实生活中，我们身边的团队成员尽管脾气、秉性各异，但大家都是受过高等教育、懂得礼仪和轻重的，容易沟通。而各种分歧、争议和冲突的产生大多是沟通不够、信任不足造成的，这就要求我们要把自己的想法大胆地说出来，注意倾听（学会换位思考）并且及时进行反馈。然而，现实生活中也有很多不打不相识，经历矛盾冲突彼此产生信任、构建良好团队的实例，《亮剑》中团长李云龙和政委赵刚也是经历冲突后搭建了优秀团队，而历史上廉颇、蔺相如更成就了一个千古佳话。

蒋巍巍老师的《打造高绩效团队》将团队建设的方方面面进行了系统剖析，读之收益颇深。当然这本书看似是写给企业管理者和员工的，实际上团队建设在科研单位的管理中也是一个永恒的课题。对个人而言，如何利用海南省重大项目的机遇与团队成员有机、高效地协作也是需要认真思考并根据《打造高绩效团队》的原理原则、方式方法进行实践的。

（唐庆华）

关于我院科研体制改革和团队建设方面的体会

今天很高兴有这个学习和交流的机会。我学习了2018年4月18日李书记对全院党员领导干部关于“聚焦人才 聚力改革 打造新时代热带农业科技发展新引擎”的讲话。讲话高瞻远瞩、高屋建瓴，又鞭辟入里、针砭时弊、切中要害，这是我们院领导人智慧和担当的体现，作为一名年轻的科研人员，读完之后深受启发和鼓舞。这不是拍马屁，实乃肺腑之言。我来到院里工作已经六年，当研究室主任也近两年，目睹了我院和我所发展和新时代面临诸多问题，改革的确迫在眉睫。下面我将对我这六年来对院所的工作体会、感受和发现的一些问题及看法向大家分享和交流一下，有一些在李书记的讲话里涵盖了，也许有些重复。水平不济，才疏学浅，如果有说的不对或不当地对方，还请各位领导、老师和同事海涵。

一、目标可宏远，重点在落实

众所周知，我们院有一个远大的目标：创建世界一流的热带农业科技创新中心；同样我们椰子研究所也有一个远大的目标：为提高我国食用油供给率8%的目标。我想其他研究所都有一个类似的目标。我们院的目标很大，向别人说起来也很动听，但是有几个领导、几个中层领导干部知道要实现这个目标要怎么做？有一个清晰的思路吗？抑或你现在所做的工作和决策是不是能为这个目标的实现贡献一份重要的力量？

以我所为例，要实现“提高我国食用油供给率8%的目标”，即增加280万吨以上的食用油自我供给的目标（以我国当今每年食用油消费量3 500万吨计），再来思考衡量我们所现在设置的研究室、研究的作物、开展的学科、研究的方向和我们的目标一致吗？我想不是，我们开展了很多不符合目标的工作，我们很多研究偏离了目标，越走越远！我想我们院和其他兄弟单位也要思量是不是有这个问题。我院搞过科技航母，整顿过学科，组建过科技创新团队，建设了各种各样的基地（光我们所前后要建设的有十一个以上），设想如此好，但落实好的没几个。这是为什么？

因为我们现阶段不缺目标，不缺想法，缺的是落实。

二、工作再聚焦，重点再突出

我不知道其他兄弟单位的情况如何，依据院所的安排，单位每年会列出当年的工作重点，我们单位每年有上百个工作重点，2016 年列出 120 余项重点工作，单位 150 人，科研人员不足 60 人，要完成如此数量的重点工作，还有其他次重点、不重点、日常的繁杂事务，能做好哪件重点工作？

我们上至领导干部，下至普通科研职工，都应该要“学会舍得”，舍去那些不重要的工作、无关痛痒的工作。领导干部要让广大职工聚焦自己的目标，精益求精地完成自己的重点工作任务，不要经常突发奇想，不要随意向下属下达不是目标任务范围内的任务（行政干预科研）。今天在这里开会看到什么新奇的玩意，明天和谁交流了一下，觉得这个可以做，那个也可以做，什么都想做，最后什么都没做成！要把任务聚焦好，定好事情不要中途随意更改、胡思乱想，否则误人误己。

三、平台和团队顶层设计、科研分工明确

我们很多科研人员很可怜，一个人做了整个“科研产业链”，以天然产物功能活性产品开发为例，查询阅读文献、方案拟订、样品收集、功能活性物质提取、纯化、鉴定、活性评价、产品开发、成果转化、论文撰写都做了个遍，还要负担科技开发，仪器设备管理、使用、维护，实验室管理与维护，三农服务，新闻宣传，财务报账，随时要开会、完成党务。特别是我们研究室主任，相当于是一个行政管理人员。科研人员如家庭主妇一样从年初忙到年尾，不知道自己一年干了什么，前途无望，道路茫茫，所以有的人就放弃了，有的人就成了怨妇。

团队建设落后，分工不明确，没有了协同作战，单打独斗。我希望建立良好的科研运行机制，如流水线一般的科研体制。其实我们身边不乏健全、运行良好的体制去借鉴。大家都去医院看过病，越好的医院，分工越细。你一进门有咨询台，看什么病，挂什么号；有挂号台，拿着挂号单；有分诊台，去看您要看的主

治医生；开了单子去做该做的检查（这里又有接单员，发单员，检查医生），拿好了结果找医生分析，要住院去住院（这里有护士，有医生，清洁工），要开刀有外科医生（还有主刀、副刀、麻醉、止血、仪器设备操作、护士），要吃药打针都有相应的医生，末了还有礼仪祝你早日康复，永不再见！

我们解决科学问题也应该有一套自己的清晰明了的方法论和路线图，分工明确，紧密配合。为什么我们的科研团队做不到如此？

因为我们在团队建立之初就没有想好要建设什么样的团队，要什么人。招的人都是主治医生或自认为是主治医生，因此没有护士，没有检查员，没有药剂师，没有……但实际上，如果主治医生什么都干了，就成了乡间的赤脚医生，治小病可以，大病两眼一抹黑，更没时间去提升自己。譬如我们院很早以前就建立了大型仪器共享中心，真正共享了吗？有几个人用了？或者说有几台仪器正常能用的？要求科研人员人人管仪器，就是没人管仪器。经常被领导训教说作为一个科研人员不掌握几台大型仪器设备的使用，作为科研人员就不合格；这跟对主治医生说作为主治医生自己不去掌握 CT、核磁、B 超的使用就不合格是不是一个道理？不是他能不能，是他该不该，当前正逢社会大分工的时代，先要让人当好专家，才能成为大家，成为哲学家。

我当研究室主任快两年了，深感我们人员之间的团队协作太差，有的领域几乎没有协作，我发现的现象如下。

（1）方向不定，时常摇摆，领军人才缺乏。大家都是以同样的身份（也就是同种类型人才）招进来的，谁都有自己的想法，谁也不服谁，群龙无首便是乌合之众。而每个研究室的研究方向太大或者太多，导致人员申报的项目遍地开花，没有按照一个既定的总方向和目标去分解任务，逐一申报或整合申报。

因此，建议每个研究室在招人之前，团队的架子就要搭建好，定下十年八年的传帮带方向，再凝练出非常具体、操作性强的三五年研究计划和任务，进行任务分解，然后物色需要的人，明确责任分工，购买需要的仪器设备，建设需要的实验室，规划申报该申报的项目……

（2）人才的分类和招聘不到位，分工不明。谁都想做点小科研，都不想搞产品研发、搞科技创收，专门从事检测、当药剂师等，因为若有科研人员从事非基础或非应用基础科研的，或是没岗，或是没有相关制度，或不是其人员擅长的领域，无法保障他个人的职业发展（包括职称晋升、工资福利的提高、事业的发展等）。此外，美其名曰“双肩挑”的现象仍然较多，即行政和科研岗位的分类改革不彻底，多少搞行政管理的占着科研岗的专业技术职称？用情不专，到年底评绩效的时候来一下“就高原则”，总不亏。而这时，做科研的人的又全部挤到了同一类专业技术岗位（科学研究型的），僧多粥少，挤得头破血流也不一定上得了。好想法、好成果，谁都想自己捂着，都盼着能在激烈的内部竞争中有一点点优势，如此这般协作便无从谈起。而其他类型的岗位，比如搞检测的、产品开发的、推广创收的，以前没有这样的岗位。现在有了，可是现在很多科研人员都觉得自己不是这块料啊，有几个愿意丢掉自己若干年擅长的领域从新开始呢？

（3）不耕作，吃老米，老了还吃别人家的米。只要职称一旦评上去，一生无忧。因此，多少人评上副高之后便没了斗志，没有追求，反正正高渺茫无岗，于是有些人干脆上班玩起了红心接龙，炒起了股，淘宝寻奇，京东购物，或是转到一些无关痛痒的岗位，做着与自己职称和工资待遇不相称的事情。年轻人看到这种现象，他们会作何感想？

因此，我希望团队要推出能上能下的制度，让那些尸位素餐、暴殄天物者退位让贤；让那些奋发图强、敢作敢为者居高位、领高薪。

四、减少任务重叠和恶性竞争

我们院十四个所站当中，有的是按照作物分，有的是按照学科分，导致现在的现象是：作物为主的渗透着各种学科，学科为主的研究着各种作物。互为交叉，机构设置重叠，任务与研究领域也重叠，很多时候因此造成恶性的内部竞争。以我们搞食品加工的为例，几乎每一个所站都有搞加工的团队或者个人，相互独立，互不联系，人员不集中，力量自然不集中，甚至很多时候相互提防对方，这样的局面比比皆是，谈何团队协作与协同攻关？

五、明确人才引进与培养目标

我们很多研究室或课题组的研究方向没有明确，或是明确了也时常因某些外部或内部的影响变来变去，导致人才引进和培养失去了方向，且已有的人才本身在短时间内的主攻方向也摇摆不定。今天研究椰子，明天研究油棕，后天研究油茶；抑或今天搞天然产物，明天搞油脂加工，后天搞贮藏保鲜，误所害已。

那为什么会有这种现象存在？这是因为我们的团队目标、方向、人才搭配最初就没有固定好、设计好、引进好、培养好。譬如我们研究室要建立功能食品的研究团队，那我就需要在平台方面建设理化实验室、提取纯化实验室、细胞实验室、动物实验室、分析检测实验室等以及相关配套的仪器设备。在人才引进和培养方面，我们就要安排引进相关专业背景的人才，如搞天然产物提取纯化的、天然产物结构修饰与改性的，天然产物结构分析与鉴定的、天然产物功能活性评价的、产品研究与开发的、成果转化与对接的。这里至少就涉及多种学科，食品科学、食品营养学、结构化学、分析化学、食品安全，而功能活性评价方面的就更多了，有人擅长肠道微生物实验，有人擅长动物和细胞实验，有人擅长食品的消化吸收、代谢动力学特点、毒理学实验等。“闻道有先后，术业有专攻”，不能指望招聘单一学科的人去解决所有科学的问题，或者仅仅局限于某一个研究所去完成一个系统工程。不是说他们不行，而是需要更多的时间成本，而且效果一定不好。

同样博士培养也存在这个问题，一方面现在的在职博士很难找到合适的学校，另一方面，即使找到了，你所读的专业领域又是否符合团队发展的需要？

因此，人才引进和培养一定要符合院所和团队发展需要，否则得不偿失。

六、解放科研人员时间，开辟研究生资源

现在几乎所有科研人员都说很忙，都在忙什么呢？忙开着各种各样的会议、应付各个部门的材料、出差、搞党务、“三农”服务、对接各式各样的企业、“卖鸡卖鸭卖红薯”，能用到科研上的时间实在是少之又少。因此导致科研做得不好，项目执行的质量不高。这些其实也还好，如果能够把科研团队组建和分工做好，总会有一点点时间。

但机制尚没有理顺之前，研究生就是解决其中矛盾的一个重要手段。常被领导说，学生的问题多是你自己的问题，不要老指望着院所给你解决生源的问题，院里有些团队搞得也很好啊，学生不缺。是的，请问有几个团队呢？就那么几个，学生多的团队没有在院里面遍地开花就是问题的所在。生源的解决还是要靠院所的优势和资源。举两个简单的例子，从我所离职的陈教授在所时，一年有一个学生就不错了，到了某大学后，长年保有十几个研究生的量；另一个从我所离职的郑教授，在我所一个研究生都没有，去了山西某大学，一年多时间围着 18 个学生。这是我们个人能解决的问题？还是大环境造就的问题？

因此我希望，院所各位领导同志，积极开辟研究生生源的问题，推进院研究生院的申报和热带农业科学大学的建设，保障生源。

我的体会就这些，说的不中听的地方，再次希望各位领导、老师和同事包涵。

（邓福明）

浅谈如何打造高效执行力的管理团队

管理团队的执行力水平是决定一个研究所领导战略决策有效落实的关键，执行力不够就是管理有问题，没有执行力就没有竞争力，所以在我所打造一支高效执行力的管理团队尤为必要。

一、管理团队中存在的危险现象

（1）个别团队成员无视集体利益和结果，以自我为中心，更多关注集体工作目标以外的事情。

（2）个别成员工作中逃避责任，长于推诿，工作追求低标准，不求质量，因主观因素造成工作中的低级错误。

（3）个别管理者工作中不善沟通，没有制定明确的目标方向和工作重点，部门成员之间不能达成共识。

（4）部门成员之间惧怕冲突，一团和气，工作缺乏创新性。

（5）团队成员之间缺乏信任，相互戒备。

（6）个别成员精神离职。工作不在状态、行动较为迟缓，基本在无工作状态下结束一天的工作。但上下班非常准时、没有违规行为，几乎没有迟到、早退、病事假现象。

二、团队建设的关键是处理人的问题

所谓“团队”，团者，框中有才，一方面我们要吸引人才到一起，形成一个团体，另一方面要用一定的框架约束人才；队者，人旁有耳，一方面要倾听和容纳不同的意见，使个性得到充分的发挥，另一方面要“监听”人才、约束人才。可见团队建设最重要是处理人的问题，既要发挥才能，又要适度约束人才。以上6点管理团队中存在的问题，说到底，还是没有发挥好团队成员的主观能动性，没有制定合适的规章制度和激励机制来约束个人行为。

三、打造高效执行力的管理团队

团队是相对固定的，而团队成员是流动的。不同个性和生长环境成长起来的人才聚在一起，只是构成了团队的外表，距离发挥团队的作用还差很远，所以必须尽快通过制定实施规范，让团队通过震荡期进入到规范化阶段。

1. 规范团队成员行为

（1）加强制度建设和规范流程。明确部门工作职责和个人工作内容，包括对称的岗位权责、清晰的工作流程、科学的工作标准，从而保障部门管理人员之间工作有序、协同、有效率、有质量。

（2）提升管理人员的专业性。每个人都专业，团队才能专业。如何提升员工的专业性？好的工作标准的传授、好的做事方式的耳濡目染，工作中的“传帮带”比干巴巴的理论介绍可能效果更好。同时还要给予员工挑战性的工作机会，这样才能迅速地成长。

（3）养成职场好习惯。一是养成“没有任何借口”的好习惯。有的同志一遇到问题就找借口，“我不懂，没干过”“我怎么知道会怎样”，作为管理部门，我们每天接到的工作任务量大而繁琐，很多都是第一次接手的工作，我们的分内工作就是按岗位要求和工作要求，“没有任何借口”地去研究、认真沟通和贯彻落实，加强业务学习，不为自己的失职找借口。二是打造追求结果的好习惯。有的同志总说自己多么辛苦，可却从来拿不出结果，工作没有回馈，上报材料仅仅为了应付交差，工作没有创新性和亮点，一年来忙忙碌碌却业绩平平。其实，“劳苦而无功”也是一种过错。王院长、李书记一再强调改革，不破不立，在“靠结果生存”的新形势下，没有结果、没有业绩，我们拿什么去竞争，靠什么赖以生存？管理团队也一样，没有如履薄冰的危机感，没有追求结果的企图心，怎么能更好地为科研做好服务和管理工作。

2. 构建和谐的执行文化

只有良好的团队执行文化，才能发挥文化引领、精神凝聚、激励约束等功能，从而不断提升团队竞争力。

（1）营造积极向上的文化氛围。什么行为该倡导、什么做法该鼓励、什么结果该惩罚，都需要明确和规范，要营造公正、务实、阳光的文化氛围，培养“深、细、实”的工作作风和精益求精的工作态度。

（2）营造家园文化。实行民主管理，部门负责人应放下尊长意识，多了解下级的需求，为下级提供愉快的工作环境，当成员遇到困难时及时帮忙解决，使每位团队成员感受到关爱和平等，不断提升归属感和幸福感；部门负责人应广开言路、乐于接纳意见、办事公道、善于体谅和关怀下属，鼓舞士气。

（3）提升团队认同感。一是充分发挥团队成员的特长，根据员工的能力、兴趣、性格以及技术特长来安排工作，把适当的人员安排在适当的位置上，让大家愿意干。二是让团队成员适当参与到工作决策中，共同商讨制度允许下的做法和措施，不断提升团队成员对团队的认知认同，最大限度地激发成员的工作热情。三是建立良好的信息沟通渠道，部门负责人和下属之间、团队成员之间沟通顺畅，让员工有地方、有机会反映问题、互通信息、化解矛盾。

（4）构建学习型团队。通过现场指导、领导者授课、座谈会、交流会、培训等方式，强化管理部门成员之间的相互学习，总结执行实践中的经验教训，学习新的知识理念，不断提升工作人员的素质和执行能力。同时在部门内部树立和培养典型，总结学习行之有效的工作流程和工作方法，加强部门员工对执行文化的理解和记忆。

3. 打造团队内部良好的人际关系

良好的人际关系是团队运作的润滑剂。有人说：“管理者事业的成功，15%由专业技术决定，85%与个人人际关系和处理技巧相关联。”人际关系的主要特点就在于它具有明显的情绪体验色彩，是以自己的感情为基础来建立的。团队讲“合作”，只有深刻认识这一点才会避免工作中出现计较、推诿现象，才能自发自觉地维系部门成员之间的良好关系。

（1）增强团队合作意识。一是只有部门成员都具有与实现目标相关的知识技能及与他人合作的意愿，团队合作才有可能取得成功。二是部门负责人首先要带头鼓励合作而不是竞争。三是公平管理，如果部门出现能者多劳而不多得，就会使成员之间产生不公平感，在这种情况下也很难进行合作。四是要建立长久的互动关系。作为团队的管理者，部门负责人要积极创造机会使团队成员不断增进相互间的了解，融为一体。如组织大家集中接受培训、开展各种有益的文体娱乐活动、采取多种激励活动等。

（2）修复紧张的人际关系。如果部门内已经出现了紧张的氛围，我们就要抓紧修复。一是要理出与他人关系相对紧张的团队成员的名单。二是要具体分析与谁的关系最为紧张。三是从利人利己的观念出发，找出存在的障碍。四是对于个人可以解决的问题，要在自己的范围内设法解决，不能解决的，借助组织的力量，找准时机，寻求解决。

4. 发挥团队管理者的执行示范作用

打造高效执行力的管理团队，部门负责人的执行示范作用至关重要。如果部门负责人的执行力强，就会带动团队中的每个人去提升执行力。部门负责人不仅是团队执行文化的塑造者，更是团队建设的组织者、示范者和激励者。

（1）部门负责人要实现管理者角色定位的转变。作为团队管理者，应一手抓策略，一手抓执行力。部门负责人要率先垂范，对上级的各项规章制度和合规要求，一丝不苟地贯彻执行，发挥前线“指挥员”和“战斗员”的作用；同时，不断向团队成员灌输强化执行力的思想，并通过自己的以身作则影响并激发团队成员提升执行力的热情。

（2）树立“不作为就是不合格”的管理理念。部门负责人作为管理中层，在所里就是中枢、就是躯干，中枢不主动动起来，我们所又怎么大步往前迈呢？部门负责人要时刻提醒自己和团队成员，牢记工作职责、知晓工作目标、明确工作进度、强化实践观念和效率意识，弘扬“立即就办、马上就办、办就办好”的工作理念。

5. 构建良好的激励、监督机制

“利之所趋”是一种正常的普遍心理，尽可能满足个人的“利”，才能更好地激发团队成员的潜能和工作热情，这就需要构建良好的激励机制。激励的同时，监督体制也要健全，让团队成员养成良好的工作习惯。

（1）制定切实可行的目标分解体系。根据所的工作任务和部门职责，为部门每位成员制定清晰的目标计划，明确工作职责，让每位成员在工作中能找到自己努力的方向，同时制定合理的执行计划（谁来执行、如何执行），结果与考核和绩效挂钩。

（2）建立完善的激励机制。一是激励政策要明确，尽量能量化，对完成多少任务奖励多少进行详细的说明。二是激励要有差别性，既要注重物质奖励，也要注重精神奖励；既要公平，也要差别待遇，关键是把握员工的需求层次，以最有效的激励手段满足他的心理需求。三是激励兑现一定要到位，不能将激励政策变成“墙上制度”，只见其形，不见其质，真正发挥激励先进的作用。

（3）强化监督。目标一旦确定，就要加强督办，制定监督反馈措施（谁来监督，如何监督），通过监督将反馈问题逐个解决，将目标任务逐个完成。通过实时督办，让经办的管理人员知己知彼，明白个人行动差距，营造“比学赶超”的团队氛围，提高执行效果，做到在执行中不断完善，在完善中不断执行。

（师雪茹）

打造高绩效团队的思考

盛夏来临之际，我所开展了“打造高绩效团队”的读书活动，所领导为我们推荐了蒋巍巍先生的《打造高绩效团队》，经仔细研读，心胸豁然开朗、受益匪浅。什么是团队？团队与群体的区分是什么？团队的类型有哪些？这些我从未作过深入地思考，当我学习了蒋巍巍先生的《打造高绩效团队》之后，引发了我对“如何打造高绩效团队”的一些思考。

一个优秀的单位不仅需要单兵棒，更需要团队强。打造高绩效团队已成为提升一个单位或是企业核心竞争力的重要组成部分。所谓团队，汉字构造给予了很好的解释，就是一群有“口”有“才”有“耳”的人形成的组织，是由成员和管理者组成的一个共同体，该共同体合理利用每一个成员的知识和技能协同工作，解决问题，达到共同的目标。下面是我对如何打造高绩效团队的一些思考：

一、设定科学合理的奋斗目标

科学合理地设定奋斗目标可以让团队成员明确方向、把握重点并产生积极的心态。一是设定团队目标。打造高绩效团队必须确立一个科学合理并具有挑战性的奋斗目标。团队目标的设定主要涉及两个方面，首先是执行上级下达的工作目标，对于这类刚性目标，需要统筹安排、落实举措、责任到人。其次是团队自选目标，这是团队自我加压、自我挑战的精神追求。对于团队自选目标的设定一定要遵循可操作、可衡量、可实现的原则，目标过高或过低都不利于团队成员积极性的发挥。自选目标主要依据在团队以往管理中存在的实际问题，比如业务管理、业绩指标、荣誉创建等情况，通过团队成员集体参与、分析决策，从而达成共识。二是设定个人目标。个人目标是团队目标的细化和延伸。俗话说：人无目标难进步，人无压力轻飘飘。管理者要高度重视成员目标的制订工作。通过与成员的沟通互动来帮助成员确立更高层次的目标。在具体制订过程中，既要尊重成员的自身追求、不越俎代庖、简单下达目标，又要帮助成员分析利弊、不放任自流、合理施加压力。成员个人目标的制订必须明确详尽，并事先制订达成目标应该采取的步骤、各步骤完成的期限，以及衡量目标达成的方式。三是定期跟踪目标。目标制订之后，管理者和成员所共同关心的一个问题是如何通过共同的努力去实现目标，展示成员价值、提升团队形象。为此，团队管理者必须对目标进行定期跟踪、及时提醒，使成员始终能围绕目标，重点突破。首先是对团队和个人设定的目标要利用内部网页、团队看板等形式进行公示，这种形式有助于成员自我提醒，也有利于成员之间相互监督，从而激发成员主动进取。其次是将成员目标分解到月度季度等工作计划中去，定期召开工作例会对个人目标进行分析检查，并对成员工作完成情况进行反馈。由于成员目标往往略高于成员的实际能力，成员需要经过努力才能实现，所以难免在实现过程中遇到困难和挫折。管理者要充分实现成员从“自转”到“公转”的改变，就必须建立一套有助于团队目标实现，有利于价值取向固化的管理机制，营造积极进取的氛围，促进团队走上良性发展的轨道。作为一个团队管理者首先要承认这种个性差异，同时要围绕单位中心工作和目标愿景，塑造全员认同的价值取向。充分发挥自身优势，帮助员工获得完成工作所必需的知识、经验和资源，使员工朝着积极的方向发展。

二、构建全员认同的价值取向

每一个团队成员都是一个独立的个体，由于生活背景、工作阅历、性格爱好等存在差异，在看待客观事物时的判别标准也会出现分歧。作为一个团队管理者首先要承认这种个性差异，同时要围绕单位中心工作和目标愿景，塑造全员认同的价值取向。一是制定明确的管理规则。规则是团队成员必须共同遵守的、实现团队顺利运转的一种制度，如实验室管理制度、绩效考评制度等。人们常说"没有规矩不成方圆"。著名的管理思想大师斯蒂芬·科维认为，未来成功的领导者，将会把规则的价值看得比单位的价值还重要得多。规则的重要性不言自明。许多团队在管理实践中并非不讲规则，而是这些规则往往隐藏在各个管理者的头脑之中，成员需要花很长时间去领悟和适应，影响了团队运转效率。为此，团队管理者要把那些大家必须遵循的原则明确提出，通过员工的共同参与，在团队内部确认和公布，让每个成员都明白团队管理中的"游戏规则"，从而实现团队内部管理的公开透明。二是订立共同的行为准则。行为准则是团队期望成员在日常工作中所应遵循的做人做事方式，是对成员的一种软性约束。比如"接受任务要确认内容""完成工作要及时回复"等一些日常工作行为，看起来十分稀松平常，无法与执行安全规程相提并论，更谈不上令行禁止。正是这种看似简单易学的行为方式，我们一直未给予足够的重视，每个人都按照自己固有的习惯处事，只有出现了意外，才会引起重视，但为时已晚。这种教训在我们身边经常发生。因此管理者在建立团队管理规则时，也要和成员一起订立一些有利于工作开展、有利于提高效率、有利于提升素养的行为准则，并通过友情提醒、内部通报等形式来帮助成员逐步养成习惯。三是发挥领导的表率作用。一个团队拥有了共同的价值取向，就如同乐队演奏有了乐谱，但仅有乐谱是不够的，乐队还要听从指挥的要求、按照相同的节拍，才能演奏出动人的乐章。团队管理者如同指挥家，是一个团队的领导核心，其一言一行都会影响到团队成员的行为，特别是在建立和巩固团队价值取向的过程中，管理者要坚定意志、率先垂范、身体力行，孔子说"先之劳之不倦"，讲的就是这个道理。只有领导者持之以恒地付诸行动，团队的价值取向才能真正在成员心中扎根，在行动中体现。

三、建立持续改进的管理机制

改变一个人的思维方式和行为习惯是一件非常困难的事情。要实现成员从"自转"到"公转"的改变，就必须建立一套有助于团队目标实现，有利于价值取向固化的管理机制，营造积极进取的氛围，促进团队走上良性发展的轨道。一是营造团队学习氛围。当今时代是一个全球化的知识经济时代。知识经济时代的竞争，主要是学习知识、应用知识和创造知识的竞争，会学习将成为人们必须具备的最基本的素质。记得上海市委党校袁秉达教授曾说过："一切竞争说到底是学习力的竞争，学习的速度小于变化等于死亡。"一个高绩效的团队，除了让成员加强自身职业修养的学习，更要有组织地开展团队学习，特别是对新形势、新政策的把握，对新技术、新材料的应用，都需要团队成员时刻保持率先领头的精神状态，提高团队学习力。要不断总结团队成员在日常工作中的实践成果，加强宣传和推广，提升团队整体工作成效。要积极开展同业对标工作，虚心学习借鉴兄弟单位成功经验和好的做法，为团队管理注入新的活力。二是改善团队沟通机制。团队的高效运转很大程度上取决于信息沟通是否通畅。良好的内部沟通机制有助于消除误解、达成共识、提高团队执行力。首先要拉近与成员之间的距离。管理者在沟通过程中要注重方法和艺术，善于发现成员的优点，给予真诚的表扬和鼓励，扫除成员心理障碍。其次是改变管理者说成员听的单向沟通格局。倾听成员陈述能让成员有一种被尊重和被欣赏的感觉，有助于管理者真正了解成员，化解矛盾和冲突。通过倾听还可以向成员学习知识和方法，获得更准确、更真实的信息。再次，要建立内部信息沟通平台。管理者可以通过周例会通报、走动式办公等形式，及时做好上情下达和下情上传工作，保持管理者和成员信息对称，堵塞传闻的蔓延。三是建立正向激励机制。随着物质生活条件的日益改善，人的内在需求也在不断发生变化，传统意义上的考核奖惩已经很难触及成员内心。管理者必须顺应变化，改进成员绩效评价机制，重视绩效沟通反馈。首先是引入正向绩效评价机制。重新设计成员绩效评价办法，完成工作任务仅得基本分，对主动改进工作、取得明显成效的给予加分，这样，管理者不必再为考核成员而为难，成员也不会因为绩效不理想对管理者耿耿于怀。相反，成员会告诉你他是如何用心来改善工作，取得了怎样的效果。这正是高绩效团队所需要的。其次是重视成员绩效沟通反馈。这方面曾国藩"扬善于公堂，规过于暗室"的做法值得我们学习。为了提高效率，一些团队管理者往往通过内部绩效沟通会，把表扬和批评一并亮相，尽管陈述了事实，但一些被批评的成员心理会无法接受，甚至出现消极对抗情绪。因此，采用当众表扬、个别交流的形式，才能真正使绩效评价产生积极效应。

（刘博）

三强　三明　三忌，做合格的高绩效团队领导者

打造高绩效团队，领导者是关键。作为一个团队的指挥官和决策人，领导者的个人能力、管理水平和工作作风直接决定了一个团队克难的能力强不强、攻坚的韧劲足不足、工作的态度端不端。俗话说“占其位、谋其职、尽其责”，每个领导者都有带领团队取得新发展的责任和义务，这就要求团队领导者不断提升个人的综合能力与水平，努力做一名合格的掌舵者，回报组织、领导和团队成员的期望和信任。个人素质提升无止境，永远在路上。

以下内容是本人关于团队领导者个人能力与素质的思考，与阅者共勉。

一、“业务能力强、人格魅力强、协调能力强”是对团队领头人个人能力的基本要求

1. 提升业务能力，先带兵，再管兵

领导者的业务能力代表着整个团队的能力上限，因此每个团队领导者首先必须得是业务尖兵，业务能力必须要硬，能够引导团队成员用正确的方法，高质量地开展工作，否则连自己都不懂，还怎么管人。其次必须要扮演好教练员的角色，不仅自己业务能力强，还要教会团队成员怎么干，只管不教，实际上是不负责的表现。只有把下属教好了，真正带出来了，才能实现人人强、团队强，只有教会下属怎么干，才能领导下属怎么干，否则永远是团队领头人自己忙，团队整体好不起来。

2. 提升人格魅力，真心服，真落实

个人认为，管理能力可以分为硬能力和软能力，硬能力是利用职权向下属压死任务，要求下属必须落实某工作，否则就追责处罚，这种硬能力产生的后果通常是对下属有利的决策会得到很好的落实，而对下属不利的决策，就会敷衍搪塞，导致很多好的部署开展不下去，就是大家常说的“政令不出中南海”。软能力就是领导者的人格魅力，是处于领导者权利影响之外的，能让下属和群众敬佩、信服的一种自然征服力，是领导工作成败的关键所在。团队领导者只有具有

高尚的人格魅力，让团队成员真正的服你，乐意死心塌地地跟着你干，这样团队成员才不会去过多计较个人得失，才能宁愿损失个人利益也要把工作开展好落实好。古今中外，不难发现，依靠权利树立起来的威严是不长久的，只有靠人格魅力树立起来的威信才是永恒的。

3. 提升协调能力，沟通顺，难易解

个人认为，每个人工作的过程，其实就是不断解决各种各样问题的过程，解决问题就避免不了接触问题所牵扯的人和部门，更避免不了处理人和部门之间的矛盾和利益冲突，这就要求团队管理者必须要有较强的协调能力。一是要做好团队内部的协调。团队的发展目标相同，但内部分工不同、利益分配不同、人与人之间的关系不同，导致经常会爆发一些大大小小的矛盾，这就要求领导者必须把团队内部的关系协调好，让大家抛下偏见，形成干事创业的合力，才能齐心攻坚克难，否则团队永远是一片散沙。二是要做好团队之间的协调。开展工作少不了与其他团队合作，少不了要其他团队支持，但也会经常碰到对方不配合或者没空配合的情况，这就要考验领导者的水平，能否把各方的关系协调好，把各方的资源协调好，化繁为简，化难为易。

二、“发展目标明晰、定位分工明确、内部关系明了”是团队领头人管理水平的达标要求

1. 有的放矢，团队发展目标明晰

团队领导者必须要给团队制定一个明晰的发展目标。首先团队目标应该是清晰的、具体的，是能够联想、描绘的，让团队成员知道在团队中瞄着哪个方向干、为什么干、怎么干，这样才能做到有的放矢，发挥团队目标激励人心、指导工作的作用。其次团队目标必须是合理的，让团队成员跑一跑、跳一跳是有希望达到的。制定一些看着好看，但不遵循实事求是原则、不考虑事物发展规律的自然规矩，只是画大饼，不但起不到激励的作用，反而打消团队积极性。

2. 各司其职，个人定位分工明确

俗话说“金无足赤，人无完人”，每个人都不完美，都有长处，也都有缺点，怎么用人，怎样用好人，这同样考验领导者的眼光与水平。作为领导者，要准确了解团队每个成员的性格特点、业务水平、处事风格等，准确把握每个成员的擅长领域和潜力所在，给每个成员明确的定位与分工，并有针对性地进行培养，取

长补短，把合适的人放在合适的岗位上，各有所用，实现团队成员之间技能、知识、经验、专长的互补。整个团队要像一个高速运转的机器，每个成员都是机器上的一个螺丝钉，只有各司其职，机器才能高效运转。

3. 良好氛围，内部同事关系明了

每个团队内部都少不了各种各样的关系网，比如说是某某领导亲属、某某专家弟子、某某地域老乡、甚至还有团团伙伙小帮派，等等，各种各样的内部关系常常会对团队的和谐产生破坏性影响。团队领导者就要合理地理顺团队内部同事间的各种关系，坚决消除关系户的特权心理，坚决抵制在团队内部搞小团队的不良行为，营造一个轻松愉悦、催人奋进、团结进取的良好工作氛围，保障团队的正常、高效运转。

三、“忌贪功抢功、忌当甩手掌柜、忌沾歪风邪气”是对团队领头人工作作风的底线要求

1. 树立正确的政绩观，忌贪功抢功

俗话说“君子爱财，取之有道”，政绩也一样。团队管理者不能“风过留痕、雁过拔毛”，经手的事情，必须抢一功，抢不到就不配合工作，害人害己，更害团队，把整个团队的风气带坏，导致大团队成员都没有开展工作的积极性主动性。就算是自己亲手做出的成绩，也要把政绩让给上级，因为没有上级的整体思想和统筹协调，好多工作就根本开展不下去；同时，把政绩让给下属，因为干具体事务的团队基层人员是最辛苦的，也是最应该获得认可的。要树立正确的政绩观，因为真正的政绩，既不是包装出来的，更不是抢占出来的，而是实实在在干出来的，有没有干，干得好不好，上级看得清清楚楚。

2. 要有高度的责任感，忌当甩手掌柜

责任是一种工作精神和态度，没有高度的责任感，能力再强也是空谈。团队领导者忌当甩手掌柜，不能来工作了看都不看直接推给下属，有问题了想都不想直接推给上级。在工作中对于新工作，必须自己研究透了、想出大体解决方案了再转发和安排下属；对于正在办理的工作，必须不断跟踪进展，对过程中出现的问题及时沟通解决；对于出手的工作，必须对每个文字、每个细节把关，对团队负责，对自己负责。如果一个团队的领导者没有责任感，应付工作，下属就算想做好，也非常困难。

3. 保持强烈的自律性，忌沾歪风邪气

作为中国共产党领导下的一个团队领导者，必须要有强烈的政治意识，严守《关于新形势下党内政治生活的若干准则》《中国共产党党内监督条例》等各项政治纪律和政治规矩，坚决不越红线、坚守底线，讲修养、讲道德、讲诚信、讲廉耻，手握戒尺、心存敬畏，忌沾官僚主义、形式主义、享乐主义、奢靡之风等歪风邪气，带领团队形成一个积极向上、奋斗争先的团队文化氛围，这样才能真正把事业干好，实现自己的人生价值。

（王挥）

讲政治　懂规矩　守纪律，打造政治合格、作风优良、纪律严明的优秀团队

讲政治、懂规矩、守纪律是任何一个团队和组织团结统一、政令畅通、富有凝聚力和战斗力的最根本保障。椰子所作为中国共产党领导下的国家公益性科研机构，只有人人讲政治、懂规矩、守纪律，才能打造出一支政治合格、作风优良、纪律严明的优秀团队，才能向着创建世界一流热带油料科技创新中心的宏伟目标步步迈进。

一、牢树“四个意识”，打造政治合格的优秀团队

“讲政治、有信念，做政治上的明白人”是每一位干部职工在党的领导下履职尽责、攻坚克难、积极奉献、成就事业的基本前提。每个团队和成员只有做到政治合格，才能时刻跟随党中央、国务院的指挥棒走，才能在各项工作上真正做到方向不偏、思路不空、措施不虚。

1. 牢树政治意识，在科研上紧跟战略

每个科研人员只有树立牢固的政治意识，时刻保持对党中央、国务院等各级政府政策的关注度和敏感度，才能及时、准确地把握国家的战略部署和科研导向，而只有真正做到科研工作紧跟国家的战略和导向，不闭门造车，不自娱自乐，才能让我们开展的科学研究符合行业需求、取得的科技成绩获得社会认可、

申请的科研项目得到国家支持、集成的科研成果实现真正转化，这样科研工作才真正地有意义，不再是不断地低水平重复。

2. 牢树大局意识，在思想上站位高远

大局就是一个团队的长远利益和员工的根本利益。对科研人员来讲，牢树大局意识就是要求科研工作必须要立足于团队发展大局、立足于产业进步大局、立足于国家战略大局，不能只守着自己的一亩三分地，要听从团队统一安排，加强团队协作，只有在必要的时候做出小牺牲，才能在关键的时候得到大获得。对管理人员来讲，牢树大局意识就是要有“一盘棋”思想，看待问题时要审时度势，不能片面、孤立、静止地看问题，管理者是一个团队发展的领路人，要坚决杜绝发展了局部而荒废了全局、抓住了眼前而荒废了未来、提升了个人政绩而影响了集体利益等现象。

3. 牢树核心意识，在团队中凝心聚力

打造高绩效团队，领导者的思维是关键，全体员工的配合落实是基础。对于我们研究所来讲，所长就是核心；对于各部门各研究室来讲，部门负责人、研究室负责人、学术带头人就是核心。我们全体员工必须要在工作和科研上坚决支持核心、维护核心，时刻围绕部门负责人和学术带头人的部署开展工作，只有大家凝心聚力，集中方向、集中精力、集中力量，才能形成合力攻坚克难，否则永远是一片散沙，必定是事事无成，小成绩不断，大成果没有。

4. 牢树看齐意识，工作中坚持高标准

牢固树立看齐意识就是要求每位职工向身边优秀人、优秀事看齐，在团队中时刻保持乐观进取、积极向上的工作态度，时刻坚持高标准、严要求的工作精神。比如我们有些人会经常抱怨加班太多，那就应该看一下我们的主管部门农业农村部是怎么把“朝九晚五”的工作时间硬生生地过成了“朝五晚九”；有些人会经常抱怨科研产出压力太大，那就应该看一下我们的兄弟单位中国农业科学院作物科学研究所每年都能至少拿到 1 个国家科技进步二等奖，用我们的压力来对比一下别人的压力。

二、坚持“五个必须”，打造作风优良的优秀团队

俗话说“无规矩不成方圆”，懂规矩、知是非、讲方寸是每个人和团队生存的基本要求。严守规矩，最核心的就是要做到必须维护上级权威，必须维护

团队团结，必须遵循组织程序，必须服从组织决定，必须管好亲属和身边工作人员。

1. 必须维护上级权威，决不允许背离上级另搞一套

每个团队和个人必须在思想上行动上同上级保持高度一致，听从上级的安排，严格落实上级的各项部署要求，不得阳奉阴违、自行其是。对于上级的决策部署有不同意见的，可以通过正规渠道提，不得随意散播诋毁、诬陷的言论，影响团队的团结统一。只有团队上下一心，才能保障团队的政令畅通，行动一致，维护团队的高效有序运转。

2. 必须维护集体的团结，决不允许培植私人势力

在团队内部占山头、搞团伙的行为是影响一个团队稳定、和谐发展的最大障碍。各位所领导、管理人员、科研人员在工作和生活上要与同事建立良好的关系，可以成为朋友，但必须是建立在相互尊重、相互合作的基础上，一旦出现以人划线，搞派别活动，为了个人小团体利益私占团队的人力、财力、物力资源，就会严重影响团队的凝聚力和战斗力，打消其他团队人员的积极性，把团队内部搞得四分五裂，严重影响团队发展。

3. 必须遵循组织程序，决不允许一支笔、一言堂

坚持按制度管事、按流程办事，避免主观干扰是每个团队正常有序运转的基本保障。一是要坚决按级别汇报。全所各位所领导的分管领域、各办公室的职能分工、各研究室的研究领域都很清楚，按级别向上汇报、按级别按分管领域向下安排任务是每个人都必须遵守的基本原则，也是上下级之间相互尊重、相互配合工作的最基本要求。二是要坚决按制度办事。所里每件事都有固定的办事流程，在规章制度完善的情况下，要坚持制度管人、制度管事，尽量减少主观因素的影响，不要让规章流程仅仅成为限制老实人的法则。三是要坚持按权限办事。部门之间职责边界模糊是我所面临的一个重要问题，部分部门守土不负责、守土不尽责，想方设法把自己职责范围内的事情往外推，做不到守土有责、守土负责、守土尽责。

4. 必须服从组织决定，决不允许违背组织决策

对军人来说，服从命令就是天职，而对我们普通工作人员来说，服从组织命令就算不是天职，那也是最基本的职业素养和岗位要求。全所人员必须树立牢固的政治意识，在组织有决策有部署时，不得跟组织讨价还价，不得违背组织决定，坚决执行命令要求。决不允许出现遇到问题时找组织、依靠组织，让组织提供各方面的支持，而当组织需要你的时候却欺骗组织、对抗组织的不良行为。

5. 必须管好亲属，决不允许他们干预工作、谋取私利

从很多实例中我们都能发现，有些国家干部在工作上兢兢业业、任劳任怨，在作风上两袖清风、廉洁正气，在生活上勤俭节约、为人和善，但最终还是落马，问题就出现在没有管好亲属，被耳边风和亲情冲昏头脑，不顾团队和集体利益，在工作上、经济上给予亲属照顾，干预正常工作，谋取非法利益。不仅害了自己，还影响了团队的和谐与发展。

三、严守“两大纪律”，打造纪律严明的优秀团队

纪律既是“紧箍咒”、更是“护身符”。心中无纪，就会滑向万丈深渊；心中有纪，才能走得平稳踏实。俗话说“惰性是人性中最可怕的敌人”，每个人都有慵懒、散漫、推诿的一面，所以严守工作纪律，树立良好形象，对每个人都是一个长期的攻坚战。

1. 严守廉洁纪律，牢固树立红线意识、底线思维

廉洁纪律是任何一个团队和个人在从事行使职权有关的活动中所必须遵守的行为准则，为政清廉才能取信于团队成员，秉公用权才能赢得人心。我们有的所领导和科研人员对廉洁自律的事情不以为然，认为我们所没有行政审批的权利，廉洁的事情离我们很远。其实不然，我们所坐拥 6 700 多亩的土地资源，拥有将近 40 年的科研成果积累，每年有 1 000 万元左右的开发创收收入、几千万元的科研经费以及数千万的基建经费。不少商人都盯着我们所的这些大肥肉，稍有不慎，就会被不法商人钻空子大咬一口，不仅损失全所的利益，甚至会为自己引来牢狱之灾。所以全所人员要牢固树立红线意识、底线思维，有人找上门来，正常接待；对于有能力和水平的，正常合作实现共赢。坚持做到不该吃的饭坚决不吃，不该喝的酒坚决不喝，不该收的礼坚决不收，不该谋的私利坚决不谋。坚决杜绝以权谋私、贪污贿赂、腐化堕落等损害团队形象、影响团队利益、腐化团队人心的现象。

2. 严守工作纪律，牢固树立责任意识、规矩思维

毛主席说过“没有严明的纪律，就不可能有严谨的工作作风，没有严谨的工作作风，就没有组织的权威”。严守工作纪律，就是要求大家牢树责任意识、规

矩思维，坚决杜绝在思想上消极散漫，能力上不求上进，工作上吊儿郎当的现象。事实上我们有个别同志确实存在漠视工作纪律的不良现象：一是没有时间观念，上下班迟到早退现象成常态，屡禁不止；二是没有“能力恐慌”意识，经常理直气壮地说“某某工作我不会做或者我做不好，让能力强的某某来做”；三是没有责任意识，守土不负责，守土不担责，遇到难活棘手活就往外推，遇到能取得政绩的活就往怀里揽。这些消极现象一定程度上影响了所内人员开展工作的积极性。因此，只有严守工作纪律，加快工作节奏，才能提高行政效能，提升工作效率；只有始终保持务实高效、奋发向上的工作状态，才能树立良好形象，提升工作质量。否则没有铁的纪律、严的要求来约束，我们的团队将会是一盘散沙，导致战斗力丧失。

（赵瀛华）

从我做起，把单位打造成高效的团队

近期，按照所党委下发的《关于开展高效团队建设年活动的通知》要求，阅读了蒋巍巍所著《打造高绩效团队》一书，在网上也找了些相关的文章学习。通过学习，对打造高绩效团队的基本知识有了一个系统的了解和认识，深刻理解了团队精神的重要性，充分认识到团队成员只有在工作中互相支持，互相配合，才能使整个团队心往一处想，劲往一处使，集中团队的智慧和力量去克服各种困难，解决存在问题，从而实现整个团队和成员个人的和谐共赢，同步发展。

1. 高效团队具备的品质

我们所是一个团队，作为一个团队，要求各成员需要有大局意识、协作精神和服务奉献精神，也就是所谓的团队精神，作为团队的一员应不遗余力地为团队的正常运转、高效运行奉献自己的聪明才智，营造积极向上的工作氛围，增加团队的凝聚力和战斗力，同时从优秀的团队中汲取营养，不断成长进步。我认为一个高绩效团队应该具备以下品质。

（1）奉献精神。一分耕耘，一分收获，当你加入一个团队，就要为团队贡献自己积极的、正向的能量，促使团队发展壮大。如果将团队比作一棵大树的树干，个体是大树的枝叶，只有树干营养充沛，生命力旺盛，枝叶才能有所依托，茁壮成长。

（2）成就团队。成就团队就是有大局意识，个体利益服从集体利益，反对个人英雄主义，克服自私自利心理，发扬协调关系、合作顺畅的团队精神，不要为了自我表现，突出个人能力而分散团队的向心力。

（3）高度责任感。不管我们从事的是多么平凡、杂陈的工作，都要具备崇高的责任心和高度的工作责任感，只有这样，才能把工作做到最好。工作无所谓崇高，真正崇高的是人对工作的态度。

（4）集体荣誉感。团队的荣誉就是我们自身价值的综合体现，凡事要以团队的利益为最终目标，要时刻心系团队，与团队荣誉与共，每一项工作都要全力以赴，决不拖大家的后腿。

（5）建立良好的工作关系，保持有效沟通。我们不能忽略工作关系对我们的影响，如果工作关系良好、顺畅，就有助于我们工作。反之，消极抵触的工作关系会使我们的工作质量和效率受到很大程度的制约。所以在做好工作的同时要注意协调沟通，征询对方需求，主动协作配合，适时反馈，同时表达自己的想法和希望对方接收的信息，使工作关系中的个体相互促进，共同进步。

具备以上品质的高绩效团队，是高速运转、不断创新发展的团队。不论是政府部门、事业单位，还是企业，要实现单位的高效运作、事业的快速发展，高效团队建设非常重要，也非常必要，这一点大家都认识到了。我所在征求意见时，有人提出我所凝聚力不够的问题，这个问题也就是没有打造好高效团队的问题。如果打造出全所上下职工都有大局意识、协作精神和服务奉献精神的新团队，我们所的凝聚力和战斗力就会不断增加。在把单位打造成高效团队、营造积极向上工作氛围的过程中，每位职工如何发挥作用需要大家不断学习、思考和实践。

在《打造高绩效团队》一书中，分别从打造卓越团队领导者、制订明确的团队目标、激发员工主动意识、打造高度信任机制、有效授权、考核、激励、化解冲突、高效执行、科学决策、鼓励创新等方面进行了论述。我认为，在论述中的很多提法值得学习和参考，但也有些观点需要商榷。作者主要是用不少的例子阐述了打造高绩效团队的方法，下面从打造高绩效团队，我们每个人怎么做，谈谈自己的学习心得体会。

2. 团队领导具备的品质

打造高效团队，领导干部是关键。领导主观的性格精神，必然决定着这个团队的战斗作风和精神面貌，无论是单位的主要领导，还是部门的负责人，其个人的行为无不为团队的行为留下深深的烙印，影响着团队的执行力。管理者决定了整个团队的执行力强弱，一个单位的领导决定着一个单位的执行力，一个部门的领导决定着一个部门的执行力。我认为，作为高效团队的领导应该具备以下优良品质。

（1）人格魅力。有较强的大局意识、事业心和奉献精神，必须身先士卒、百折不挠，对他人和集体真诚热情、友善、富于同情心，乐于助人和交往，关心和积极参加集体活动；对待自己严格要求，有进取精神，自励而不自大，自谦而不自卑；对待学习、工作和事业，表现得勤奋认真。

（2）工作细心。对身边发生的事情，常思考它们的因果关系，做什么事情都要养成有条不紊和井然有序的习惯，对做不到位的执行问题，要发掘它们的根本症结。

（3）胆识过人。不要常常反悔，不轻易推翻已经决定的事，在众人争执不休时，要有主见。

（4）宽容大度。不要刻意把同事或下属变成对手，对别人的小过失、小错误不要斤斤计较，不要有权力的傲慢和知识的偏见，任何成果和成就都应和别人分享。

（5）诚信做人。做不到的事情不要说，说了就努力做到，虚的口号或标语不要常挂嘴上，不要采用一切“不道德”的手段解决问题。

（6）勇于担当。检讨任何过失的时候，先从自身或自己人开始反省，错从上级开始，表功从下级启动。

（7）处事沉稳。不要随便显露你的情绪，不要一有机会就唠叨你的不满，重要的决定尽量与别人商量。

3. 优秀成员具备的品质

打造高效团队，每位成员都是主体。只要团队每一个人都不断自我完善，整个团队的凝聚力和战斗力就会不断地加强，团队的实力就会不断地壮大。我认为，作为高效团队的每一位成员都应该具备以下优良品质。

（1）团队精神。一个人只有融入到团队中，才能得到生存和发展。成员个体哪怕再完善，也不过是一滴水，而一个团队就像大海，成员只有把自己融入到团队中，才能更好地发挥自己的潜能，更快地实现人生价值。

（2）勇于担当。人都是一样，有很多人遇到事情都喜欢说各种原因，把自己的错误撇得干干净净。不管遭遇什么样的环境，都必须学会对自己的一切行为负责，属于自己的事情就应该千方百计地把它做好。

（3）忠诚可靠。忠诚建立信任，忠诚建立亲密。只有忠诚的人，周围的人才会接近你。与人共事的时候，没有人愿意跟一个不忠诚不可靠的人合作。

（4）工作效率。遇到问题就自己想办法去解决，碰到困难就自己想办法去克服，找方法提高工作效率。

（5）人际关系。良好的人际关系会成为你这一生中最珍贵的资产，在必要的时候会对你产生巨大的帮助。

（6）勤奋工作。充分了解工作的意义和目的，了解单位战略意图和领导的想法，了解作为一个组织成员应有的精神和态度，了解自己的工作与其他同事工作的关系，并时刻注意环境的变化，自动自发地工作。

人无完人，只要我所的每一个职工都能与时俱进、不断提高自身素质，积极主动地去完成本职工作任务，我所就会有更好的发展，每一个职工就会有美好的未来。

（韩明定）

如何打造一支高绩效的团队
——《打造高绩效团队》读后感

近来，我专门抽出时间拜读了《打造高绩效团队》这本书。毋庸讳言，当下的人们，越来越深刻地认识到管理的重要性，因此，市面上有关管理学的书籍很多，可是在这些书籍当中，有的曲高和寡，艰涩难懂；有的给心灵鸡汤里撒上一些管理学的葱花，言之无物。但是这本《打造高绩效团队》却以作者独到的见解，深入浅出地向人们揭示了管理学的秘密，告诉读者，什么才是高绩效的团队，高绩效团队的表现是什么。读完之后，掩卷遐思，感触颇深。

从作者的观点来看，高绩效团队一般具有以下几个特征：一是团队具有清晰的目标。高效的团队对于要达到的目标有清楚的了解，并坚信这一目标包含着重大的意义和价值。团队成员愿意为团队目标作出承诺，清楚地知道该做什么工作，以及怎样共同完成任务。二是团队成员相互的信任。成员间相互信任是高效团队的显著特征，就是说每个成员对其他人的行为和能力都深信不疑。三是良好的沟通。这是高效团队必不可少的特点。全体成员通过畅通的渠道交换信息。另外管理层与团队成员之间健康的信息反馈也是良好沟通的重要特征，有助于管理者指导团队成员的行动，消除误解。四是严格的执行。团队在确定目标之后，能一以贯之的执行下去，才是实现目标的关键。高效的执行力能够在有限的资源之下，创造出最佳的绩效，即团队能够做出当时的最佳决策并有效执行。

读完这本书，结合我对团队的一些思考。我认为，作为团队一分子，要打造一支高绩效的团队，自己应该从以下几方面去努力：

一是把自己主动融入到团队当中。作为团队一分子，主动融入团队就是要以团队的利益为自己的利益，以团队的价值观为自己的价值观，以团队的目标为自己的目标。一个人无论多么优秀，只要作为团队的一员，那么他所有的行为都应该对团队负责，更不能有伤害团队利益的行为。因为团队才是让你依靠的平台，个人和团队的关系就如高楼大厦与地基一样，如果没有土地的支撑高楼将无法屹立在地面上，更不可能成为人们欣赏的风景。所以，个人必须融入团队，一切言行都必须以团队的利益为基础。

二是明确自己在团队中的定位。任何一个团队都不可能只要一种人才，正如梁山上不能只有宋江，也不能只有武松、李逵或者王英;《西游记》里不能只有孙悟空，或者猪八戒，或者唐僧一样。各个领域，各种能力的人形成互补的优势越强，团队的竞争力也就越强，成功的希望也就越大。因此，作为团队的一分子，就要在团队里找准自我定位，发挥自己的优势。团队需要每一个个体都能够有自己的优势，而这种优势最好是团队中其他的个体所不具有的，正好可以弥补团队在某一个领域的不足。

三是要与团队成员建立起有效沟通。沟通是我们工作、生活的润滑油。沟通是消除隔膜，达成共同愿景、朝着共同目标前进的桥梁和纽带。沟通更是学习、共享的过程，在交流中可以学习彼此的优点和技巧，提高个人修养，不断完善自我。而沟通的关键则在于能否及时、有效地掌握信息，因为只有我们正确完整地掌握信息，才能更好地进行交流与沟通。在团队建设中，团队成员之间的沟通已经成为了重中之重。团队成员之间良好的沟通不仅能够节省时间，提高工作效率，更好地完成工作任务，还可以为团队创造一个良好的工作氛围，让大家有一个愉悦的心情，从而更好地工作，进而也可以降低团队的人员流失，留住人才更好地为单位工作。

四是要不断提高自己的执行力。团队发展最为关键的因素，就是团队成员对团队决策和目标的坚决执行。从个体的角度来看，执行力就是指每一个团队成员把上级的命令和想法变成行动，把行动变成结果，没有任何借口，保质保量完成任务的能力。团队执行力就是一个团队把战略决策持续转化成结果的满意度、精确度、速度，它是一项系统工程，表现出来的就是整个团队的战斗力、竞争力和凝聚力。一个优秀的团队成员从不在遇到困难时寻找任何借口，而是努力寻求办法解决问题，从而出色完成任务。要提升执行力，就必须学会在遇到阻碍时不找借口而是积极地寻求解决问题的方法。

五是要切实增强自己的团队协作能力。人们常说“人心齐，泰山移”，团队的力量远大于个人的力量。团队协作的本质是共同奉献。这种共同奉献需要一个切实可行、具有挑战意义且让成员能够为之信服的目标。只有这样，才能激发团队的工作动力和奉献精神，不分彼此，共同奉献。在一个团队里面，只有大家不断地分享自己的长处优点，不断吸取其他成员的长处优点，遇到问题都及时交流，才能让团队的力量发挥得淋漓尽致。当团队的每一个人都坦诚相待，都有一份奉献精神时，取长补短，个人的能力肯定会得到大大的提升，“三人行，必有我师焉”。如果大家把团队里面每一份子的优点长处都变为自己的长处优点，灵活运用，不仅团队的力量日益强大，自己的能力、潜力也慢慢得到升华。团队协作能激发出团队成员不可思议的潜力，让每个人都能发挥出最强的力量。团队精神的核心就是协同合作。协同合作是任何一个团队不可或缺的精髓，是建立在以相互信任为基础上的无私奉献，团队成员因此而互补互助。

（沈晓君）

团队制胜
——《打造高绩效团队》读书笔记

2016年我院组织了创新团队培训，培训后覃副所长和雷副所长认为非常有收获，在我所组织了团队建设座谈会，我听了参加培训人员的介绍，也深受震动，决定认真地研读一下创新团队建设的理论。我到图书馆借了有关团队建设的书籍，整体阅读了一遍，认为蒋巍巍的《打造高绩效团队》是阐述得最通俗易懂的一本书，也是令我收获最大的一本书。因此，我决定向全所推荐研读此书，共同学习团队建设理论，为我所打造高绩效团队奠定理论基础和思想基础。

作者蒋巍巍，北京大学国家软实力课题组成员，清华大学领导力培训中心、上海财经大学商学院高层管理者培训课程（EDP）讲师，中国民营企业“团队建设与管理”领域实战顾问。二十年来，他从军队到企事业单位，从基层工作人员到企业高管，专注于“中国式团队建设”与“企业执行力”提升研究。蒋巍巍的生活有30%的时间花在授课上，有30%的时间花在写书或撰稿上，常年担任《哈佛商业评论》《麦肯锡季刊》《世界经理人》《中人网》《价值中国》等一流财经媒体专栏撰稿人。还有30%的时间在企业做辅导和老板顾问或独立董事。我想正是他的这种独特人生经历，才能既有理论深度，又充满实战经验，才能写出这样令人爱不释手的团队建设著作。我想大家应该把这本书读懂读通，要当成团队建设的圣经来读，有时间就读一部分，团队建设遇到难题时更要读，要到书中去寻找解开内心心结的答案。我想如果把这本书读熟于心，并让它指引我们的团队建设实践和日常科研活动，我们每个人就都会自觉地融入团队、建设团队，有利于我所形成若干个有战斗力的团队，有利于我所成为一个团结和谐、致力于国家战略和产业发展的大团队。

这本书在开篇第一章就讲了“先打造团队，再打造企业——这是一个团队制胜的时代”。我认真研读了此章节，这是改变人思想意识的一章，非常重要。人首先要有团队意识，再去读后面写的如何组建高绩效团队的章节，就会很容易读到心里去并落实为具体的行动。因此，围绕这一章，我谈一下我的感想：

第一，要整合所内外力量，形成创新团队。庞玉新、李积华的团队为什么能在全院脱颖而出？我和他们深谈过，作为团队负责人，他们能够为团队长远发展着想，为团队的每位成员未来发展着想，为团体成员设定好发展目标，让成员看到希望，并提供发展的人力、财力等条件，以团队集体力量来策划个人的发展。所以他们的团队成员没有职称问题、没有收入问题，只是全身心地投入团队分配的工作，也不会存在成员离队问题。云南农业大学云南辣木研究所田洋博士，他也是整合了云南农业大学各方面的科研力量，形成了一个互补共赢的团队，才在辣木研究方面取得了重大突破。

从去年开始，我所槟榔团队开始策划海南省重大科技专项项目，历经三次专家评审，终于提交省政府常务会研究。在项目申请过程中，大家协同作战，不分节假日，都在奉献自己的才智。我想，如果项目拿到了，大家都会在海南槟榔产业发展中作出自己的贡献，实现自己的人生价值。更重要的是，经过这次项目申请的锻炼，我所槟榔团队进一步凝聚并达成了共识，大家都找准了自己的角色定位，下一步的发展之路会更清晰，团队也会发展得更快。

第二，个人英雄主义要不得。“成功的团队中没有失败的个人，失败的团队中没有成功的个人”。个人是与团队共进退的，只有团队成功了，个人才会获得成功。团队失败了，再英雄的个人也不会有成功。因此我们每个人都必须融入团队或者组建一个团队，组建或融入团队是成功的开始。有的人只看到自己给团队及他人带来的好处，看不到团队对自己发展的帮助，不愿意付出和合作。这样的人，团队中其他人也不会帮助他，单凭他个人的力量是很难发展的。铁打的营盘、流水的兵，没有你、没有我，会有张三、李四来替代，单位仍然会照常运转。因此，大家都要有一颗共同建设椰子所这个平台的心，团结起来，向着共同的愿景和目标，以自己的双手贡献自己的一份力量。只要坚守既定目标，每个人都努力付出了，椰子所这个平台就会更好；反过来，椰子所也会为每一个人提供更好的平台、发展条件，每个人也会有更好的发展，实现自己的人生价值。

反思过去的几年，为何有的人没有什么成果、有的人有很多成果？大家可以分析一下，有合作意识的，都是科研排名在前的，没有合作意识的，单打独斗的，都是科研排名在后、甚至有下调岗位危险的。岗位聘任的目的，并不是要把谁聘下去，而是给大家一把衡量的尺子，及早地敲一下警钟，让每个人反思自己的业绩，及时调整自己。

第三，团队负责人要充分用好成员的长处。团队负责人要考虑每个人的才能与优势、衡量其业绩，给团队成员定好位，为其谋划未来发展。每个人都有他的优点和长处，在团队中都同样重要，团队负责人要发现团队成员的长处，扬长避短，让每个人都发出自己的光和热。西天取经团队就是一个团队建设最好的例子，任何个人都完不成西天取经的任务，但四位师徒加上白龙马组成一个取经团队，就能完成这一任务。唐僧信念坚定，能够坚持其既定目标，充分利用上级授权，团结团队成员，一路向西取真经，但有点优柔寡断；孙悟空神通广大，可以上天入地潜海，一路上能够降魔除怪，扫清道路，但有点个人英雄主义；猪八戒团结同事，绝对服从指挥，全力协助孙悟空完成任务，但有些懒、有点自私；沙和尚任劳任怨，承担了挑担这种粗笨无聊的工作；白龙马是条真龙，却服从上级安排、甘当唐僧坐骑。正是他们之间的优势互补，才形成了一个互相依赖、团结一致的团队。我所在团队建设中，也要考虑成员的个性、才能、技术的互补，从而形成一个高效的团队组合。

第四，团队成员也要正确认识自己，在团队中找好自己的定位。每一个人都要学会谦虚、学会尊重他人，不管自己有多大的功劳，那也只是代表过去，不能居功自傲，孙悟空是很有才能，但单凭他自己是取不来真经的。每个人都要正确认识自己，确定自己在团队中的角色定位，是孙悟空型你就冲锋陷阵，是猪八戒型你就密切配合大师兄，是沙和尚型你就挑担前行。同时，要不断地反思自己，勇于承担责任，根据团队发展需要调整自己的角色定位。

总之，我希望通过本书的阅读与践行，每个人都具有团队意识。有唐僧的才能，则组建团队；无唐僧的才能，则加入团队。找准自己的定位，充分发挥自己的才能，实现自己的价值，共同把我所打造成一支战无不胜的团队！共图椰子所的发展，在单位发展中实现个人的人生价值！

（王富有）

打造高绩效团队的办法和分析
——读《打造高绩效团队》有感

一直以来就想系统学习如何打造高绩效团队，有幸所里统一安排了《打造高绩效团队》读书心得活动，读完这本书，感觉受益匪浅。

不论是领导者还是普通员工，都应该充分认识到高绩效团队的意义和作用。因为这个时代，都需要为了共同目标而团结协作的有高效战斗力的队伍。

通过学习，我认为，打造高绩效团队，选定目标是基础，选（用）好人员是关键，激励评价是保障，有效沟通是措施，团队文化是灵魂，经验总结是法宝。现就以上几点分别说明：

一、选定目标是基础

中国共产党人以全心全意为人民服务为宗旨，凝聚了无数认同此信念的同志为此奋斗一生，他们建立了新中国、发展了新中国、强大了新中国。我们椰子所人，为了什么聚在一起，是个需要认真思考的问题，我认为，往大了说就是为了热带油料事业，往小了说就是为了个人价值。我们分为几个职能部门、研究室、附属机构，每个部门都有各自不同的目标，目标就是方向，就像大海中的航船，必须有正确的航向，才能到达胜利的彼岸。因此要打造高绩效团队必须有部门共同认同的、清晰明确的目标、工作任务，这个是团队建设的基础。

二、选（用）好人员是关键

一个团队任务，是科学、知识、信息、资源、能源等多种因素投入、加工、整合、变化、积累而形成的，一个人的精力、能力、能量是有限的，因此需要不同角色的成员，协同工作。每个人都有自己的长处，这就为部门领导者选好人、用好人提供了多种优化组合队伍的机会。部门中的每个人也会因个人特点和特长扮演实干者、或协调者、或推动者、或创新者、或信息者、或监督者、或凝聚者、或完善者等不同的岗位角色。领导者可将主内者与主外者搭配、个性强者与个性弱者搭配、善谋者与善断者搭配、善行者与善思者搭配，形成人尽其才、才尽其用的氛围，把每个成员放对位置，明确岗位责任，让不同特点的人去做其擅长的事，扮演好自己的角色，增强责任感，有效激发个人潜能，提升团队战斗力，这是建立高效团队的关键。

三、激励评价是保障

俗话说“会哭的孩子有奶喝”，但这种现象绝不应该在高效团队建设的过程中出现。前面提到，每个来所里的人都是为了共同的事业，为了实现个人的价值而努力工作。这就涉及如何有效激发个人潜能，如何爱岗、敬业的话题。我认为，要解决这些问题，必须要在部门内部建立一套相对科学、分配合理的激励考核制度、激励措施，这样才能保证不同岗位的人都有同样的工作成就感和归宿感，才能激发人员的积极性、主动性，保障队伍的稳定性、凝聚力。这套激励考核制度必须在开始为目标而行动前出台，被大家认可、熟知。这样有利于大家认识到能劳、多劳才能多得，在团队内混日子是不行的。这是提高团队执行力的保障。

四、有效沟通是措施

目标的实现不可能一帆风顺，问题的产生是不可避免的。这些问题可能来自目标本身，也可能来自部门人员内部，出现这种情况，各种角色的人员一定要聚在一起，敞开心扉，进行信息、思想和情感的传递和沟通。沟通不可缺少，有效、良好的沟通，能促成和谐的个体和团体的高效工作。通过沟通，找到问题出自哪里；通过交流，寻找解决的办法。这就需要部门领导者在目标实现的过程中，加强协调、跟踪与管理，而不是以行政职务压人，简单处理了事；部门人员也不要认为有问题是坏事，要主动向同事或部门领导沟通交流，加快问题的解决。这是实现团队目标所必需的措施。

五、团队文化是灵魂

人都是有感情的，不是工作的机器。团队要建立“开心工作、快乐生活”的团队文化。团队和谐的人文环境是文化氛围、正气氛围、创新氛围、创业氛围、成功氛围、激励氛围、信任氛围等融合；在这里，没有原则的一团和气，是没有存在空间的。部门成员要在一起工作的过程中逐步建立起团结、信任、包容、理解的良好氛围，工作之余可以聊聊家常、谈谈心、健健身。领导者要以身作则、多关心下属，增强团队的向心力。事业留人、感情留心，这是留住人才的情感武器，也是高效团队的灵魂。

六、经验总结是法宝

目标能否实现，是检验队伍建设是否成功的一项重要指标。目标的实现，是令人欣喜的。成功过程中有欢笑，也有泪水，更有汗水。因此，这个时刻，部门领导者一定要带领大家坐下来，谈谈这次成功的经验，查找哪些地方还需改进或完善，考虑是否需要引进更多的人员加入团队等等。这些是团队不断前进的法宝，也有利于部门设立更大的奋斗目标，从而顺利地实现新的目标。

总之，高效团队的建立不是一朝一夕能够实现的。只有在一起的人为了共同的目标，团结协作、取长补短，不断创新、共同发展，才能够磨合队伍、锻炼队伍、建好团队。只有各部门都能够做到以上这些，椰子所才能打造出多支有凝聚力、向心力、执行力、战斗力的高效团队，才能为热带油料事业的发展做出贡献！

让我们一起“开心工作、快乐生活”吧！

（贾永立）

打造高绩效团队要从能力建设入手
——学习《打造高绩效团队》心得体会

最近，单位掀起了一股读书热潮，大家都积极认真地阅读、学习《打造高绩效团队》。这是一本对个人职业生涯有着深刻剖析和指导意义的书籍，书中着重阐述了三层意思，第一层关于团队，第二层是关于高绩效团队，第三层是如何打造高绩效团队。读完此书，觉得受益匪浅，无论是事业单位还是企业，拥有凝聚力的合作团队，工作起来是何等的舒心畅快！

一、关于团队

团队区别于一般的群体，团队是有团队精神的一群人，而群体是没有团队精神的一群人。团队各成员需要有大局意识、协作精神和服务奉献精神，也就是所谓的团队精神，作为团队的一员应不遗余力地为团队的正常运转、高效运行奉献自己的聪明才智，营造积极向上的工作氛围，增加团队的凝聚力和战斗力，同时从优秀的团队中汲取营养，不断成长进步。

团队必须具备三个条件，一是自主性，即我们在日常工作中，有没有主动反馈、主动沟通、主动关切的习惯？二是思考性，即会不会经常发掘问题点，会不会对这个问题点寻求对策，会不会对自己的工作定期提出改善建议？三是协作性，即能不能接受一个冲突？能不能排除自己的自私、自我和自大？能不能在有原则和肯协作的前提与人沟通？

二、关于高绩效团队

高绩效团队不是一般意义上普通的工作群体，它的主要特征是团队成员承诺共同的工作目标，并互相承担责任，通过成员的共同努力产生积极协同作用，产生卓越的组织绩效。一个高绩效的团队应该具备什么特征呢？一是需要一个出色的领导，其个人品质和领导素质在建立团队和完成团队任务方面都起着不可或缺的作用。二是要有一个清晰的目标，一个共同的目标是团队存在的价值和理由，引导每一位成员往相同方向前进。同时，团队目标必须是每一位成员都能清楚地理解而达成共识的，否则就非常不利于协调团队行动。三是团队成员必须具有相关的技能。四是团队成员之间要有相互信任的氛围。五是成员之间应具有良好及有效的沟通，沟通的目的就是消除误会、统一思想、协调行动。对于领导者来说，有效地与下属进行沟通是非常关键的工作。六是团队在工作中需要不断地探索和调整。

三、如何打造高绩效团队

我觉得主要应该从以下几方面入手。

1. 提高团队目标管理能力

首先，团队目标要清晰，一个优秀的团队，必定拥有一个合理的目标，共同一致的目标可以使团队迸发出巨大的力量。但仅仅有了目标还不够，团队目标能否有效达成，还有赖于团队是否进行了科学的目标管理。核心即是让团队成员自己管理自己，变“要我干”为“我要干”。

2. 提高角色的认知能力

首先要认清自己的角色。人是构成团队最核心的力量。目标是通过人员落实实现的，所以人员的选择是团队中非常重要的一个部分。一个团队中需要有人出主意，有人定计划，有人实施，有人协调不同的人一起去工作，还有人去监督团队工作的进展，评判团队最终的贡献。在团队中，每个人都要认清自己并找准自己的位置，对自己进行明确的定位。在从事某项工作前应该清楚自己能干什么、适合干什么、如何干，才能有利于达成团队的总目标。

打造高效团队应重视每位队员之间的互补性。在群体成员的组合上，同样数量与素质的一群人，由于排列组合不同，所产生的效应会有所不同。如果能利用好队员之间的性格、技能互补，就能发挥协同效应。人的性格、技能各有不同，有人容易悲观，有人天性乐观，有人谨小慎微，有人敢闯敢拼。只有平衡协调每个人的特点，扬长补短，才能实现绩效最大化。在团队中没有无能的人，只有放错位置的人！

3. 提高团队的执行能力

执行，就是想到，说到，做到。执行力就是完成任务的能力，没有执行力，就没有竞争力；没有执行力，任何优秀的战略与精彩的策划都是镜花水月。执行力已经成为衡量团队竞争力的重要因素，决定着团队的生存和发展。没有行动，一切皆空谈！没有行动，一切皆枉然！执行力是团队成败的关键！

执行力是要建立在共识上面的，每位成员都有同样的目标并达成共识，才能把工作执行好。对于团队成员来说，养成及时反馈的习惯才能提高执行力。通过及时的反馈，领导才能制定正确的方向，如果工作出了错，也能得到及时的纠正。在摆正自己位置的基础上，扎扎实实，尽心尽力，做好各项工作，这才是每个成员的职责。

4. 提高团队的信任与协作能力

许多团队之所以具有强大的竞争力，不仅取决于每一名成员的能力，也取决于成员与成员之间的相互协作、相互配合，这样才能均衡、紧密地结合形成一个强大的整体。而整体强大的基础，就是团队成员的相互信任。信任包括团队管理者对成员的信任、团队成员对管理者的信任、各团队成员之间的信任。在一个团队中，没有信任就没有协作，没有协作就不会有绩效。因此，领导要打造团队高度信任机制，使团队成员相互信任，相互协作，才能产生卓著的绩效。实现团队协作应具备三个关键点：分工、合作与监督。

5. 提高团队沟通能力

沟通——团队高效的润滑剂。简单说，沟通就是你来我往，相互交换信息和交流感情。提高团队沟通能力一是提高理解别人的能力，二是增加别人理解自己的可能性。在工作中，人与人之间难免发生争论和摩擦，甚至出现暂时的不快。一旦出现这种情况，首先要进行换位思考，学会站在对方的位置上思考问题，体谅对方当时的心境和难处，反省自身存在的不足和问题，把双方的矛盾和问题简单化，避免复杂化，力争大事化小，小事化了。坚决避免无事生非、上纲上线，芝麻小事演变成矛盾纠纷。我们不仅要学会与同事沟通，更要学会与领导沟通，与领导进行有效沟通，可以将自己对于工作的一些想法和建议及时反馈到领导层，为他们作出决策提供依据。学会沟通，善于沟通，会使许多工作获得事半功倍的效果。

6. 提高团队领导能力

团队领导能力不是简单地等同于团队赋予管理者的职位和权力，不等于仪表堂堂和夸夸其谈，而是要求管理者在带领、引导和鼓舞团队成员为实现目标而努力的过程中，有效发挥充分协调、善于激励和身先士卒的表率作用，以及个人的影响力。作为一个卓越的领导者，必须做好远景规划，建立内部机制，打造有效团队。

7. 提供团队激励管理能力

人是需要鼓励的，所以团队要采用各种激励手段来调动团队成员的积极性和创造性，这是团队管理确定卓著成效的根本措施。团队有效激励采取的措施主要有：为团队成员创造积极的工作环境；建立科学的激励机制；为团队成员设立共同的奋斗目标（可衡量和可实现）；努力使团队成员保持旺盛的精力；要关心团队中的每一个成员；培养团队成员的归属感；让所有成员共同分享团队的成功；管理者不断提高自身的激励能力。

8. 提高团队的学习能力

一个团队的学习过程，就是团队成员思想不断交流、智慧火花不断碰撞的过程。英国作家萧伯纳有一句名言“两个人各自拿着一个苹果，互相交换，每人仍然只有一个苹果；两个人各自拥有一个思想，互相交换，每个人就拥有两个思想。”团队中每个成员都把自己掌握的新知识、新思想拿出来和团队成员分享，就会产生一加一大于二的效果，团队智商就会大大高于每个成员的智商。

9. 提高团队压力管理能力

对团队成员来说，压力就像弹簧，压力大，利用得好，动力就大，但又要有限度，否则将变成包袱，所以团队压力要适当保持。团队的压力管理就是为了有效预防团队压力的负面影响，解决团队压力问题，引导团队产生有效的反馈。长期的阴沉情绪会让人对你敬而远之，所以保持一个健康的心态，时常以一个轻松快乐的面孔对人，这一点对于团队的成员是至关重要的。

10. 提高团队危机管理能力

任何团队在执行过程中都会遇到逆境，甚至是危机。团队的危机主要来自团队外部竞争和团队内部两个方面。所以，团队需要有危机意识，具备面临危机的决断力。要正确处理团队内部冲突，处理问题的重心是暴露出来的问题，而不是一味地批评发生冲突的成员；公平对待发生冲突的双方成员，不能偏向任何一方；要尊重事实，根据事实尽量寻找解决问题的方法并让发生冲突的成员直接参与进来；选择合适的人来解决冲突，并授予他充分的权威和必要的资源。

不仅如此，还应该正确对待成员错误。要重视每一个错误并及时纠正，哪怕是一个微小的错误；不要在公开场合批评出错的团队成员，可在私下场合让成员知道自己的错误，并给予他改过的机会；让出错的成员自己寻求解决问题的方法。

总的来说，团队的打造不是一蹴而就，从我做起，从现在做起，为建设一个高绩效团队而努力！

（宋薇薇）

搭建平台迎接高绩效团队及员工
——读《打造高绩效团队》有感

正在读这本书的你，正在从事哪个岗位的工作呢？

也许，你是一名在管理岗位上的行政管理者，拿着接近 1 万元的工资，每天朝九晚五，带着一身疲惫回家，虽然积蓄不多，但也在慢慢积累成长。

又或许，你是一名在科研岗位上的科研工作者，长期夜以继日地为科研事业的成果与未来不断地在探索的路途中奋斗着。

再或许，你是一名应届毕业生，刚刚入职心仪期许的单位，虽然奔波在最劳累的第一线岗位，但一想到未来的晋升和接近理想的可能性，就踌躇满志。

也许，我们都梦想着，通过自己的努力打拼，一步一个脚印在工作的领域站稳脚跟并闯出自己的一片天地，成就自我、晋升、买房、成家立业。

但是，你有没有想过，或许会在未来的几年甚至是几十年内，这一切将完全改变？

在这个时代，出身、学历、就职经历，都无法真正证明一个人的能力。然而能证明你的能力是什么呢？是你的个人价值产出，所以，这个时代，越来越多的人专注于个人价值品牌的建立。然而，单位需要搭建一个怎样的平台来迎接这个时代及这个时代的员工呢？

一、管理文化塑造的能力

无论是行政管理或是科研部门，管理文化的本质是什么？是提供差异化的价值，从部门科室到个人，部门科室能为单位提供什么样的价值，个人又能为部门提供什么样的价值？再与同行业之间相比，最具有竞争力的特点是什么？

行政管理部门，以科研服务为主导、为方向，应精简繁琐、臃肿的管理模式，原因很简单，在管理模式中每进行一个动作，都必须经过层层的管理和流程，科研与管理之间的角力，矛盾冲突及利益分配等，这就导致了单位在飞速发展的时代、在万千变化的竞争领域面前止步不前，更别提抢占先机冲到这个时代的前端。

科研部门，作为知识型密集的部门，应更多注重关注员工潜力的开发，探索有没有一种需求，跟你的研究领域建立连接。你要做的，不仅是提供高质量、满足社会需求的科研成果转化产品，更要有意识地建立品牌标志，激发品牌的塑造能力。

简言之，一个团队没有具有自己特色的文化建设，或者这个文化尚未牢固的时候，就不会令团队成员产生共鸣，就不会让大家有统一的步调。

二、建立阳光下团队间的共同目标、利益机制、情感纽带

无论在什么行业，多大的团队，人与人之间的关系始终是第一位的，团队协作永远大于个人力量，而把团队力量真正凝聚到一起的，是“信任”，不是“勾心斗角”。

柳传志说过，真正有能力的人来到这个企业，愿意留在这个单位继续发展的原因：一是这个单位有很大的发展空间，在这个单位工作的时候感觉有奔头，整个单位有奔头；二是他要拿到他自己认为物有所值的物质回报的激励，这是毋庸置疑的；三是在这个单位上班的时候，心情非常愉快，上下级之间团结一致，没有办公室政治，这个软环境也非常重要。

三、用好人，留住人，知人善用

首要前提就是要建立信任，团队领导者首先除了要拥有过硬的专业能力之外，自己也要做更多的事，承担更多的责任，为下属谋利益，支持和鼓励下属，并且要拥有坚毅的自信心。责任是什么？就是信任责任，团队领导者本身就要是一个值得信任、值得托付的人，当下属感受到了收益和公平，他们才会建立“认同”信任，只有这样，团队才会产生能经历风雨、经历困苦的韧性。我认为，单位应培养一批叫好的中层管理干部，一方面他们要带好业务部门的团队，做好基层工作，观察、了解你的员工最擅长的领域在哪里，放置在哪个岗位才能极大限度地发挥职工自身的专长。另一方面，中层干部经常围绕在领导者的周围，在制定和执行单位战略规划中发挥自己的智慧，要给高层管理者提供可靠且有预见性的管理建议，这点非常重要，做好了就是艺术，做不好就是败笔。

四、业务部门应规范上下级间对口的业务分工

结合我所及综合办业务范围的实际，我认为，单位应建立一个独立的人事部门，如今现状是办公室行政、党务工作与人事工作运转结合为一个部门，而对口上级院的业务衔接是两个处室，日常从事人事工作的人员仅仅只有 2 人，其中一人负责人事工作，一人负责工资福利，且从事人事工作的人员没有持续稳定性，每日人事工作人员的大量工作时间都用在整理基础材料及应对院及上级要求的材料，缺乏思考如何做好人事管理工作的方向与意义。

人事工作繁琐、繁重，平时未能体现出这些细节性的工作量，我所在职职工 147 人，退休职工 157 人，每年有人才招聘、干部任免、岗位聘任、职称评审、人员调动、档案管理、职工薪酬、社保福利等不计其数的细节性工作。我认为，所谓做好人事工作至少要体现在以下两方面：一是要将人事工作做到专业精细化，为我所各研究室及管理部门提供专业性的人事指导工作，而不是给职工增加负担。二是人事工作一定程度上就是高级服务官，群众服务满意度就是对我们工作质量的认可，做了大量工作，职工不认可，其实本质即是工作不到位、不专业，任何推脱责任的说辞都不足一谈。

五、管理部门应警戒过度管理带来不良效应

过度管理在一个正在起步发展的单位中是一个非常显而易见的现状，在单位成长的同时，工作也会越加繁琐，业务流程也随之越来越复杂，在推行精细化管理的时候，看似理清了业务操作流程，提高了顺畅度，似乎是制定了最严格的标准和制度，就可提升工作效率，解决所有问题，但不能忽略主观上人在其中所起的作用，以人为本才应是管理的基础。在实际工作中，精细管理要达到管理上的平衡并掌握好度，过度管理会让单位陷入不同程度的困境，具体概括有以下几点：

（1）制度过于复杂。但凡收入未过亿的科研单位，制度都不需要太复杂，否则会因为过于复杂、理论化而无法得到有效的应用。单位在不断地尝试，不断地进行改革，若未将基层单位实际情况与实践相结合，那么完善的管理体系常常只是摆设，因此单位工作重点应放在规范科研项目经费使用、成果转化开发经营上，而不是管理上。

（2）紧张氛围。过度的管理内部事务，给员工带来情绪上的紧张，导致员工工作失去激情，只是机械地做事，更别谈创造性地工作。

（3）推卸责任。团队管理者对任何事都要过问和管理，下属就难免在执行一个错误的决定时候导致一个必然的错误结果，而错误的结果必定要有人承担责任，这个人往往不会是团队领导者，只会问责到具体执行人，问责结果就是无论你以往的工作业绩如何出色，执行人都会被扣除工资薪酬，或者辞退。因此，团队管理者应当是勇于承担责任的一个角色，这是应具备的领导个人魅力及基本素质。

（张君）

打造高绩效团队的想法及思路
——读《打造高绩效团队》心得体会

根据《关于开展高效团队建设年活动的通知》（所党委发〔2018〕5号）要求，本人认真研读了《打造高绩效团队》一书，通过本次团队建设方面的学习，我深受鼓舞，同时也多了一种责任感，在今后的学习生活中，秉承着椰子所所训"团结、敬业、创新、发展"的精神向大家学习，争取最大进步，以下是我对读《打造高绩效团队》的一些心得。

一、守好规矩，服从安排

从个人讲，作为一名管理人员，我们要努力做好本职工作，端正思想，遵守单位规章制度、服务安排、努力提升自己，只要用心对待工作，不管是何身份，都会得到相对的肯定。

二、尊重、沟通与服务

首先，一个团队，不管您是领导者、管理者还是服务人员，团队建设的前提在于人与人之间的尊重！不懂得尊重人，一切都无从谈起，相互尊重可获取更多的信任。其次是沟通，好的沟通就像一个灵敏有效的神经系统，又像是机件运行的润滑剂。沟通的手段多种多样，目的只有一个——拉近距离，融洽气氛，了解情况，让工作更加畅快、更加高效。其三是服务，这是团队建设的核心内容，特别在科研单位，我们在管理部门，要有团队服务意识，要尽可能地把自己当"第三方"，多方面考虑解决问题，而不是为了完成而应付地去工作。话语中也尽量多选用"请问""请教一下""麻烦""谢谢"等字眼，好的语气会使工作更加高效。工作最终要靠整个团队，而不是某个人来完成，所以要立足于服务，给团队成员创造出一个良好的工作环境。

三、协调和组织

实际上协调和组织，作为一种具体的技能和工作内容，是和尊重、沟通、服务连在一起的。把前几项做好了，协调组织基本上就是"水到渠成"。人的特性不尽相同，在同一个团队中，团队带头人需有明确方向，把合适的人放在合适的位置上，如同八仙过海，各显神通，通过合理的组合，减少冲突，增强综合能力。

举个例子，我所计划 8 月 15—16 日召开第三届椰子产业联盟年会，会议筹备初期，由于没有专项支持经费，开展工作面临各类困难，如会议经费开支渠道、会议规模、邀请人员等太多"巧妇难为无米之炊"的实际难题。后经领导及科技人员的共同努力，制订实施方案，合理协调和组织工作，没经费？那就加大力度拉赞助，经费的事情解决了，团队工作人员动力足了。最近几天，大家紧锣密鼓地开展工作，联系企业、布置展位、邀请专家等事宜大家都各为其职，由于这也是我所第一次用"以会养会"的模式举办会议，工作中每个人也有那么一丝丝的成就感 。

四、绩效激励机制

团队建设应当配套绩效激励机制，团队带头人明确方向，秉承信念，多劳多得、量化考核等制度的规范，是一个团队建设的根基，即便个别的"蛀虫"仍会风言风语，但需 3~5 年就可形成团队建设的良好风气，这些"蛀虫"也会物化。例如我所 2015 年首次出台《开发创收奖励管理办法》时，经过多少次会议讨论再讨论，修改再修改，当时科技人员多数认为存在开发基础不一样、创收奖励比例分配不同等一系列问题，但该办法出台后，极大地推动了科技人员的积极性，近三年来，我所的开发收入每年以20%比例提高，对科技人员奖励的力度也在逐年提高，让有付出的科技人员腰包真正鼓了起来。

五、提高职工幸福感

就如我们QQ群命名一样“椰子大家庭”，我们工作在这样一个大家庭中，如何提高职工的幸福感，对团队建设工作起到至关重要的作用。有人说职工工资提高了就幸福了，这是一种方式，但绝对不是唯一途径。提高职工幸福感的方式特别多样化，如人文关怀、工会福利、娱乐赛事等方式，都可以让职工获得幸福感。

六、创新失败，该奖还是该罚

整本书亮点多，看到“创新失败，该奖还是该罚”这章节时，忍不住多看了几遍。创新，我所理解就是和“敢于第一个吃螃蟹的人”一样，但结合本职工作，成果转化与资源开发的工作就是不断摸索与创新的过程，开展合作的模式、内容、方向等都是一种新方向、新趋势，我们只有努力干了，才能看到成与败，就算是失败了，也是一种经验的积累，因此团队建设中应允许成员有失败。

由于我本人资历低，学识尚浅，对高绩效团队的认识不够全面，以上仅是结合个人工作的一些想法及思路，不当之处望各位领导及专家批评指正。

（郑小蔚）

读高绩效团队的激励法则有感

《打造高绩效团队》这本书第八章谈到了如何激励员工提高业绩的话题，列举了激励员工的9个方法，有的从领导者以身作则出发，有的从员工需求出发，有的从团队文化和团队归属感出发等。关于员工激励，一般人能够想到的最简单的就是经济利益的激励，即奖励先进和惩罚落后。我认为这十分适合国有企业的绩效改革，因为此措施十分直接明了，见效很快。椰子所即为这样的国有企业，王所长上任以来推出的激励措施见效很快，在一定程度上达到了应有的效果。实际上，在使用经济利益作为绩效奖励之外，还存在很多非经济利益的激励措施。而且，非经济利益刺激措施作用时间更长、更持久和深刻，更能够改变一个人，进而改变一个单位，在这里我想谈谈激励措施中的非经济利益刺激措施。

一、领导为职工树立榜样，成为行为的标杆

在任何一个组织里，管理者都是下属的镜子，在科研单位也是这样。可以说，只要看一看这个单位的管理者是如何对待工作的，就可以基本了解整个单位职工的工作态度。要让职工充满激情地去工作，领导就先要做出一个样子来。

二、设立更远大的目标，激发职工不断进取的激情

人的行为都是由动机引起的，并且都是指向一定的目标的。这种动机是行为的一种诱因，是行动的内驱力，对人的活动起着强烈的激励作用。领导通过设置适当的目标，可以有效诱发、导向和激励员工的行为，调动员工的积极性。2017 年，王所长设定了全所创收目标 1 000 万，基本得以完成；2018 年的目标是 1 200 万，在这个过程中，让大家用更远大的目标促使自己进步，让大家觉得我们努力一下是可以达到的。如果连续几年下去，我们的进步就是十分可观的。

三、给职工尊重，使他们主动作为，有所作为

尊重是一种最人性化、最有效的激励手段之一。以尊重、重视自己员工的方式来激励他们，其效果远比物质上的激励要来得更持久、更有效。可以说，尊重是激励员工的法宝，其成本之低，成效之卓，是其他激励手段都难以企及的。而且，尊重是零成本的激励措施，对于提高单位人才队伍的稳定性也有重要作用。

四、加强领导和职工沟通与互动，把职工的干劲谈出来

领导与职工保持良好的沟通，对于调动职工的热情、激励他们为单位积极工作有着特别的作用。而建立这种良好的上下级关系的前提，也是最重要的一点，就是有效的、必要的、经常性的沟通。可以说，沟通之于领导十分重要。以椰子所本次中期考核为例，领导与职工面对面，一对一进行沟通，查明过去两年的得与失，存在的困难在哪里，有哪些方法可以解决，我个人觉得就是很好的有效的

沟通，这实际上是对职工的直接帮助，可以促使个人快速成长。

五、充分信任职工，激励其完成设定的目标

领导与员工之间应该要肝胆相照。你在哪个方面信任他，实际上也就是在哪个方面为他勾画了其意志行为的方向和轨迹。因而，信任也就成为了激励诱导他人意志行为的一种重要途径。而管理不就是要激励诱导他人的意志行为吗？椰子所近两年提拔了一批年轻人担任重要职务，也送出去一些年轻人赴外地、外单位挂职锻炼，相信这些年轻人能够不断成长。另外，要坚持用人不疑，疑人不用，尤其对于各个领域的骨干更是如此。

六、对职工应胸怀宽广，宽容对待职工

宽容是一种管理艺术，也是激励员工的一种有效方式。管理者的宽容品质不仅能使员工感到亲切、温暖和友好，获得安全感，更会化为启动员工积极性的钥匙，激励员工自省、自律、自强，让他们在感动之中甘心情愿地为单位效力。椰子所的职工来自五湖四海，个性也千差万别，由于前期为椰子试验站，许多职工并没有受到系统的科研训练，由于目前的单位定位是科研单位，许多职工难以满足科研岗位的要求，这是历史造成的。应该想方设法发挥这部分职工的积极性，扬长避短地安排到合适的岗位，这其中缺少不了宽容的态度。

七、多肯定与表扬职工，是奇特的零成本激励法

人都有做个“重要”人物的欲望，都渴望得到别人的赞美和肯定。赞美是一种非常有效而且不可思议的推动力量，它能赋予人一种积极向上的力量，能够极大地激发人对事物的热情。用赞美的方式激励员工，单位领导所能得到的将会远远大于付出。椰子所基于绩效业绩排名进行表扬和肯定，确实对激励职工的上进心起到了很好的作用。对于优秀职工和科研绩效的奖励是重要的举措，我认为应该坚持下去。

八、利用竞争增强组织内部的活力

人都有争强好胜的心理。在企业内部建立良性的竞争机制，是一种积极的、

健康的、向上的引导和激励。单位领导摆一个擂台，让下属分别上台较量，能充分调动员工的积极性、主动性、创造性和争先创优意识，全面地提高组织活力。目前，在椰子所已经开展了各种竞赛活动，例如：基地管理、研究室创收、研究室卫生、实验室管理、业绩绩效等方面，各位职工通过开展这样的活动在潜移默化中提高了各方面工作的积极性，是值得长期坚持和推广的做法。

九、坚持惩罚与奖励相结合，多奖励少惩罚的原则

惩罚是一种反向激励措施，惩戒的作用不仅在于教育其本人，更重要的是让其他人引以为戒，通过适度的外在压力使他们产生趋避意识。惩戒虽然是一种反面的激励，但却不得不为之。因为，一味的妥协和退让并不能解决所有的问题。在椰子所，由于不同年代大家评审职称的要求差别很大，有的科研人员虽然评审的职称为副高或正高，但难以承担相应的研究工作，更完不成职称所要求的工作业绩。椰子所这次就从专业四级和六级出发，把不符合条件的人员解聘，通过竞争性上岗，给予有关人员相应的压力，使得职工不得不反思如何行动才能提高业绩。只有施加部分压力，这些职工才能主动地行动起来，从而带动整个团队进步，各个团队进步了，单位也就发展了。

（贾效成）

一个积极高效的团队离不开良好的工作氛围

——读《打造高绩效团队》有感

2019 年，直到现在，一直在持续忙着槟榔省重大项目申报的相关事宜。从项目建议书的撰写考究、项目指南的编写论证到项目申报书的反复修改、编纂再到项目多轮答辩、修改、完善，整个团队人员可谓“呕心沥血”，常常是“白+黑”“五+二”地奋战。常言道：“机会总是留给有准备的头脑”，历经波折，最终迎来了胜利的曙光——项目获得了立项，但接踵而至的是试验方案的详细规划、反复讨论，正所谓“磨刀不误砍柴工”吧，对于项目的真正执行来说，这只是万里长征第一步，未来三年，我们要继续夜以继日、奋勇前行了，直到项目顺

利结题，硕果累累，才能算尘埃落定吧。纵观这个项目立项历程，我看到了一个团队的重要性，尤其是高效的团队尤其重要。

在研读了这本书之后，确实挺受感触。在这我领悟到建立一个积极高效的团队的必要性。想要一个积极高效的团队，势必要有一个良好的工作氛围。那么怎样营造一个良好的工作氛围呢？

首先，打造高绩效团队，领导人是关键。在管理团队的过程中，一名合格的领导者，只有成为有效的“带兵人”，才能成为有效“管兵”的人。领导者都希望有非常得力的下属，能够非常默契地完成领导交给的任务，能够察言观色。但是，即便再聪明的下属，也不能事事令领导满意，下属的错误经常会让领导大发雷霆，接下来很可能就是换人，但是不管怎么换，总不能找到称心如意的下属，这就是侧重用人而不教人的结果。对于一个优秀的领导者来说，不是管好那些优秀的人，而是如何改造并用好那些有缺欠的人，这是团队管理的关键所在。因此，作为一个团队的领导者，首先应当是一个教练，然后才是领导者，只有教会别人怎么干，才能领导别人怎么干，只“管”不教实际上是不负责任的表现。

其次，团队领导者应做好团队文化导入。团队价值观能否被全体员工所接受，直接关系到整个团队的命运走向，要想让团队文化得以有效传播和被认可，前提是领导人本身要优秀，俗话说得好，“兵熊熊一个，将熊熊一窝”。团队领导者应该努力提升自己的道德和能力水平，同时要有激情和执着精神。激情成就梦想，没有激情的团队负责人，很难打造一支有激情的团队。同样，缺乏意志力和执着精神的团队领导者，也很难使得团队收获好的业绩。而且，领导胜于管理，团队领导人还应该具有感染力，能够以自己的人格魅力，感召大家一起努力。

最后，也是很关键的一点，要创造一家人的氛围。当一个员工工作没有自豪感可言时，工作态度就会消极怠慢，效率低下。因此，团队领导者应该培养员工的自豪感。打造员工自豪感，要注意“安、乐、利”三个因素。

“安”是团队管理追求的最高目标，那些不安中的和谐只是在和稀泥，并不能对团队内部的稳定产生长久的影响。

“乐”代表愉悦，是团队内部能够协同一致的关键。只有愉悦地工作，团队精神才可能形成，而这要靠领导的领导力实现。

“利”所触及的层面上升到“和”的高度。只是满足了部门团队成员的利益要求而产生的“乐”；不公平，迟早会造成团队内部的不和。只有和谐的利，才能照顾和辐射团队内部的每个层面。利益是基础和根本，没有共同利益作支撑，团队就无法生存和继续发展，更不可能形成团队的组织力。领导要尊重员工的劳动成果，员工取得的一些成绩也许在领导眼里微不足道，但可能是员工付出了巨大努力才取得的，因此，领导应当给予积极的肯定和鼓励，如果领导不屑一顾甚至给以嘲笑，只能挫伤员工的积极性，何谈自豪感?

无论对于领导者还是员工，都应该具备良好的道德素质和涵养，道德就像堤坝，是稳固的根基，否则，领导的领导力再强，员工业务能力再强，没有道德，仍然建不成高效的团队，只能溃不成军。

《道德经》里有一句话："失道而后德，失德而后仁，失仁而后义，失义而后礼。夫礼者，忠信之薄而乱之首"，也就是道家常说的"道德仁义礼"。我觉得这五个字背后所蕴含的手段就是建立良好团队文化的钥匙!

道：就是规律法则，万物运行需要的法则。放到工作中就是"选择正确的人以正确的方法做正确的事"。

德：根据万物运行的法则让万物各得其所。在工作中可以理解为公平的工作氛围，让人安心做事。

仁：宽厚、不斤斤计较。可以理解为富有人情味的工作氛围，让员工认同团队。重点是长远的合作。

义：利益交换，讲究互惠。放在工作中就是及时的物质奖励，重点在于短期兑换利益。

礼：规则制度、流程、岗位职责。在我看来，这五种手段既有高低层次之分，也是一个不可分割的整体。所谓有层次，意思是这五种手段不是完全平等的，并且高层次的标准丧失后低层次的标准就很难继续维持，甚至会导致情况继续恶化；是一个整体，是因为我们需要综合利用多种手段来把员工团结在一起，毕竟有人贤愚，每个人的目标也各不相同，这是我们管理必须承认的客观事实。

细说一下它们的层次之分。我觉得这五种手段中代表合理原则的"道"和合理分配的"德"最为重要，它们决定了大的管理氛围。而"仁"是从长期的、感情的手段吸引人才；"义"是用短期的、物质的手段吸引人才；对于一般的员工则是通过"礼"，也就是基本的职责和制度来管理他们。说它们有高低之分，是因为如果没有了基础的"道"和"德"，"仁""义""礼"就会变成假仁假义、繁文缛节。直白点说，就是如果不遵守"道"，不用正确的方法做事，那些规则制度就会束缚大家的工作，“礼”不就成了繁文缛节？如果连员工应得的都不给，这种仁义不就是假仁假义吗？

说这五种手段是一个整体是因为如果没有“道”的正确方法，任何努力都是缘木求鱼；没有“德”的公平回报，就无法保持长久稳定；没有“仁”的宽厚给员工情感满足、长期的归属感，可能就会失去一些重要人才；没有“义”的物质激励、互惠互利，我们就难以灵活地利用可以利用的力量实现自己的目标；没有“礼”明确职责和规章制度，使每个人都能发挥自己的作用，就无法让大量的员工变成一个高效的团队。缺少其中任何一个手段都可能降低管理的效率，所以从这个角度来说，这五种手段是一个整体。

每个人的爱好和个性都是不同的，我们不要逼着老牛快跑，也不要让骏马耕地，让老牛耕地、让骏马快跑才符合道。这样，管理会比较容易出成绩，下面的人也没有那么多痛苦！

有的领导总是要求下面的人提高执行力，不要找任何借口，要无条件地执行。但很多时候，他的要求可能根本不切实际。经常挂在嘴边的一句话是“这得你自己想办法”，如果什么事都麻烦他，还要你干什么！我只能说，合乎常理才是管理的不二法则，违背这个原则肯定是做不好管理的。

有必要说的一个情况是，有的团队里提倡多学习，经常搞一些知识分享。可能这些团队里的人也觉得挺好的，因为有成长嘛。但我觉得，单位不是培训学校，是创造价值的地方。员工也不是要参加全能比赛，他们需要为单位创造价值，同时获得自己的回报。从价值创造的角度来说，我们没必要让员工什么都去学，还是应该立足于每个人的特长和爱好，再结合单位和团队的需要有针对性地进行培训。这才符合道的做法。否则大家都去学习，谁创造价值呢？没有人创造价值，员工又从哪里获取收入呢？

从员工角度来说，很多人都觉得自己得到的比应该得到的少，觉得不公。这是人之常情。每个人心中都有自己的一杆秤，而且很难平衡。作为管理者，需要做的就是尽力营造公平的氛围就好了。

什么是仁？比如说工作上出了问题，大家都推卸责任，领导能考虑到单位混乱的现状，能明白出错虽然于理不合但情有可原，选择不追究，这就是仁。下属工作能力欠缺，领导不放弃他，而是能跟他一起找问题的根源，推动问题的解决，这也是仁。

一个团队里面，如果管理人员播下了宽厚的种子，建立起感情的纽带，这个种子就会生根发芽、发展壮大。成为组织风气，上升到单位的层面就是文化的一部分。本来是单位对员工宽厚，会发展成员工对员工宽厚。但是如果单位对员工刻薄，员工也会对其他员工越来越刻薄。这就是风气的作用。

“义”是希望双方互帮互助，互惠互利的，这是物质利益的纽带。具体到管理中来，就是要根据员工实际为公司所做的奉献给予应有的回报。工作做了之后，大家最关注的问题就是回报，最担心的问题也是付出了没有回报，有的人因为得不到回报而不愿意付出，在单位混日子，最终单位和员工双输。人才不愁没地方去、得不到合理的回报，他们就是最早选择离开的人。没有人才的单位最终也难以发展。马云有一句话挺火，“员工之所以离开公司，要么是心里委屈了，要么是钱没给到位”，说的就是这个意思。

需要注意的是，单纯的物质激励还是要控制使用。如果单位或者团队习惯用等价交换来管理，很容易导致目标短期化，单位或团队运行的成本也会升高。所以，“义”是一种手段，但是要谨慎使用。

礼是让每个人都尽到自己的本分，是通过完善流程、制定明确的岗位职责来实现的。明确了岗位职责，很多基础的事情就可以按照制度办，降低沟通的成本。

话说回来，如果出了事情，而每个人都认为自己没有问题，在这个时候如果管理者只想着明确岗位职责，加强考核，问题能解决吗？最大的可能是只会让员工讨厌这个管理者！

出了事，先安定人心是最重要的，人心安定了，再定下粗略的职责，以后再逐步细化，深入下属中间，找到志同道合的人，寻求他们的支持，给一些物质激励刺激工作积极性。仁、义、礼这几种手段结合使用，才能扭转局面，走向安定。然而最终长远稳定，还是需要“道”和“德”，做对事情，选对人，给出合理的回报。这就是建立健康的工作氛围所需要努力掌握的五种手段。

总的来说，礼只能解决基本的问题，很多复杂的、边缘的、跨部门的问题都是难以通过明确岗位职责来完成的。这些问题必须有人站出来解决，而这些事情又很难明确规定由谁解决，必须是能够解决的人自愿出来解决。如果单位希望有人自愿出来解决问题，就必须做好前面的道、德、仁、义这四点。做好了这些，形成了良好的工作氛围、积极的企业文化，这些事情都会有人去解决的。否则，光靠领导去推动，光是协调都累死了。

如果真到了一定要先明确职责大家才做事的程度，这个单位的管理就已经站在悬崖边上了。可以试想一下，这个组织中的仁爱、忠诚、守信等品德已经何等薄弱了，这是将要混乱的先兆！这就是《道德经》说礼是“忠信之薄而乱之首”的本意。

想成为一个合格的管理者必须像大自然中的河水一样，首先要接受道德仁义礼为堤坝的约束，不能肆意妄为导致决堤。还要有不断向前的精神。流水不腐，也只有不断追求自我提升才能让管理者保持活力！只有管理者保持活力，团队才能保持活力，做到以上众条，高绩效的团队也就打造出来了。

（牛晓庆）

打造高绩效团队的心得体会

前 NBA 著名的球星迈克尔·乔丹说过：“一个人没有团队精神难成大事；一个企业没有团队精神将成为一盘散沙；一个民主如果没有团队精神将难以强大。一名伟大的球星最突出的能力就是让周围的队员变得更好。”团队精神是一切事业成功的基础，没有团结协作，一切都只能各自为政，一盘散沙。个人的成长与团体就像鱼与水，紧密联系。团队精神是任何一个集体成功的法宝，只有团结一致，众志成城，才能取得更好的成绩。

但如何打造并利用团队精神建设团队呢？通过这次学习，我的感悟如下。

一、团队精神凝聚力的作用

团结、协作是一个企业的灵魂，团结就是力量，人心齐泰山移。只有无数的个人精神，凝聚成一种团队精神，企业才能兴旺发达，基业长青。团队精神是看不见的堡垒。大海航船，难免会遭到激流与逆风的袭击。团队 = 团 + 队，也就是说，只有先抱成“团”，才能形成“队”。在缺乏“团”的“队”中，个体的优秀并不能换来群体的优秀，合作一起只能成为乌合之众。团队就是为了共同的利益大家走到一起，通过有效的沟通、共同奋斗、共同负责、共同承诺，且才能互补、团结和谐的组织。在21世纪的今天，竞争的决定因素已经改变，一个伟大的团队远远胜于英雄个人的作用。奥运会上美国梦六队的失利，NBA中巨星云集的湖人队败给没有大明星的活塞队，都说明了这一点。

团队凝聚力与团队精神是一致的，就是对某一群体或组织感到满意，乐意成为该群体的一员并协助实现群体目标的一种态度。两个人团结起来创造的效益可以大于他们分别单独创造的效益之和。团队的凝聚力可以通过对团队成员的劝导，激发每一个团队成员产生与团队目标相一致的工作积极性。一个好的领导能够引导企业成员，使他们的合力方向朝向企业目标，从而提高企业的生产效率。由此可见，团队精神的培养是至关重要的。

二、有效的授权和领导方式

领导是企业的核心。如果一个企业的领导层内部不团结，势必会影响到企业成员；而一个精诚团结、能广开言路、善于听取各种意见的领导群体则会对企业成员起到示范作用，有助于企业成员的内部团结，形成一种良好的企业氛围，进而增强企业的凝聚力。

一个具有良好团队精神的企业要有一个卓越的领导，统帅素质的好坏很大程度上决定团队的战斗力的强弱。拿破仑曾经说过：“绵羊统帅的狮子军团永远无法战胜狮子统帅的绵羊军团！”出色的领导往往具有超凡的领导能力和号召力，领导能力和号召力是一种无形的力量，能够在无形中调动大家的积极性与主动性，促使大家以高涨的工作热情为企业效力，不计个人得失，把企业利益放在第一位，这是团队精神的基本要素。

卓越的领导一般具有超前的眼光和过人的魄力，善于倾听，敢于承担，有着较强的协调能力和果断的决策能力，易于取得团队成员的认可与信任，从而在团队中形成一种向心力和凝聚力，使团队优势得以发挥。

对于管理者来说，由于是他们最终具有正式的权威，而不是团队成员，所以他们理解这一点非常重要。团队管理者的作用是管理关系三角：管理者、个体、团队，三者处于等边三角形的三个顶点。管理者必须关心三方面的关系：他们和每一个团队成员个体的关系；他们和作为整体的团队的关系；每一个团队成员个体和团队整体的关系。任何一条关系受其他两条关系影响。当管理者不能很好地管理这个关系三角求得平衡时，团队成员之间的不信任和不良影响将呈螺旋式向下蔓延。

三、正确的角色定位

一个人只有融入到团队中，才能得到生存和发展。人才是种子，团队是土壤。员工个体哪怕能力再强再完美，也不过是一滴水，而一个团队就像大海，员工只有把自己融入到团队中，才能更好地发挥自己的潜能，更快地实现人生价值。因此，在每一个团队中，每一个团队成员必须认清自己的职责定位，学会领导与被领导的权责体系意识。

员工应具备守信的道德品质，娴熟的处事及沟通技巧，与他人协作的态度，同时还要具有丰富的职业知识，团队成员只有具备这些素质，才能认同团队的文化，融入团队文化中，降低内耗。如果不能具备这些素质，即使每个人都有能力，但方向不一致，最后产生的合力就很小，在市场竞争中将会显得很脆弱。试想，在企业面临危难之时，如果没有强大的凝聚力，如果没有员工的共同参与，力挽狂澜的壮举是很难出现的。而对于员工来说，企业的兴衰成败与自己息息相关，企业员工认同与企业共同发展，在企业面临关键的时刻，齐心协力共渡难关。

四、有效的团队打造

管理者必须提前把团队成员团结在一起。管理者应明白如果他们在管理团队过程中和团队成员分担责任和权威——从管理团队边界到管理团队本身，团队会更有效。如果所有团队成员齐心协力，将取得有效的团队业绩。授权是管理者面对竞争现实可以依赖的工具。一位优秀的团队管理者发现：“我最终认识到我的责任包括把优秀的人员集合起来，创造良好的环境，然后制定出解决问题的方案。”

针对现阶段企业的重点团队问题，每个人要认清自我的团队角色定位，明晰自己的岗位职责，形成良好的流程制度审批。团队的领导组织者与其成员所组成的团体在正常运转中缺一不可，一个集体的好坏，直接反映出领导者组织能力的好坏与成员服从命令履行命令的态度。

通过学习，作为我所槟榔产业创新团队加工方向负责人，如何打造一支高绩效的槟榔加工团队，我将围绕“学会沟通，加强互动，团结一致，共同进步”做好以下几点：

1. 以身作则，凡事应率先垂范

本着一颗责任心，要求下面员工做到的，自己首先得做好。当因为一些工作布置和落实没有达到预设的效果时，首先要学会换位思考，考虑他人的“难处”，其次要严格检讨工作中自身存在的问题，反思自己的不足，然后寻找合理的对策，去妥善地解决问题。因此，“自律”有时更像一面镜子，可整衣冠、纠言行，打铁还需自身硬，否则谈到提高执行力也就是纸上谈兵，至多一句空话而已。

2. 构建人尽其才，才尽其用的人力资源管理机制

团队在选择团队成员时，要特别考察应聘人的综合素质：是否与其他成员形成技能互补，是否能独立承担责任并对团队绩效负责，是否能够在工作中与团队成员齐心协力、协调配合、相互信任、共同完成工作目标。根据团队成员的不同个性特征和专长，分配与其特长相适应的工作岗位。这样有利于充分发挥成员的特长和潜力，从而有助于团队高绩效地实现工作目标。

3. 完善绩效考核机制，充分调动员工的积极性

按照责、权、利相匹配的原则，完善员工的考核激励机制，建立与团队精神相适应的科学合理的绩效考核分配机制。

4. 协助员工制定职业生涯规划

企业能否赢得员工的献身精神，关键在于能否为员工创造条件，使员工有机会获得一个有成就感和自我价值实现感的职业生涯，职业生涯规划既可以帮助员工明确自己在企业中所处的位置和职业发展方向，实现员工个人能力的提升，达成人与工作的完美结合，又可以保证企业获得人力资源的有效开发，以满足现在和未来所需。通过鼓励员工的进取心，企业也会不断提高营业绩效和战略目标。

5. 建立有效的团队激励机制

有效的激励是企业长久保持团队士气的关键。有效的激励要求正确地判断团队成员的利益需求，给予团队成员合理的利益补偿。这就要求团队采取的奖酬系统不但要公平、合理，有效激励团队成员，而且要以提高团队凝聚力为目的。

我坚信，只要努力肯定会有结果，我更相信通过我们共同的努力，槟榔加工团队的未来会更加灿烂。

（陈华）

打造高绩效团队需从青年做起

打造高绩效团队，我们首先要明确什么是团队，什么是绩效。首先真正的团队是一个人勇担责任、富有激情，在面对困难和挫折时，毫不退缩，群策群力寻求解决方案的群体。

绩效 = 效率 + 效果。效率通常意味着速度，在有限的时间内获得最大化的成果。要做到这一点，只要保证运用正确的方式就可以，效率通常是指“正确地做事”。它强调的是做事的方法和方式。而效果则不太一样，它强调所做的一切都必须有助于目标的实现，也就是“做正确的事”。

一、如何打造一支高绩效团队

按照本文中团队与绩效的定义，打造高绩效团队，就是要在保证效率和效果的基础上，建立一支能够满足单位中长期发展的管理队伍。但是，到底如何能够打造一支高绩效团队？ 通过对蒋巍巍先生《打造高绩效团队》的学习，结合个人认识，我认为从以下几个方面入手：

1. 加强基础业务建设是实现高绩效团队的前提

基础业务就像连接组织网络的一个个模块或一条条“高速通道”，纵向能够实现效能的最大化，横向能够使组织的效率最大化。既然基础业务如此重要，那么如何加强和提高，我有以下几个方面的建议。

（1）明确目标：业务管理目标来自组织目标，明确的目标不仅可以让管理人员具有明确的方向，更是检验工作成效的有效工具。因此，建议在目前各部门岗位职责的基础上，增加一项“业务管理目标”的内容，使目标更加清晰。

（2）梳理和优化业务流程：名目繁杂的制度、“枝繁叶茂”的流程（程序），使得我们目前的管理效率十分低下。从管理学角度来讲，制度是单位规范管理的前提，流程（ 程序）是单位提高效率的基础，但是目前我们的制度越来越多，效率越来越低。

（3）建立科学的业务管理机制：一是要设定合理绩效考核指标。目前，我所已经建立一套比较完善的绩效考核指标，它主要强调的是把组织目标落实到部门，是组织中、短期目标实现的有效工具和手段。但是，由于考核的原则是以部门为中心，部门本位至上，这样就导致了很多部门只对结果负责，忽略了组织的配合和协调作用。因此，在设立绩效考评体系的过程中，如果能够充分考虑研究所内部流程并对指标体系进行改善的话，就可以完全解决这个问题。以劳动产出率指标为例，由于每个部门的情况不同，一方面需要针对不同部门、单位下达不同内容、不同数量的指标，另一方面也要从工作流程上，对主流程、管理流程、支持流程涉及的单位下达可量化或详细描述的管理指标，这样既能保证各部门目标的完成，又能确保研究所总体目标的实现。二是要建立拉动式的工作流程，即在内部管理工作流程的过程中，增加业务间的互动与监控，以结果为导向，自尾向前推动业务开展，防止因某个环节缺位，管理考核不到位造成绩效损失。三是要制定具有竞争性的奖惩机制。将 21 世纪最大的发明“竞争”引入业务管理工作，是实现高效管理的重要手段。首先，我十分赞同我所目前开展的岗位竞聘制度，岗位竞聘制度为实现岗位绩效管理建立了前提，也为绩效结果的应用建立了渠道，是调整和改善目前干部队伍吃平均饭（指同岗之间）的利器；其次，要建立公开透明的考核标准和要求，这对减少考核矛盾，树立业务人员积极的心态具有重要作用；再次，严格考核结果的使用过程，做到公平公正；最后，建立一套完善的从管理部门、科研部门到领导阶层的管理层级，为业务管理人员创造一个广阔的竞争空间，并通过薪酬差异提高参与竞争的积极性，打造一支有动力、有活力、有潜力的管理队伍。

2. 提高员工素质、提升职业道德素养

绩效管理主要解决的是人的问题，即人的主动性、人的能动性和人的职业性。“人力资源是第一资源”。从加强业务管理的几个方面来看，无论是明确目标、梳理流程，还是完善机制，都离不开一支能够胜任发展要求、素质过硬的管理队伍。因此，加强人才队伍建设、提高员工素质、提升职业道德素养，是实现高绩效的根本。建议如下。

（1）加强培训，提高素质。培训是提高素质的主要途径之一。目前我们的培训主要问题是缺乏针对性和有效性，特别是针对具体业务建设的内容比较少，无法尽快转化为管理效果，就实际而言，建立健全培训机制、创新培训形式、增强培训效果是中长期培训工作必须解决的三个问题。一是将员工学习能力纳入绩效考核内容，变“可学”为“必学”；二是要结合实际，创新培训形式，针对性开展技能、管理培训，提高各类人员业务管理能力，为实现科学管理、有效管理、专业管理奠定基础；三是建立全员素质档案，量化学习效果，为差异化培训奠定基础。

（2）传帮带，提高执行力。许多有关执行力的书籍给我们讲述了这样一个道理：执行力不仅仅是一种信念，更是一种科学的方法。因此，应当研究如何把执行力应用到我们的管理及科研工作中。一是要建立结果导向的工作要求。从结果中锻炼人、从结果中发现人、从结果中淘汰人，要让员工把结果（或目标）当作工作中的“天”。这是执行力的前提，即解决了动力问题。二是明确分工、权利和责任。分工切忌过宽过窄，适度为宜，权利与责任必须配套，有权无责或有责无权都会对管理效率造成极大的浪费。三是加强过程监控和指导。这是对中层领导而言，个人认为，中层领导不仅仅要成为合格的组织者、策划人、领导者，更要成为业务管理中的“助推器”或“加油站”，为单位执行力添上飞翔的翅膀。四是建立严格的考核标准和机制。只有“执法必严、违法必究”，才能建立一个具有可持续发展能力的执行团队。

（3）畅通渠道，加强流动。“流水不腐，户枢不蠹”，完善的人才流动渠道、进出机制对人力资源的保值增值具有巨大意义。因此，一要建立合理的考评、选拔和培养机制，从基层、车间级、公司级、中层领导四级管理层级中开辟一条晋升通道，并形成完善的阶梯式的人才梯队模型，能者上、庸者下，有效形成内部竞争氛围和人才成长通道。二要通过开展完善的绩效考核，逐级淘汰一部分不适应管理要求的人员，形成合理的流动。

3. 加强文化建设，是实现高绩效团队的可靠保障

文化是经营管理的润滑剂，能够有效解决精神层面的问题，许多新的管理学教科书中明确指出，如果没有一个系统的单位文化，绩效管理将无法开展。因为文化有一种无形的激励作用，可以让管理者与员工之间建立一种持续的稳定的心里契约。

（1）加强竞争文化的建设。竞争是生物学的一种生物之间的关系和社会科学上的基本关系之一，也是经济学中推动市场经济发展的推动力。今年，我所在全体科研人员中开展了岗位竞聘，就是靠一种竞争文化的培育和引导来实现员工的差异化、优异性和竞争力。一是要培育员工的学习能力。学习能力是开拓新的竞争优势的根本，认知学习能力决定了一个单位的知识积累，从而决定了单位的竞争优势；二是要推进文化创新。创新是提高单位核心竞争力的关键，文化创新作为单位创新的重要组成部分，是单位或单位变革的原动力，变革必然带来人的精神文化需求，如形象、品牌、人的思维方式、价值观、行为方式的调整，进而提高员工的创造力素质，也必将带来竞争的需求；三是加强宣传教育，采取各种形式宣传竞争文化的意义，表彰先进、淘汰或摒弃落后，营造一种差异化的竞争环境，也是提高竞争文化的主要途径。

（2）加强组织学习能力的建设。学习型单位文化，是一种引导型组织文化。学习型文化高度重视人的因素，特别是人的素质的全面提高，注重单位和员工的协调发展，是人本管理最高层次的体现。一是要树立学习的理念。树立学习理念也就是树立学习型价值观，价值观是联结单位与员工之间的纽带，它对员工的行为具有重要的约束和支配作用。要树立学习型价值观，必须在员工中倡导学习理念和价值取向。通过开展各种类型的学习活动，广泛地宣传学习的意义，让每个员工明白：学习是生命的源泉，学习是创新应变的根本，学习是竞争取胜的法宝，是实现人生价值的阶梯。二是要搭建和提供学习的平台。学习平台是指人人平等参与、互动沟通、交流共享的学习场所、学习机会和学习工具，其主要形式有：网络学习，图书资料库，培训，会议，集中学习活动等。三是要营造良好的学习氛围。一个单位的学习，不能是强加式的，不能单纯把学习纳入工作计划，必须建立一种人人学习、共同进步的文化氛围。营造有助于员工终身学习的氛围，积极倡导“在工作中学习，在学习中工作”的思想，为员工创造良好的学习环境和机会，使学习成为单位的一种文化和机制。

二、打造一支高绩效团队需从青年做起

无论是业务建设，还是素质提升，青年员工的带动力和可塑性是不言而喻的，尤其是在单位文化建设方面起着重要的作用。而青年在单位中往往是被放在服从和被支使的地位，这种习惯制约和影响着高绩效团队的建设，甚至抑制青年的积极性和创造性，造成人才流失或不安于现状的抵触。

1. 青年业务建设和员工素质提升的必要性

青年业务建设和员工素质的提升就像连接组织网络的一个个模块或一条条“高速通道”，纵向能够实现效能的最大化，横向能够使组织的效率最大化。对于基础业务的加强和提高，前面谈到一些，但是青年员工应该是具有无尽的潜能亟

待开发。一是工作岗位要专业对口。尽管许多青年员工对于新鲜事物，表现出浓厚的兴趣，但是他们更注重所学专业的实际应用。打造高绩效团队需从青年做起，往往是哪里需要人就把青工放在哪个岗位，而忽视了他们的专业，使青年人觉得学的没用，还得从头学起，一方面造成浪费，另一方面是他们失去了应有的兴趣。一定得走出这个误区，使他们学以致用，这是培养青年基础业务素质的最基本做法。二是培养与创新并举。在培养青年基础业务的同时，鼓励他们发挥专业特长勇于创新，为其创造良好的环境、适当的机会，使他们能够大展宏图，成为单位高绩效运作的生力军。三是提升团队合作精神，青年员工一般具有较好的个人素养和文化知识，容易骄傲，善于表现自我或出风头，从而忽视了团队合作的作用，我们应正确引导，加强合作，强化集体观念和创新意识。

2. 发挥青年在单位创新文化中应有的作用

所谓单位创新文化是指在一定的社会历史条件下，在单位创新及创新管理活动中所创造和形成的具有本单位特色的创新精神财富以及创新物质形态的综合，包括创新价值观、创新准则、创新制度和规范、创新物质文化环境等。创新文化是一种培育创新意识的文化，这种文化能够唤起一种不可估计的能量、热情、主动性和责任感，帮助组织达到一种非常高的目标。那么，如何培育创新性文化呢？青年员工群体应担当起这个义务，因为青年思想活跃，善于交流，勇于创新。一是要鼓励思想的多元化。青年本身就是一个思想多元化的群体，而现阶段单位每年设立了管理创新项目及其他科研项目等多种展现个人才能的渠道，但我认为还应该建立创意奖（或金点子奖），就是每年评选一些有创意、有实效、有魄力的管理理念，搭建思想多元化发展的平台，鼓励和倡导员工为单位的发展建言献策，同时引导和建立一种多元化的单位文化。二是公开的交流。在对青年传帮带的过程中，通过管理人员与技术人员面对面的交流，管理人员与科研人员面对面的交流，领导与基层员工面对面的交流，给所有层次、不同类型的员工创造沟通的机会，倾听他们对管理的想法。三是激发创造力。每个人都有创新的潜力，青年员工更是创新的主力，所以单位必须开发和释放员工个人和整体的创造能量。只有这样做，单位才能培育出一种创新文化，确保长期的可持续发展和赢利。

（王晔楠）

高绩效团队中成员应具备的品质或意识
——读《打造高绩效团队》有感

单位给我们每位职工购买了有关“团队”方面的书籍——《打造高绩效团队》，作者是蒋巍巍。拿到书籍的那天，翻看扉页的时候，对其中这样一些话深有感触，只有完美的团队没有完美的个人。团队专家总结了方方面面的多年团队建设经验，写在这本书中，值得我们花一点时间去研读。这本书提供的是方法论，对我们每个人如何充分发挥自己在团队中作用，找好定位，发挥价值，成就自己，具有重要的参考价值。利用工作之余，断断续续看完此书，只觉受益匪浅。

在我看来，优秀的团队精神，简单来说就是要有大局意识、协作精神和服务精神的集中体现。团队精神的基础是尊重个人的兴趣和成就，核心是协同合作，最高境界是全体成员的向心力、凝聚力，反映的是个体利益和整体利益的统一，进而保证组织的高效率运转。作为优秀团队中的一员，我们应该做好本职工作，加强责任意识，为团队奉献自己应有的聪明才智。

书的主题是如何打造高绩效团队，联系我们单位的实际，我们的单位就像一艘大船，已经有了明确的航向，也有了优秀的船长，目前最关键的就是在这船上的每一个人都要树立团队意识，把我们的队伍打造成一个高绩效的团队，只有这样，我们单位这艘大船才会更快更好地前行。那么，作为团队中的一员，我们要具备哪些具体的品质或意识呢？通过阅读和思考，我对这个问题的理解如下。

一、奉献精神

你为别人贡献什么，你最终将会收获什么；当你融入一个团队，你不仅是在为团队贡献自己，也是为自己搭建生命的舞台。说到这里，让我想起了一个故事：有个老木匠准备退休，他告诉主人，说要退休回家，享受天伦之乐。主人问他是否能帮忙再建最后一座房子，老木匠说可以，但那时他的心已经不在工作上，用的是次料，出的是粗活。房子建好的时候，主人把大门的钥匙递给他。“这是你的房子，”他说，“我送给你的礼物。”他震惊得目瞪口呆，羞愧得无地自容。如果他早知道是在给自己建房子，他怎么会这样呢？现在他得住一幢粗制滥造的房子！所以我想说：不要总是以为自己的付出是在为别人添砖加瓦。同时，我觉得，主人不仅给了老木匠一套房子，更给了他受用终身的人生哲理。其实，假如一个人仅仅是一滴水的话，如果他不想在人间蒸发，他唯一能做的就是融入大海，那个大海的名字就是：团队。

二、成就团队

同样有一个故事会让我们明白一些道理，故事说的是一个名叫鲍尔的中学校长，为了培养国家最优秀的人才，他放弃了自己最热爱的乐队指挥工作，当了一名教师。他一生帮助无数的学生取得了成功，但他始终觉得自己很失败。他成就了别人，却没有实现自己的梦想，可有一次的经历彻底改变了他这种想法。有一次，当地的州长请他参加一个隆重的活动，他根本不知道是什么样的活动，州长也没有提前告诉他将是什么样的盛况。可当他到达活动现场后却感受到了从未有过的惊奇，因为州长在亲自主持那个会议，他听到州长站在那发言：“这是一个特别重要的聚会，这个聚会的主角是鲍尔，他是一所中学的校长，他培养了无数优秀的学子，为这个国家做出了卓越的贡献，我们都非常尊敬他，接下来，让我们用最崇敬的心情，最响亮的掌声，欢迎他上台与我们分享。”鲍尔的感动和喜悦不难想象，这个故事告诉我们，成就别人就是成就自己的最好之道。人生要走很多的路，我们需要一座又一座的桥，我们不仅仅是要感恩地走过，更重要的是要去修建、维护这些桥，这样我们才能走得更远，行得更久。

三、忠诚不渝

有一本书名叫《忠诚胜于能力》，我们暂且不管这种说法是否完全正确，但我们都能认同的一点就是：忠诚优先于能力。《亮剑》中李云龙所领导的独立团骑兵连为掩护独立团主力及总部首长安全撤退，吸引了鬼子的一个骑兵连队在后面紧紧追赶。骑兵连死伤很严重，在一次、两次、三次的冲锋以后，最后只剩下连长孙德胜一个人了，他全身负伤，左胳膊也没有了，还高喊道：“骑兵连，进攻！”他代表骑兵连发起了最后一次进攻……在他心里，每一个战士的生命都不属于他自己，而是属于他的团队——独立团。在最后的危难时刻，即使只有他一个人了，也依然代表独立团这个团体，而不是他个人，这就是忠诚不渝的团队精神。一个人即使从事最朴实无华的工作，只要他对自己所从事的事情充分地持有忠诚，那么他所从事的事情就会崇高起来。人之所以崇高并不在于他所在的行业，而是他如何理解工作的意义。

四、荣辱与共

没有一个人能单独创造奇迹，所有奇迹的背后都有动人的故事。那个奇迹只是结果，最令人感动的是过程的付出。如果离开了团队谈每一个成员的贡献，那个奇迹就是空谈。在我们的生命中，不仅要心系团队，更要与团队荣辱与共，团队的荣誉就是我们自身价值的彰显。我想这个道理非常容易理解，在这里也就不加赘述了。

五、有效沟通

一个人如果真的要有所成就，一定要学会沟通，特别是要能面对很多人说话。在我看来，每个人都想要很好地与人沟通，所谓高明的沟通技巧并不是主要的，最重要的是一个人的心态，要拥有良好的心态就必须克服自私、自我和自大；心态好了，沟通时就会很自然地去体谅对方的不便和难处，能考虑到对方的需求，能主动支援和主动反馈。在我们的现实生活中，经常需要和别人去沟通，也总是自以为我们想要表达的信息，对方可以完整地接收到，而实际上，我们所表达的和对方所接受的信息，有时竟然会相去甚远，所以，很多时候，沟通是无效的。因此我们要多留意自己的表现，否则会使自己精心准备的沟通变成无效沟通。

总之，自动、自发，注意细节，为人诚信、负责，善于分析、判断和应变，乐于学习，具有创意，对工作有韧性，人际关系（团队精神）良好，是真正团队中个人需要具备的素质。单位是我们的一个大家庭，让我们像呵护自己的家那样去呵护我们的单位，用我们的智慧、热情以及对单位的深深热爱，积极投身到科研服务工作中去，相信我们椰子所明天会更美好，事业会更辉煌。

（李杰）

只有完美的团队，没有完美的个人

当今的时代是一个团队制胜的时代，团队的建设对单位的发展至关重要，单位缺乏的不是人才，而是如何将人才迅速整合，使其具有竞争力，使其发挥更大的作用，而个人的发展也与团队的发展是离不开的，只有个人融入团队，才能得到生存和发展。

一个团队想要走上良好发展的道路，必须要有推动团队发展的核心动力，要有凝聚力。个人认为要打造团队凝聚力，必须要明确发展目标。团队的目标必须要有前瞻性，能很好地把握未来创新性的研究方向或未来市场的需求，同时也要切合实际，让大家实实在在地感受到通过大家的努力是可以达到的，而且目标也必须是团队成员相对认可的。如果目标和方向得不到大家的认可和赞同，则不利于团队的发展。发展目标切记假大空，要凝聚，并要随着发展变化而进行动态调整。例如，在自己所在的加工研究室的团队里，存在着目标不明确的问题，我觉得这是制约团队发展最关键的问题。当然引起此问题的因素有很多，包括学术方向带头人的缺乏、团队成员的频繁流动、领导对研究内容的过多参与、研究方向不聚焦等。加工团队要有明确的目标，必须要知道未来的三年或五年甚至更长的时间内，我们主要攻克的关键性问题是什么，计划开发的真正创新性的、有竞争力的关键产品是什么？只有明确了目标，才能朝着目标方向努力；方向不对，努力也就没有意义，会事倍功半。在没有明确目标时，自己常常觉得迷茫，不知道是否在做无用功，个人的积极性及幸福感很低。

团队战略目标确定之后，领导者是决定一切的因素。选择一个合适的团队带头人，是团队成功的一半。个人认为团队的领导者要为团队成员的职业生涯做好规划。生涯规划谈的是未来，团队成员的职业生涯规划也就是规划团队成员在职场中的未来，这也是每个成员最最关心的。只有把每个成员放到合适的位置，发挥其最大的作用，并使其个人得到良好的发展，一个团队才能可持续发展。如果团队的发展规划和目标，与个人的规划和目标有所冲突，势必造成团队内部的不和谐或团队成员工作效率的下降。而团队领导者对团队成员职业生涯的规划恰恰是目前所缺乏的，领导者往往更加考虑自己的发展，而忽略团队成员的发展。每个团队成员都有评职称的压力，都有生活的负担，如果不考虑利益，只谈无私奉献显然是不行的。只有确保团队成员未来的发展，一个领导者才能真正地稳住自己的团队，团队也才能更稳固地朝着定好的目标发展。

有了明确的发展目标和团队领导者，团队要想良好发展，还必须要有好的执行力。一个团队没有执行力或者执行力不强，即使再完美的战略、再周密的计划，最终都将形同虚设。例如槟榔加工团队前前后后开会不下十次，对本年度计划研究方案几经修改，历时半年多，还没启动任何工作，一直停留在纸上，而没有把想法付诸行动。很多创新性的研究不是只通过阅读文献和做详细的技术方案就能得来的，而是通过在实际的实验过程中发现问题，并要通过实验来探讨及验证问题的解决方法。没有去做，就永远没有切入点，也无法验证方案的对与错。如果团队没有好的执行力，成员的工作热情也将受到很大的影响，想做事却没法做事。因此，团队良好的执行力是其发展的必要条件之一。而提高团队成员执行力最有效的方法是建立正确的绩效考核办法，考核的目的是奖惩，是激发大家的工作热情。奖惩的方式包括物质和精神两方面，只有建立公平的、合理的考核办法，才能保证合作的有效进行。而目前单位科研人员和管理人员及其他人员存在不同的考核评价体系，相对不是很公平的考核办法、不是很透明的绩效发放办法，造成了各部门之间有效沟通和协作效率的下降，造成很多员工比较情绪化，相互不理解及整体凝聚力和幸福感下降，对单位发展带来了很多不利的影响。

作为团队的成员，也应该客观认识到自己和别人在团队中的作用，戒骄戒躁，找到适合自己的位置。如果每个人都想独当一面，显然会造成研究方向的不聚焦，研究进展的缓慢，研究成果没有宣传力和影响力。每一个人也必须清楚地认识到只有扎根到团队这块土壤，个人才有发展的平台和空间。相反，脱离团队的个人也只是无源之水、无根之木。目前，团队存在的问题是很多成员只看到自己给团队带来的好处，看不到其他人对自己的帮助，因此怕吃亏，不愿意付出和合作。成功的团队之所以具有强大的竞争力，实际上不在于个人的卓越能力，而是在于整个团队的强大，而团队强大的基础，就是团队成员之间的相互信任，没有信任就没有协作，就不会产生重大的科研成果。成员也不会有一家人的归属感和幸福感。作为团队中的一员，我将热爱我的工作，努力去学习、去钻研、去探索，不断提高自己的业务能力，并怀着高度的敬业精神去完成我的每一项工作，主动承担我的责任，充分信任我的队友。

作为单位的一员，特别希望单位可以建立高绩效的团队，给大家提供一个好的平台，让大家各施所长；作为团队的一员，希望大家 / 我们能摆正自己的位置，做好一个有效的螺丝钉，在适合自己的岗位上发光发热，奉献自己更大的力量。

（宋菲）

强化协作意识，打造椰子所高绩效团队

蒋巍巍《打造高绩效团队》一书总共有十二章，分别是：先打造团队，再成就企业——这是一个团队制胜的时代；没有李云龙就没有独立团——高绩效团队需要卓越领导者；定目标，创流程——打造高绩效团队的根基；没有信任，就没有协作——打造团队高度信任机制；有效授权——授权比命令更重要；没有考核，就没有绩效——考核是团队绩效的重要保障；说对话才能做对事——搭建起团队沟通的桥梁；将“羊”激励成“狼”——高绩效团队激励法则；直面问题，积极引导——有效化解团队冲突之道；高执行 = 高绩效——让员工成为不折不扣的执行者；科学决策，减少失误——高绩效从科学决策开始；打破窠臼，鼓励创新——团队绩效持续提升的发动机。该书从宏观上阐述了打造高绩效团队的各环节，包括团队、领导者、目标、协作、授权、考核、沟通、激励、执行、创新等方面，每一个环节都十分的重要，只有把各个环节做好了，才能打造一个高绩效团队。该书对椰子所的发展、建设和管理具有很强的指导作用。

椰子所作为一个国有事业单位，经过多年的发展，取得了不小的成绩。当前椰子所配备了强有力的领导班子和部门负责人，制定了中长期发展目标，实施了一系列的激励和考核制度，高层次人才越来越多，科研项目和科研成果越来越丰硕，发展势头越来越好。但是还存在这样或那样的一些问题，和别的科研院所比较起来还有一定的差距，离椰子所制定的目标还有很长的路要走，如要取得更好的发展，需要建立椰子所的高绩效团队。那么如何打造椰子所的高绩效团队呢？我认为除了要完善现有的管理成果之外，还需要强化椰子所职工的协作意识。

椰子所各个部门存在各自为阵、相互配合不紧密的现象，经常所里花了很大的精力组织一个活动，参加的人员却寥寥无几。他们不参加的理由经常是该活动跟他们的工作关系不大或者没有关系，或者说自己本职工作多、太忙，根本没有时间参加。如果每个部门或者每个人都是这样的想法，椰子所的集体活动或集体项目就很难达到良好的效果。因此，这种现象严重影响了椰子所的发展，需要大力提高团队协作精神，主要做好以下几个方面。

一、强化职工的团队协作意识

每一位职工都要把单位作为一个团队，自己是单位的重要成员，要把单位的每一件事都当成自己的事。“皮之不存，毛将焉附”。每一位职工都要与单位团队的行动保持一致，只有当每一位职工自觉投入到单位的整体利益时，单位的整体才能最大化，个人的利益才能最大化。只有每一位职工具备这样的团队意识，同事之间才不会为了一些小事斤斤计较，才会为了整体利益保持一致，才能实现单位的共同目标。要充分发挥单位组织的作用，加强思想教育，让每位职工树立团队协作的意识，让职工明白每位职工都是单位的重要成员，重视他们的不同想法，激发他们的潜能，真正使每一个成员参与到团队工作中，风险共担，利益共享，相互配合，完成单位团队工作目标。

二、提升职工的团队协作能力

每位职工有不同的能力，有不同的想法，但都必须融合到单位这个大团队中来，才能发挥最大的潜能和效率，因此必须提高每位职工的团队协作能力，主要培养职工以下几方面的能力。

（1）学会欣赏他人的能力。学会欣赏、懂得欣赏。“三人行，必有我师”。每一个人的身上都会有闪光点，都值得我们去挖掘并学习。要想成功地融入团队之中，要善于发现每个工作伙伴的优点，这是走近他们身边、走进他们之中的第一步。每个人都可能会觉得自己在某个方面比其他人强，但你更应该将自己的注意力放在他人的强项上。因为团队中的任何一位成员，都可能是某个领域的专家。总之，团队的效率在于每个成员配合的默契，而这种默契来自于团队成员的互相欣赏和熟悉，欣赏长处、熟悉短处，最主要的是扬长避短。如果达不到这种默契，团队合作就不可能真正成功。

（2）学会尊重他人的能力。团队是由不同的人组成的，每一个团队成员首先是一个追求自我发展和实现的个体人，然后才是一个从事工作、有着职业分工的职业人。虽然团队中的每一个人都有着在一定的生长环境、教育环境、工作环境中逐渐形成的与他人不同的自身价值观，但他们每一个人也同样都有渴望被尊重的要求，都有一种被尊重的需要，而不论其资历深浅、能力强弱。只有团队中的每一个成员都尊重彼此的意见和观点，尊重彼此的技术和能力，尊重彼此对团队的全部贡献，这个团队才会得到最大的发展，而这个团队中的成员也才会赢得最大的成功。

（3）学会宽容他人的能力。雨果曾经说过，"世界上最宽阔的是海洋，比海洋更宽阔的是天空，而比天空更宽阔的则是人的心灵"，这句话无论何时何地都是适用的。宽容是团队合作中最好的润滑剂，它能消除分歧和战争，使团队成员能够互敬互重、彼此包容、和谐相处，从而安心工作，体会到合作的快乐。团队成员间的相互宽容，是指容纳各自的差异性和独特性，以及适当程度的包容，但并不是指无限制地纵容。一个成功的团队，只会允许宽容存在，不会让纵容有机可乘。宽容在团队合作中体现出的是一种坚强的精神，它是一种以退为进的团队战术，为的是整个团队的大发展，以及为个人奠定有利的提升基础。

（4）学会信任他人的能力。如果连起码的信任都做不到，那么团队协作就是一句空话，绝没有落实到位的可能。信任是合作的基石，没有信任，就没有合作。信任是一种激励，更是一种力量。社会的发展，使职业分工越来越细，一个人单打独斗的时代已经成为过去，现在越来越需要集体的合作。个人的能力再强、工作做得再出色，也不能离开团队这个大的氛围。因此，团队成员只有相互信任、主动做事、乐于分享，才能共同成长，共达成功的彼岸。

三、提高职工团队协作的效率

团队是一个整体，不能靠每个员工进行单打独斗，要始终牢记团队的最终效率取决于团队中效率最低的环节。进行合理分工是预防瓶颈发生的前提，而建立高效的沟通机制则是发现瓶颈的有效方法。当瓶颈环节出现后要尽团队最大力量去发挥沟通的效用，而当瓶颈发生变化时需及时做出调整，才能提高团队协作的效率。

（1）分工合理，责任明确。团队是由个人组成的，团队中的个人往往经历不同、背景不同、性格有差异、水平有高低。在团队形成后、正式开工前，首先应该进行合理分工，要结合每个人的特点和爱好，充分发挥出每个人的特长。因为如果工作不愉快、不顺手的话，效率自然低下。分工完成后，每个人对应的职责也就确定了。这时应该同每一位团队成员进行明确申明，最好以文字形式落实到个人，并与日常绩效考核挂钩，以避免互相推诿、相互等待的情况出现。

（2）制定高效的沟通机制。分工完成后团队即开始工作，此时必须保证信息在整个团队内的畅通，特别是互相之间有工作关联的同事，在发现问题时需要及时提出，以免造成不必要的工时浪费。团队负责人最好能够定期组织大家进行沟通，并了解工作的进度。

（3）发现团队瓶颈。团队的分工协作就好比是生产的流水线，流水线的整体生产效率不取决于流水线上效率最高的环节，而取决于效率最低、速度最慢的环节。当流水线上某一环节出现故障而停滞时，整个流水线也就停滞了，这也是常说的木桶原理。所以我们必须时刻去发现团队中的短板，尽一切力量帮助它，提高它的效率。

（4）定期检查，及时调整。团队的瓶颈也许会因为调整而发生变化，这时需要单位团队负责人审时度势，及时进行调整。也许需要修正前期的分工，也许需要改变正在使用的技术，甚至是更换无法胜任的团队成员，让整个团队的工作效率保持在一个较高的并且能够相互匹配的水平，这样做非常重要。

（黄宇峰）

《打造高绩效团队》学习心得

什么是团队？什么样的团队才能叫做高绩效团队？团队是指一种为了实现某一目标而由相互协作的个体所组成的正式群体。高绩效团队需要共同的理念和目标、核心的领导和良好的决断力、团结协作和平等互信的团队文化、必要的激励考核机制。高效团队的打造是一个长期而系统的过程，绝非一朝一夕可以促成的。通过阅读《打造高绩效团队》一书，并结合一年来在椰子所的工作反思，现将学习心得总结如下。

一、明确团队目标是提高团队凝聚力的关键

明确的目标能够激发人们强大的力量。高绩效团队的目标应该是怎样的?

1. 目标必须清晰、明确

要想团队目标产生效果，首先这个目标必须清晰、明确，这样才能方便传达信息，让每个员工都清楚目标。只有清晰、明确的目标才有指导性，才是有效的目标。只有清晰、明确的目标，团队成员才会明确努力的方向，才能产生巨大的激励作用，从而坚定不移地朝着这个目标前进。

2. 目标的制定应切合实际

目标的设定必须建立在客观实际的基础上，以单位的基本情况为出发点，即审查你的团队是否有能力完成这个目标。也就是说，目标的设定既要建立在客观实际基础上，还须结合团队当前的实力，不能把目标定得太高，也不能定得太低。过高、过泛的目标只能是空想和幻想。椰子所的研究对象主要是多年生的木本植物。在植物学科研究中，以拟南芥和烟草为研究对象的基础研究是走在最前沿的，然后是大田作物，多年生的木本植物相对落后。倘若把椰子所的科研目标定的跟中科院遗传发育所一样，那就是不切实际的空想和幻想。

3. 团队内部达成目标共识

团队管理不是管理者一个人的事，目标的制定不是管理者个人一厢情愿的事，而是要与团队成员达成一种共识。也就是说，应该把团队的目标和努力方向灌输给团队成员并取得共识，而不是简单地把目标和努力方向强加于团队成员。如果没有团队的共识，团队目标和努力的方向就会触礁，到时候大家各想各的，各干各的，团队就会产生分裂，凝聚力就丧失了。因此，只有上下达成一致的目标，才是有价值的目标。

二、高绩效团队需要卓越的领导

领导是一个团队的核心和灵魂。领导的决策和引导，是团队取得成功的关键。领导是团队发展方向的引领者，方向不对，团队再努力，也只是南辕北辙。那么作为一名卓越的领导者应该具备哪些行为呢?

1. 以身作则，通过领导者个人的直接参与和行动，为自己赢得领导的权利和尊重

领导者必须站出来维护自己的信念，语言与行动必须一致。卓越的领导应该提前说好大家应该怎么干，自己带头去干，兑现自己的承诺，而且边干边鼓励和引导他人，使众人形成统一的行为规范。

2. 共启愿景，每一个组织，每一个社会运动都始于一个梦想

梦想与愿景是改变未来的力量。卓越的领导者需要激活其他人的希望和梦想，让他们看到完全有可能抓住这样的未来。通过描绘团体的愿景，点燃众人的激情。高绩效团队的领导者不但清楚地设定目标、分解目标，而且能够有效地组织全体队员相互协作，达成共同目标。

3. 挑战现状，领导者的主要贡献在于能够识别好想法、支持好想法，愿意挑战现有的体制得到新产品、新服务和新程序，并改变现有的体制

卓越的领导能够预知变化，提前做出准备，能够承受挑战过程中的压力，提出创新的办法，一步一个脚印地前进，并且最低程度地降低风险。

三、团结协作和平等互信是高绩效团队运营的基础

每个人性格、能力和知识背景千差万别，这决定团队的每个成员有不同的分工。有了合理的分工，团队中的成员才能找准自己的定位，才能团结协作，共同奋进。我们椰子所的职工主体分为两大类：科研人员和管理人员。科研人员的分工是采用科学的方法研究和解决生产实践中存在的问题，他们的工作应该是阅读大量的文献，投入精力在实验室的基础研究和大田中的应用研究。管理人员的职责应该是为科研人员提供良好的科研平台和科研环境。而目前科研人员有多少精力是放在真正的科研上？管理人员到底是服务科研人员，还是在约束科研人员？

四、激励和考核机制是高绩效团队的保障

“人非圣贤，孰能无过”，团队成员在工作和学习中不可避免会遇到各种困难和挫折。有效的激励是帮助团队成员走出困境、迈向成功的重要因素。考核是提高团队成员执行的有效方法，奖惩分明是考核的关键。奖惩不仅可以激发团队成员的工作热情和干劲，还能对其行为进行约束，促进团队成员遵纪守法、按章办事、井然有序。了解员工的需求和动机，是制定激励措施的起点和基础。著名心

理学家马斯洛把人的需求分为五个层次。我认为人的需求还可以分为三个方面：生活需要（包括物质的和精神）、工作需要（包括学习和创造）及休息需要（包括娱乐和消遣）。对每个个体而言，各种需要的强度在不同时期和不同发展阶段是不相同的，高绩效团队的领导应对团队成员的需要进行细致分析和划分，找到激励的切入点。激励必须有针对性，否则就会事与愿违。只有抓住团队成员特点，针对其最强烈的需求进行激励，才能使团队成员产生最强的动机，解决激励不足的问题。实施有弹性的激励机制，根据团队实际情况，针对不同团队成员的需要和动机，制定分类激励的措施。

油棕科研事业，道路坎坷且曲折，需要一个高绩效的团队去执行。我们需要总结过去的经验，规划好以后的研究方向。不做井底之蛙，目光短浅；不做温水之蛙，坐以待毙；争做勤耕之牛，脚踏实地；争做执著之牛，咬定油棕研究事业不动摇！

（金龙飞）

建设一个高效团队的方法和建议
——高效团队建设心得体会

最近，阅读蒋巍巍所著的《打造高绩效团队》一书，体会很深，如何建设一个高效的团队呢?

我认为要做到以下几点。

一、要明确高效团队建设的目标

高效团队建设实际运行过程中不是一件轻松的事情，常常让人感到无从下手。但是，团队要发展、要成功，不能单纯靠模仿；每一个团队都有自己的特别之处，不结合自己团队的实情制定相对应的建设模式，照抄照搬其他团队的建设模式，则可能水土不服，发展不顺畅。建设自己的高效团队，应该通过自己的观察、思考和策划，走出一条属于自己的路。所以首先应该很清楚地知道现在应该干什么，下一步应该干什么，团队的发展目标是什么。一个共同愿景的建立，是把团队中每个人自己的愿景和团队共同愿景结合在一起。从某种角度上说，建立一个共同愿景的过程，其实就是进行团队成员间讨论和交流的过程，这个过程就是人与人之间进行互动，真诚地和对方交流自己的想法。在团队中建立共同愿景，是提高团队凝聚力的最有力的举措。剩下的只需要认真分析、正确导向，发挥团队积极性，提高执行力，即可达成绩效目标。

二、要做好团队成员的角色定位

团队成员要积极适应自己的角色。团队中的每一个成员，在不同的时段或不同事件中的定位是变化的。团队负责人对每一个成员的定位和成员自己期望的定位，还有团队发展过程中所需要对他的定位，往往不能够三位一体。同时，同一个人在不同事件中的定位是不同的，同一事件下不同的时间和环境下，处理方式和角色定位也是不同的。例如：项目申报阶段，团队成员围绕申报内容，谁组织材料，谁主笔，谁做好后勤工作；项目获批后，根据项目课题内容和每一个科研人员的特长，来分别针对课题内容进行相关研究工作；最后，项目验收阶段，每一个人的任务又有不同。在每个执行阶段，团队中均有不同的执行任务。尺有所短、寸有所长，每一个人都有自己的长处和短处，团队负责人要根据每一个人的优势来分配任务，以便发挥出每一个团员的最大优势，进而提升团队的执行效率。一个团队里每一个成员都是不可或缺的，都是一台精密仪器里的一个部件，有些时候看起来可能不是那么重要，但是当缺少了它，你忽然会发现原来其存在是必要且重要的。如果你是主角，绝不可以自以为是、欲望膨胀，认为自己才是不可或缺的，因为每一部分都是不可或缺的，没有绿叶的光合作用哪来鲜花的绽放？所以不要轻易地对其他角色指手画脚，认清自己的责权，对其他角色保持微笑，这才是正确的态度。如果你是配角，请保持积极的态度，不要以为自己也是主角，要烘托主角，突出主角，当角色已定，不要老想着去抢主角的戏份，更不要去毁坏主角的表演。如果这场戏没有演好，主角没有好处，必然的，配角更没有好处。还有一种情况是妄自菲薄，领导给了你相应的角色，如果没有能力，那么请尽最大的努力去完善你的能力；如果有这样的能力，请勇敢地挑起担子，哪怕你挑起担子走的是危险的下坡路，请相信，只有走过下坡路才有可能走到另外一个更高的山坡上去。

三、团队要强化学习，提高执行效率

现代的社会是知识爆炸的时代，知识更新得很快，如果一个人不积极学习，其掌握的技能和本领将很快落后于时代，进而不能适应时代。一个团队，如果从下到上，特别是团队人员基本素质不过硬，不强化学习、充实自我，那么就不能在科研攻关过程中取得更多的“突破”。因此，人员素质的提高是完成绩效目标的前提和保障。对于一个科研团队，只有每一个科研人员加强学习，才能提高课题整体素质，团队发展才不会出问题，这个团队项目执行才富有活力。

四、要加强沟通，增进互信，倡导平等

科研团队的负责人与成员、成员与成员、成员与团队、团队与团队之间都应架起顺畅的沟通桥梁，沟通互信、共同学习、共同发展、共同成长，才能共同创造辉煌的事业。很多的团队，之所以有强大的竞争力，根源不在于每个成员个人的能力有多么强，而是在于团队成员间的相互信任。信任是协作的基石，团队成员只有相互信任才能使项目工作顺利开展。团队负责人对团队成员信任，才能使团队成员工作起来富有激情和活力，团队成员才具有团队的归属感。团队的负责人首先要鼓励平民化的敞开沟通政策，强调开放的沟通、互相尊重，使团队内每一位成员感觉到自己在团队的重要性。负责人要率先身体力行，努力倡导平等文化。

五、要通过绩效考核引导团队员工

加强对成员的考核是任何一个组织最基础的管理方式，也是提高成员执行力的有效方法。团队组织与传统组织在形态、权责范围、目标要求、动作方式等很多方面有区别，所以在对团队进行绩效考核激励时，要区别对待。激励机制是整个团队发展、生存的关键。在考评激励时，要考虑团队的整体性。绩效考核是集体智慧的结晶，是靠团队力量共同完成的，要考虑集体智慧如何与个人考评相结合，不可以单纯看重对个人考评和奖酬。只有这样，才能使团队成员齐心协力地合作，才能提高团队的凝聚力和向心力。

（李朝绪）

高绩效团队中领导者应具备的能力与素质分析
——读《打造高绩效团队》有感

由于所领导的推荐与倡导，我在阅读了由蒋巍巍撰写的《打造高绩效团队》一书后，颇有感悟，写出来与大家分享，看看我悟得对不对。

这本书阐述了一个企业打造高绩效团队的必要性，如何打造这样的团队，在这过程中应该注意什么等，大部分讲的是怎样做好一个团队的领导者，如何做一个优秀的员工，本书里面提到很少。我希望有个好领导，那么哪样的领导才能打造好一个高绩效团队呢？下面我提一下我所希望的领导应具备的能力与素质。

一、先做好自己

首先，要管理好一个团队，必须要先会管理好自己，要成为一个优秀的管理者，必须自己要先做好。作为团队的一个榜样，把自己的优良作风带到团队的工作当中，影响整个团队的成员，用真诚去打动每一位成员，促进团队之间默契合作。

二、擅长沟通与协调

把优秀的团队文化和工作技能在合作中传递给每一个队友。丰富的团队文化和工作技能培训，也是让团队成员在工作中把个人能力发挥到极致的最好方法。这样才能提高战斗力，这才是一个团队合作的最终目的。工作中要培养严谨的工作作风，要让大家的行为端正。团队合作是需要大家共同努力的，工作不是来玩、来偷懒的。成立一个团队的目的就是要尽个人所长，让团队发扬光大。

三、管理要科学，人性化而不是抄袭别人

团队是合作的，工作是严谨的，但是管理者和成员之间必须要人性化对待，管理者应换角度思考，站在成员的立场上思考问题，如何更好地协调与成员之间的关系，以建立好上下层之间的关系。探讨时必须要客观对待观点、意见，不能“我说的一定是对的”“我说的一定是最好的”。不根据实际情况采用不同的办法

是会吃亏的。

四、讲究竞争与关爱并行

优秀团队里面，因为要承受高强度和高压力，成员也必须有一种可以抗高压的动力，该动力就来源于领导或者组织成员的关爱，尤其是来自于领导的关爱。如果压力和关爱保持平衡，那么该成员是可以在组织中停留下去的；如果压力大于关爱，那么抗压力不好的成员就会自动离开；如果关爱大于压力，可能会导致溺爱。

五、将自己的知识倾心相授

成员在工作中肯定会遇到各种自己无法应付的问题，作为管理者，最重要的职责就是做好指挥工作，倾心传授自己的经验与知识，和成员形成良好的沟通。要培养好成员工作中出现什么问题及时汇报沟通的工作习惯，管理者要通过个人的工作经验和阅历以及和上级的沟通，给出现问题的员工提供一个最好的解决问题的方法，直到处理好工作问题。

六、严肃纪律，形成团队意识

明确团队成员具有的优势和劣势、对工作的喜好、处理问题的解决方式、基本价值观差异等，通过这些分析，最后团队成员之间形成共同的信念和一致的看法，以建立起团队运行的游戏规则。每一个团队都有其优势和弱点，而团队要取得任务成功又面对外部的威胁与机会，要通过分析团队所处环境来评估团队的综合能力，找出团队目前的综合能力与要达到的团队目的之间的差距，以明确团队如何发挥优势、回避威胁、提高迎接挑战的能力。

七、有抓住机遇的能力

合适的时机采取合适的行动是团队成功的关键，团队任务的启动、遇到困难或障碍时，应把握时机来进行分析与解决。团队面对内、外部冲突时应在什么时机进行舒缓或消除，在何时与何地取得相应的资源支持等，都必须因势利导。作为一团队领导也许不能抓住所有的机会，但只要抓住一个正确的机会，团队就能打出一片天地。

有了好的领导，作为一名高绩效团队的成员，我们应该具有怎样的意识与素质才能成为团队的中坚力量？我觉得大局观念很重要。团队精神不反对个性张扬，但个性必须与团队的行动一致，要有整体意识、全局观念，考虑团队的需要。团队成员要互相帮助，互相照顾，互相配合，为集体的目标而共同努力。同事在完成任务的过程中遇到了技术上的难题，我们应该想到这是与我荣辱与共的合作伙伴，应出手相助，而不是坐在旁边等着看笑话。有意识地培养全局观念极为重要，有时候团队行动有点和军队执行任务相似，关键时候要听领导的，有意见要保留，毕竟领导站得高，看得远，他代表着团队的意志与智慧。

（林浩）

打造高绩效团队的办法
——高绩效团队建设心得体会

往往重大科研成果都是研究团队集体智慧和努力的结果，所以高绩效团队建设对于科研团队非常重要。高绩效团队不是一般意义上普通的工作群体，它的主要特征是团队成员承诺共同的工作目标，并互相承担责任，通过成员的共同努力产生积极协同作用，产生卓越的组织绩效。敬业精神具体表现为忠于职守、尽职尽责、认真负责、一丝不苟、善始善终等职业道德，其中糅合了一种使命感和道德责任感。因此，高绩效团队与敬业精神二者互相联系、相互作用。松松垮垮，没有压力，散散漫漫，无所适从，组不成一个团队。对工作不负责任，缺乏勤奋敬业，成就不了大事业。业绩的压力需要我们有团队精神，更需要我们有敬业精神。打造高绩效团队，勤奋敬业奉献精神的培养，信仰和价值观念的树立，相辅相成。团队诞生于忧患、危机和挑战之中，困境和困难的目的使大家团结在一起，为了一个共同的目标，在提高组织效率和实现创新中，个体获得物质和精神的回报。团队成员，通过富有挑战性工作极大地激发积极性和创造性，将敬业变成一种习惯的时候，就能从中学到更多的知识，积累更多的经验，就能从全身心投入工作的过程中找到快乐，获得更多的自信心和自尊心；同时，得到社会的认同和人们的尊重。为此，团队成员的素质提高、学习能力、解决问题能力、沟通和冲突处理能力十分重要，它需要学习、学习、再学习，培训、培训、再培训。

在椰子所，每个项目都离不开团队的支持和鼓励。我们的团队，为什么工作中总是浪费时间，为什么事情办起来总是不顺利？

实际上有以下几点因素：一是优秀的团队首先应该有一个优秀的领导者，有一个共同的目标愿景，以及为了实现共同目标而制定的计划。在整个团队中，每个人都有不同的特点，由于每个人的人生观、价值观、文化教育、家庭教育的不同，导致每个人的性格、为人处世都不同。那么，作为领导者怎么样才能引导团队中的每个人，让其思想能够统一起来呢？我认为应该从团队成员的思想和团队意识入手。二是合理分工，相互配合。在一个团队中，每个人只有分工不同，没有轻重不同，每个人都应该各司其职，最大化地发挥自己的特长，我们的团队才会做得最好！在工作中也是一样，每个岗位的人都要相互配合，共同努力，才会共同创造出好的成绩。三是团队中的沟通特别重要。这让我感受到了人与人之间无隔阂、和睦共处、亲密无间的真诚与舒畅。四是信任，一个多么美好的词语。信任朋友和同事，其实是给自己机会，因为协作和团结才会产生强大的凝聚力。古人尚知“用人不疑，疑人不用”。五是纪律的约束。在信任游戏中后倒时，每一个背摔的人都要将手反扣绑起来，这样做的目的是为了保护下面的人不受到伤害。这使人联想到纪律的约束，约束了自己，保护的是大多数人和团队的利益。俗话说“没有规矩，不成方圆”，在一个团队中如果没有纪律的约束，就不能称之为团队，只能是一盘散沙。六是倾听并理解。倾听并理解是团队工作的核心。不管生活中还是工作中，一个人的自信也是非常重要的，如果对自己都没信心怎么能把事情做好？要相信自己可以做到。当然自信固好，过于自信就等于自我。在一个团队中，不管是管理者还是一般的队员，当问题出现之后，要学会站在别人的角度看待问题，不持成见，重点理解他人，接受他人的观点和价值。不论对方是谁，放低自己的姿态，认真去倾听，每一句话都是有用的。

简单地从语法上来说我们很容易地就把“高绩效的团队”分成两部分，一部分是“团队”，一部分是“高绩效”。首先成为“团队”，其次做到“高绩效”。怎样构建团队？怎样做到高绩效？我们所有聪明的管理者对这样的问题都会有一个根据实际情况的解析和理论，也已经不需要我用长篇大论去谏言，况且浅陋如我，并不能在一个晚上将这样的命题以深入浅出的方式分析透彻，所以我就自作聪明地将这样的命题留给更睿智的管理者，而我去做我的角色。

“我去做我的角色，做好自己的角色”，这正是我想表述的意思。我始终固执地认为做好自己的角色，重要的只做到一点就可以了——认清自己在其中扮演的角色。认清了自己的角色就可以认清自己需要做什么。而“怎么做”，我相信有一大把的书或者人告诉你，而且比我说的还要详细和动听，所以我只说我认为需要提醒的。

人生如戏，一场戏里面有各式各样的角色才会精彩。很多朋友对我说“我怎么会碰到这样的人”，我对他们说，正是因为有了各种各样的人，这个世界才会精彩，如果每个人都跟你的想法一样，那这个世界就只需要你一个人，其他都是镜子就可以了，你认为在这样的世界中你会很幸福吗？他们笑了，或许他们已经理解了，或许他们只是觉得我说了一个很冷的笑话。但是我们很多时候真是这样要求人家的，让人家成为自己的镜子就可以了。所以最后我想我对“怎样做好角色”内容的唯一一条补充就是：包容！

科研工作具有长期性、不确定性和随机性，一个高效的团队是科研人员潜心研究的强大后盾。所以，建设高绩效团队十分必要。建设高绩效团队也应该遵循科学的规律和方法，把它当作一项长期的工作来抓，落到实处，真正为科研工作助力。

（石鹏）

椰子所建设高效团队的几点感想

近日我所发起了建设高效团队的征文活动，并配发了相关书籍。我浏览了这本有关管理团队的著作，书中内容非常广泛，涉及现代企业管理创新、战略管理、团队与领导力、现代企业文化、质量管理与企业社会责任等科目。虽然我所是一个科研事业单位，但是学习和了解高效团队建设的相关知识也是非常有必要的。在这个过程中要树立为所发展而学习，为完善自我、超越自我而学习的理念；要把提高椰子所团队效率作为一种必要责任、一种精神追求、一种思想境界来认识和对待。

在科研工作之余，我非常珍惜这样一次学习管理团队、提高团队效率相关知识的机会，因为它不仅对我职业生涯有帮助，更是我服务椰子所、实现自我价值的前提和条件。对于我们普通科技人员来说，既要有为所服务的意识，更要有为所服务的本领，只有通过不断地涉猎各种技能，使自己具备广博的理论知识、高尚的道德情操、良好的个人素质，才能真正成为一名合格的科研人员。

通过对提高团队效率一书的学习，对我来说既是我为所工作的加油站，也让我认识到了自身的不足。新的形势下，随着科研考核、绩效工资发放等制度的改革，职工利益冲突等复杂问题不断出现，椰子所的团队管理工作难度将会越来越大。作为一名普通科研人员，如何在工作中发挥团队作用、落实高效团队建设显得尤为重要。

下面我就如何建设高效团队，谈谈几点体会。

一、时代需要英雄，更需要伟大的团队

中国的历史上，曾经出过一位历史人物项羽，他是西楚霸王，与汉太祖刘邦争天下。论骁勇，刘邦不是他的对手。但是，刘邦知人善任，在利用和调动团队力量方面比项羽略高一筹。因此，刘邦成为胜者，笑到了最后，建立了大汉政权。刘邦胜利的原因，归结为他能识人用人，而项羽则没有很好地做到。可以这样说，刘邦的胜利，是团队的胜利。刘邦建立了一个人才各得其所、才能适得其用的团队，而项羽则仅靠匹夫之勇，没有建立起一个人才得其所用的团队，所以以失败而告终也在情理之中。就当今社会发展的形势来讲，21 世纪的竞争态势已经很明显，一个伟大的团队远远胜于英雄个人的作用。奥运会上梦六队的失利，NBA 中巨星云集的湖人队败给没有大明星的活塞队，都说明了这一点。这个例子转化到我们所，就可以理解为，虽然我们所没有在学术界有突出的专家，但是通过科研团队的有效运作，也能冲出重围，取得好成绩。

二、要明确高效团队建设的目标

高效团队建设不是一件轻松的事情，即使作为团队领导，也常常会有感到无从下手的时刻。但是，团队要发展、要成功，不能束手无策更不能单纯模仿，而应通过自己的观察、思考和策划，走出一条属于自己的路。所以首先应该很清楚知道现在应该干什么，下一步应该干什么。一个共同愿景的建立，是把团队中每个人自己的愿望和单位共同愿景结合在一起。从某种角度上说，建立一个共同愿

景的过程，其实就是进行团队成员间讨论和交流的过程，这个过程就是人与人之间进行互动，真诚地和对方交流自己的想法。在团队中建立共同愿景，是提高团队凝聚力的最有力的举措。剩下的只需要认真分析、正确导向，发挥团队积极性，提高执行力，即可达到绩效目标。具体到我们所也是一样，每个团队都应该结合自己的研究方向，确立切实可行的研究目标，然后坚定地执行下去。

三、其次要强化学习培训，提高效率

人员素质的提高是完成绩效目标的前提和保障。如果我们所的科研团队从下到上，特别是管理人员基本素质不过硬，不强化学习、充实自我，那么这个团队就不能在科研工作中创造出更多的“奇迹”。因此，只有加强学习，才能提高人员的整体素质，团队内部才不会出问题，这个团队在激烈的科研竞争、项目竞争、人才竞争中才能有战斗力。一个优秀的团队，应是个人与团队共同进步，个人在团队工作中把自己的科研规划跟团队研究方向相结合，团队给科研人员提供个人的发展平台和职业通道。

四、要建立和谐的工作氛围

加强油棕团队的文化建设，就是要把全体科研人员凝聚在一起，拧成一股绳，让科研人员有归属感，营造浓郁的团队氛围，培养良好的团队精神，建立和谐的工作氛围。要通过放松科研人员的工作压力，关心科研人员工作生活，让科研人员感受到“家”的温暖，及时、有效解决科研人员思想上、科研工作中的问题和困难，使科研人员真切感受到自己是椰子所的一份子，从思想上和心理上对研究所产生强烈的认可感和归宿感。要通过开展形式多样的团队活动，通过聚会、户外郊游、篮球比赛等，调动员工的积极性和工作热情，增进相互了解和同事间的感情，加强全体科研人员的归属感。

五、要加强沟通，增进互信，倡导平等

团队的领导与成员、成员与成员、成员与团队、团队与团队之间都应架起沟通的桥梁，确立互信、共同学习、共同发展、共同成长，才能共同创造辉煌的事业。我们所各个团队的领导应当鼓励平民化的敞开沟通政策，强调开放的沟通、互相尊重，使团队内每一位成员感觉到自己在团队的重要性。科研团队的高层领

导人率先身体力行，倡导平等文化。团队在组织机构上，不是上下级等级森严，而是很平等，有问题可以随时沟通。

六、要通过绩效考核引导团队成员

团队组织与传统组织在形态、权责范围、目标要求等很多方面有区别，所以在对团队进行绩效考核激励时，要区别对待。激励机制是整个团队发展、生存的关键。在考评激励时，要考虑团队的整体性。绩效考核是集体智慧的结晶，是靠大家的力量共同完成的，要考虑集体智慧如何与个人考评相结合。只有这样，才能使团队成员齐心协力地合作。

综上所述，希望我们所能够建起更多更高效的科研团队，为研究所的发展壮大贡献力量。

（张大鹏）

梦想与团队共舞　创新与绩效交融

近日，通读《打造高绩效团队》一书，对团队的作用和管理团队艺术般的方法有了新的认识和理解。以前知道“团队”这个概念，也知道团队在一个单位发挥的作用是多么重要，但从来没有对高效团队和一般团队有一个清晰的区分和认识，认为一个团队共同将一件工作圆满地完成就是发挥了团队的作用了。但读完此书后，我对一个高效团队有了一个概念性的认识，更深刻理解到一个高效团队对单位各方面建设的重要意义，以及如何通过制度设计、协调沟通等管理方法，打造出一个与单位实际相符的高绩效团队。下面具体谈谈我对高绩效团队的认识和理解。

一、高绩效团队是成就优秀企事业单位的基石

俗话说：幸福的家庭千篇一律，不幸的家庭各有千秋。此话的道理同样适用于企事业单位，单位业绩优良、员工幸福指数高等是优秀单位的共同特征。但一个业绩一般的公司或项目成果产出一般的研究所，在年底工作总结时，总会为如

此差的业绩找到种种借口理由。那么，若要打造一个优秀的企事业单位，就要踏实地、深入地研究他们为何业绩如此好？最后的答案，我认为莫过于深厚的文化底蕴、科学的管理制度、高效的执行团队。

文化、制度和团队，我认为三者是相辅相成的，缺一不可。因为团队是文化的塑造者，是制度的执行者，说白了，一家优秀的企事业单位肯定有一支高效的团队。所以说，一家单位成也在于团队，败也在于团队，高绩效团队是成就优秀企事业单位的根基。

二、高绩效团队需要科学顶层设计和集中领导

团队为共同的目标任务开展团结协作，我认为他们肯定有共同的意愿和值得信仰的目标，那么这个目标就必须能够驱动团队每名成员为之努力付出，这需要科学的顶层设计，才能充分发挥团队力量。例如我们所，每个科室都可以看做一支队伍，也可以看成研究所这个大团队中的一名成员，假如没有科学统筹的顶层设计，各部门协调肯定会出现纰漏，也会各自为战，各顾各的，导致单位资源浪费，没有形成最大化利用，所导致的结果有以下两种：一是成功的科室很成功，不好的科室很差劲；二是没有好的科室。用书中的一句说就是：成功的团队中没有失败的个人，失败的团队中没有成功的个人。所以一个团队行动，为共同目标而努力，需要科学地统筹和规划。

那么一个团队是否每名同志勠力同心就能成就一番事业呢？答案肯定是否定的。因为在团队中每名成员的知识背景、性格取向等因素，导致对事物的认识角度和深度不同，共同协商是必须的，但最终的决策是需要强有力的团队核心来拍板。就像我党的民主集中制，民主基础上的集中和集中指导下的民主，才能成就我党如今的伟大事业。综合一些优秀的公司，我们都能看到公司有一名灵魂领袖，例如苹果的乔布斯、阿里巴巴的马云、格力的董明珠等，诸多著名企业都会有一名强大有力的灵魂人物，是他们带领团队劈波斩浪、一往无前，取得一个又一个发展里程碑。

三、高绩效团队具有哪些内在团队精神

在我看来，优秀的团队精神，简单来说就是大局意识、协作精神和奉献精神的集中体现。团队精神的基础是尊重个人的兴趣和成就。核心是协同合作，最高

境界是全体成员的向心力、凝聚力，反映的是个体利益和整体利益的统一，并进而保证组织的高效率运转。作为优秀团队中的一员，我们应该做好本职工作，加强责任意识，为团队奉献自己应有的聪明才智。

（1）奉献精神。你为别人贡献什么，你最终将会收获什么；当你融入一个团队，你不仅是在为团队贡献自己，也是为自己搭建生命的舞台。我认为奉献精神是建立在高度归属感的基础上的，只有当员工认同这份事业、认同这个单位，同时也认同自己所扮演的角色，这名员工才会辛勤地为单位付出、为团队贡献自己的力量，最终以团队所取得成就而感到自豪和骄傲。我们平日里可以观察出，一名具有强大精神内在动力的人，他的行动是执著的、勇不可挡的，同时更是值得尊敬的。所以，一个团队领袖，如何使得员工自愿为团队付出，使得员工有高度的归属感，是值得深入思考的。

（2）荣辱与共。没有一个人能单独创造奇迹，所有奇迹的背后都有动人的故事。那个奇迹只是结果，最令人感动的是过程的付出。如果离开了团队每一个成员的贡献，那么奇迹就是空谈。在我们的生命中，不仅要心系团队，更要与团队荣辱与共，团队的荣誉就是我们自身价值的彰显。我想这个道理非常容易理解，在这里也就不再赘述了。

（3）有效沟通。团队协作是建立在有效沟通的基础上的，一个人如果要干好自己的份内之事，一定要学会沟通。一个人想要很好地与人沟通，所谓高明的沟通技巧并不是主要的，最重要的是一个人的心态，要拥有良好的心态就必须克服自私、自我和自大；心态好了，沟通时就会很自然地去体谅对方的不便和难处，能考虑到对方的需求，能主动支援和主动反馈。在我们的现实生活中，我们经常需要和别人去沟通，我们也总是自以为我们想要表达的信息，对方可以完整地接收到，而实际上，我们所表达的和对方所接受的信息，有时竟然会相去甚远，所以，很多时候，沟通是无效的。因此我们要多留意自己的表现，否则会使你精心准备的沟通变成无效沟通。

总起来说，此书是很值得再次阅读的，从中不仅学到了团队管理的方法，更是能让自己思考如何在团队中发挥好作用，才能为成就一支优秀的团队贡献自己的一份力量。最重要的感想是，自己既然属于这支队伍，那么就需要自己做好本职工作，自己成就团队的同时，更是成就更好地自我。

（寇田田）

读《打造高绩效团队》心得体会

学习了蒋巍巍老师著的《打造高绩效团队》后，我感受颇多：

第一章直接讲“这是一个团队制胜的时代”振聋发聩，从“企业需要高绩效团队的支撑”“你领导的是一个群体，还是一个团队”“人才是种子，团队是土壤”3个方面讲述了团队的重要性。阐述现代企业之间的竞争，已经不是员工个人之间的竞争，而是一个团队与另一个团队之间的竞争。当今社会缺的是将各类人才迅速整合，打造成高绩效团队的能力。大到我们一个单位，小到一个部门，都需要被打造成一个高绩效团队。

第二章举了李云龙的例子，讲了“高绩效团队需要一个卓越领导者”，并从“团队领导者新定位：做一名优秀的教练型上司；掌握团队发展的动力原则；团队领导者工作核心：做好团队文化导入；团队领导者的工作重点：团队培训”4个方面讲述卓越领导者的重要性。要求领导要由原来的以管事为主的“发号施令者”转变为以教人为主的教练型上司，通过改善员工的表现、引发团队智慧来整合团队，从而迅速、持续地提升团队绩效。

第三章团队高绩效需要目标引航，从“明确团队目标，打造团队凝聚力；制定团队业务流程，建立流程跟踪制度；知人善用，做好团队成员的角色定位；科学核定员工日工作量；帮员工做好职业生涯规划”5个方面讲述目标定位的重要性。组成一个团队的基础，首先是目标，然后是具体的工作计划，还有监督和管理，最后才是支撑团队的人才。

第四章打造团队高度信任机制，从“绩效基于协作，协作基于信任；没有信任，员工就没有团队归属感；打破障碍，强化团队共识；高效团队信任的三个维度”4个方面讲述信任的重要性，很多团队之所以具有强大的竞争力，根源在于团队成员之间的相互信任。

第五章有效授权从“授权，激发团队成员的责任感；成功授权，需要把权力交给合适的人；授权管理和命令管理的区别；正确授权的五个步骤；团队授权的四大误区”5个方面讲述授权的重要性，为团队成员发挥才能创造机会，这样才能打造出高效率的团队。

第六章考核是团队绩效的唯一保障，从“考核是团队绩效的保障，高效团队的激励原理，重视正向激励：奖罚的目的都是为了激发活力，把严格的制度转变成可执行的习惯”6个方面讲述考核的重要性，考核、奖惩不仅可以激发员工的工作热情和干劲，还可以促进员工遵纪守法、按流程操作、提高服务品质、使团队各项规章制度得到切实落实。

第七章从“团队沟通的三个重要环节、有效沟通必须掌握的三大原则、团队领导者如何做好一对一沟通、团队上下级沟通之道”4个方面讲述如何搭建团队成员沟通的桥梁，员工才能相互获得他人的理解和支持，解决工作中各种分歧、争议和冲突等。

第八章高绩效团队激励法则，从“员工激励中的‘冰山理论’；员工激励的9个方法；员工激励的4个有效步骤；员工性格不同，激励方式也应不同”4个方面讲述如何激励团队成员，提出了解决激励员工这个老问题的方法，并讲解如何将“羊”激励成“狼”。

第九章从“无法避免的团队冲突；冷静应对团队冲突；积极引导，让团队在‘冲突’中成长；化解团队冲突的4个方法；化解团队冲突的5个步骤；如何灵活应对来自员工的抵触”6个方面讲述如何解决团队冲突，尽管有些时候，工作上的冲突是围绕着怎样把工作做好而产生的，并不是负面的，但是如果因工作冲突弄得面红耳赤，就会影响人际关系。

第十章从“影响员工执行力的七大根源；教员工学会时间管理，忙要忙到点子上；发现问题马上解决；让员工养成‘没有任何借口’的好习惯；告诉员工：请给我结果”5个方面讲述如何提高员工的执行力。如果一个团队没有执行力或者执行力不强，即便是再完美的战略、再周密的规划，最终都将形同虚设，甚至给团队带来毁灭性的灾难。

第十一章从“科学决策，统一认知；决策的六种方式；团队决策的金科玉律；团队决策的七大技巧；远离投机，系统决策”5个方面讲述如何进行科学决策，要求领导者理性地作出决策，不可随便作出决定。

第十二章从“你的团队有创新力吗；寻找团队创新的源头；洞悉团队创新的风险；创新失败，该奖还是该罚”4个方面讲述如何促进团队成员的创新。鼓励员工积极参与工作创新，迅速、持续提升团队的绩效。

高效团队不是一般意义上普通的工作群体，它的主要特征是团队成员承诺共同的工作目标，并相互承担责任，通过成员的共同努力产生积极协同作用，产生卓越的组织绩效。敬业精神具体表现为忠于职守、尽职尽责、认真负责、一丝不苟、善始善终等职业道德，其中糅合了一种使命感和道德责任感。因此，高效团队与敬业精神二者互相联系，相互作用。松松垮垮、没有压力，组不成一个团队。对工作不负责任、缺乏勤奋敬业，成就不了大事业。业绩的压力需要我们有团队精神，更需要我们有敬业精神。打造高效团队，勤奋敬业、奉献精神的培养，信仰与价值观念的树立，相辅相成。

像我们单位，现在有所歌，组织篮球、排球比赛，到六连岭参观学习，也将要组织羽毛球赛，这些都是增强凝聚力的举措。

在我们单位这个大家庭里，由于每个人的人生观、价值观、文化教育、家庭教育的不同，导致每个人的性格、为人处世都不同。那么作为领导者怎么样才能有效地引导团队中每个人，让其思想统一起来呢？每个人都应该认识到，大家只有分工不同，没有轻重不同，每个人都应该各司其职，最大化地发挥各自的特长，团队才能做到最好。团队中的沟通特别重要，信任同事其实是给自己机会，因为协作与团结才能产生强大的凝聚力。约束自己，保护的是大多数的成员和团队的利益；没有规矩不成方圆，在一个团队中如果没有纪律的约束，就不能称之为团队，只能是一盘散沙。倾听并理解是团队工作的核心，在一个团队中，不管是管理者还是一般成员，当问题出现之后，要学会站在别人的角度看待问题，不持成见，接受他人的观点和价值观，不管对方是谁，放低自己的姿态，认真去倾听，每一句话都是有用的。

联系我们现实工作，有以下心得体会：一是团队目标应该明确，所有人都应该知道该干什么；二是所有人应保持一个积极上进的心态；三是纪律与执行力，如果大家都逞个人英雄主义，各自为政，不能牢牢抱成团，坚决执行上层的决策，结果只会一团糟；四是沟通是一座桥梁，连接人的心智，有完美的沟通，才会有完美的结果。最后，我们还应该静下心来思考一下，能否做得更好。

其实无论怎样，从上述我们都能看得出来，要想成为成功的、高绩效的团队，不光是团队的事，而是团队里每一个人的事，我们每一个人都应积极参与团队的每一件事，每一个人都要不用过多地安排而去主动做事情，我们要毫无保留地把自己的经验共享，当别人工作完不成或者出现错误时我们要主动帮助他解决，像自己的工作一样共同完成，而不是袖手旁观看笑话。实际上，在我们的工作中，不管哪一个同事事情没完成，工作出了差错，我们每一个人都是有责任的。所以，大家要主动多沟通，不仅仅是个人与个人之间，部门与部门之间、员工与领导之间也是必需的。只有大家“心往一处想，劲往一处使”，我们才会为了目标共同奋斗、共同承诺，才能营造一个高绩效的团队。

（李和帅）

打造高绩效团队要素分析
——《打造高绩效团队》学习心得体会

近期，通过学习《打造高效绩效团队》这本书，感触很多，我们都知道这样的道理：一根筷子很容易被折断，当很多筷子扎成一束时，要弄断它就不那么容易了。这是我们祖先从生活中领悟到的团队的力量。没有团结协作，个人很难在科研上进行较大的突破，众多科研上成功的案例告诉我们：科研的成功离不开高绩效的科研团队，建立高绩效科研团队具有重要的意义。高效的科研团队是指以科研梯队、学术研究中心、课题组等为代表的科研型群体组织，其成员具备相辅相成的知识结构、工作技能，每一位成员都立志围绕团队的宗旨、目标，在科研活动中为不断实现团队明确的目标而同心协力、锐意进取，并共同为团队的出色表现负责。高效团队不是一般意义上普通的工作群体，它的主要特征是团队成员有共同的工作目标，并互相承担责任，通过成员的共同努力产生积极协同作用，产生卓越的组织绩效。如何打造高效绩效团队，应当包含以下要素：

一、选择优秀的团队领导

团队之灵魂就是团队的领导者，有什么样的领导就有什么样的组织。对于科研团队而言，优秀的领导者是不可缺少的。他应该具备以下特征，即研究背景丰富、基础知识扎实、知识面广、具备一定的哲学思想和人文精神、善于分析和联想、热爱事业、具有人格魅力。他能够为团队确定前瞻性的研究方向，平等地与团队成员进行交流，根据每个人的具体情况为成员设置适合的工作目标，支持团队成员工作，重视团队成员的贡献并能够成为充满智慧和热情的工作榜样。

二、构建结构合理的研究梯队

团队的目标是通过科研人员来完成的，人是构成团队核心的力量，所以研究梯队的建设是打造高绩效科研团队的重要因素。人员的选择要坚持“才华各异，相得益彰”的原则，促进团队中各种技能的组合，并善于用人所长。要建立职称结构、学历结构、知识结构和年龄结构合理的研究梯队。

三、确定具有前瞻性的科研目标

团队应该有一个目标，为团队成员导航，没有目标的团队就没有存在的价值。科研团队要不断关注新兴学科与前瞻技术的进展，根据科技发展趋势和社会的需求，运用前景分析、技术预见等科学管理手段对科研进行战略布局，确定科研的主攻方向。要准确把握热作农业发展变化趋势，树立长期的科研目标，开展系统性的研究。

四、建立有效的科研信息沟通平台

沟通是建立高绩效科研团队的重要环节，比较畅通的沟通渠道、信息交流能使团队成员及时化解误会与矛盾，团队和谐工作就容易出成效，目标就能够顺利实现。当今社会，网络技术迅速发展，在科研管理领域中的应用也在日益扩大，科研管理已经进入“网络信息化时代”，应当加强科研信息网络建设，建立有效的科研信息沟通平台。

五、营造和谐的科研环境

科研团队的领导要通过制度完善、人性化管理与全员参与的方法营造和谐的科研环境。首先，营造一种支持性的环境。团队的领导要从情感上信任成员，给予团队成员一定的自由度，使每个成员充分发挥自己的科研水平，并把团队作为自己个人发展的舞台。其次，在团队中形成一种凝聚力。凝聚力是全体成员从松散走向团队最重要的标志，只有形成一种凝聚力，成员们才能共同进行工作，他们是相互支持、相互交流、相互尊重的，而不是相互推卸责任、保守、互相指责。再次，要营造民主自由的学术氛围。学术自由是科研活动的必要条件，是产生对人类社会发展有重大影响和贡献的原则性成果的必要前提。团队中要有一种民主自由的学术氛围，使得团队成员结合自己的学术兴趣和团队目标开展科研工作、发挥科研潜力，实现学术思想自由、学术探索自由。

六、建立科学合理的科研绩效的考核制度

没有考核的科研工作可能将是低效率的工作，应采用多种科技成果评价方式，鼓励科技成果通过市场竞争、生产实践以及学术上的百家争鸣等多种方式得到评价和认可。在科研考核过程中必须充分认识团队的重要价值，重点鼓励发展团结协作高效的科研团队。对从事基础性、长期性科学研究的科研团队有必要延长其考核年限，给予宽松的发展氛围，全面评估。另外，对科研人员评定职称或晋升时要因人而异，论著数量和项目多少，与成果转化所产生的社会效益与经济效益同等重要。要进一步完善有利于科技创新的评价激励机制，推动管理向重实效、重结果转变，对基础和应用基础、技术创新和产品开发实行绩效分类评价。

综上所述，要想成为成功的、高绩效的团队不是一件容易的事，需要团队里每一个人都能积极参与团队的每一件事，需要我们毫无保留地把自己的经验共享，当别人工作完不成或者出现错误时我们能够主动帮助他解决，像自己的工作一样共同完成，而不是袖手旁观。实际上在我们的工作中不管哪一个同事事情没完成，工作出了差错，我们每一个人都是有责任的，所以大家要主动多沟通，努力解决问题。只有大家“心往一块走，劲往一处使”，我们才会为了目标共同奋斗、共同承诺，才能营造一个和谐的、高效的团队。

（齐兰）

关于胡杨精神等典型事例的学习和体会

最近一段时间，我认真拜读了蒋巍巍先生的《打造高绩效团队》一书，书中阐述了打造高绩效团队的方法，分别从打造卓越团队领导者、制订明确的团队目标、激发员工主动意识、打造高度信任机制、有效授权、考核、激励、化解冲突、高效执行、科学决策、鼓励创新等方面进行了论述，并引用了很多事例，既形象又直观，感受良多。虽然书中所讲是企业的管理，但“他山之石可以攻玉”，

现针对书中几点论述谈一些个人体会。

一、关于胡杨精神

书的一开篇就点了胡杨精神，胡杨精神所体现的是团队的精神，人们曾这样赞美胡杨，活着昂首一千年，死后挺立一千年，倒下不朽一千年，铮铮铁骨千年铸，不屈品质万年颂。书中作者讲到胡杨的精神非常值得团队领导者探究和学习，胡杨之所以被当地人视为神树，是因为她有着顽强的生命力，并且从不单独生长，十分团结。千年胡杨不会独自生长，百年企业更不能孤独求胜，要想成就一个百年企业，必须打造一个高绩效团队。我们椰子所也一样，要把我所建设成世界一流的热带油料和槟榔研究中心，也需要一个高绩效的团队。如今，我们进入了新时代，在复杂多变的形势下，竞争变得更为激烈，已经不是一个人和另一个人竞争的时代了，而是一个团队和另一个团队竞争的时代。一个人只有融入到团队中，才能得到生存和发展。员工个体哪怕再完美，也不过是一滴水，而一个团队就像大海，员工只有把自己融入到团队中，才能更好地发挥自己的潜能，更快地实现人生价值。我虽然只是椰子所中的普通一员，但我要为椰子所这个团队做出个人积极的努力，维护椰子所的团结。在平时工作中，按照所里的要求目标，制订好自己的年度工作计划，与身边的同事有效沟通，加强分工合作，以打破障碍，达到相互信任、共同向前发展的态势。团队精神是一切事业成功的基础，是任何一个团体成功的法宝，只有团结一致，众志成城，才能取得更好的成绩。

二、关于李云龙的独立团

书中第二章节讲了没有李云龙就没有独立团，主要讲的是高绩效团队需要卓越的领导者。独立团战斗力为何这么强？我理解最主要的是因为有一个李云龙。从独立团的战斗力强到椰子所近年来取得的成绩，无不体现在领导的核心作用。过去的一年，椰子所创新能力大幅提升，成果转化能力明显增强，科技服务能力持续提高，国际合作交流成绩显著，可以说是取得了较好的成绩，成绩的取得说明有一个好的领导核心。常言道，火车跑得快，全靠车头带。习近平总书记曾指出，领导班子是一个地方、一个单位的“火车头”，建设好领导班子是夯实党执政的组织基础的关键，也是抓好改革发展稳定各项工作的关键。火车头的作用还不仅限于拉动，还起到方向的作用。椰子所在年初制定了目标任务，紧紧围绕“科技创新”和“开发创收”两大中心任务，以转变观念、完善机制为基础，以挖掘潜力、激发动力为主线，强化责任意识，推进科学管理，以国家需要、产业需求为导向，提升科技创新和科技服务能力，争取科技开发收入突破一千万元，提高我所的综合实力，扩大我所的影响力，牢固树立我所的国家队地位，为我国热带油料作物和槟榔产业发展提供科技支撑。当前椰子所有了好的领导核心，还有明确的发展目标，接下来就是我们每一个普通员工的执行问题了，也就是激发员工的内生动力问题。就像是动车组，不仅有火车头的强劲带动，还有各组车厢的内生动力支持，所以达到了高铁的速度。做为椰子所的一员，我也相信，在所领导的坚强领导下，我们每个人都发挥个人的优势，努力前行，一定也能像李云龙带领的独立团一样，战无不胜。

三、关于种子和土壤

书中点到“人才是种子，团队是土壤”，令我印象深刻。一个种子的发芽离不开土壤，我们每一个人就像是种子，集体就像是土壤，一个人的能力也只有融入到集体之后，才能表现出来；脱离了团队，员工自己也只是无源之水，无根之木。作为团队的一员，整个团队的荣与辱、成与败，与个人息息相关。员工的利益与团队的发展是相互的，团队的发展要依靠员工的成长来实现，而员工的成长又要依靠团队这个平台。在这个提倡团队协作的时代，过度强调“英雄”的作用，都可能造成无法想像的后果。世界杯赛场上，梅西所在的阿根廷、C罗所在的葡萄牙、内马尔所在的巴西都没有走到最后，为什么？归根到底还是因为团队不够强，个人与集体没有达到相互相融。椰子所就是一个大团队，一片土壤，我们每一个人就是一粒种子，我们要清醒地认识到是因为这一片土壤我们才会发芽。在椰子所的大家庭里，我们每一个人只有齐心协力才可能与团队同成长。

打造高绩效的团队，我认为胡杨精神、李云龙的独立团战斗力、种子和土壤的关系三方面的内容很重要，具体的体现在集体、领导和个人的关系上。在单位里，我们要以集体为荣，与单位共荣辱，紧紧围绕单位的中心工作和目标，维护集体领导的核心作用，发挥个人的能力，积极向上，努力工作每一天，只有这样，我们才能成为高绩效的团队，才能创造出可喜的成绩。

（余凤玉）

加强油棕研究创新团队建设的心得体会

油棕研究团队自2012年正式成立以来，从没有项目经费支持、没有完整的油棕科研试验基地、没有研究成果，只有专业科技人员4名，到目前逐步建立包括油棕种质资源圃、丰产栽培示范园、油棕引种试种基地、油棕种苗繁育基地等基础设施完善的科研试验基地建设；获批国家自然科学基金、国家林业局948、农业部948项目、海南省重点等科研项目40多项；获海南省科技进步奖1项，制定农业行业标准和海南省地方标准9项，获批专利13项，鉴定科技成果1项，出版专著2部，先后在国内外重要学术刊物上发表油棕科研论文60余篇；专业科技人员10名。在陪伴团队建设的过程中，有过酸甜苦辣，也有努力后获得成果的喜悦，主要的心得体会如下。

一、目标明确

认真详细地规划科室的研究定位、研究方向、主要目标和总体的成果产出，使我们清楚知道现在应该干什么，下一步应该干什么。根据每个人的专业方向和研究基础，进行合理分工，通过共同目标的建立，把团队中每个人自己的目标和团队的共同目标结合在一起。大家朝着目标努力奋斗，争取实现团队绩效目标。

二、充分发挥团队每个成员的积极性

每个人都有自己的优点和擅长的方向，根据团队成员的特点制定和分配相应的任务，让团队成员尽快成长起来。团队成员之间多讨论、多交流，这个过程就是人与人进行互动，真诚地和对方交流自己的想法，对工作中存在的问题和取得的进展及时沟通，正确引导，发挥团队成员的积极性，提高执行效率，达到加快团队建设的目的。

三、要建立和谐的工作氛围

加强团队的精神文明建设，就是要把团队成员的能量凝聚在一起，拧成一股绳，让员工有归属感，营造浓郁的团队氛围，培养良好的团队精神，建立和谐的工作氛围。及时了解团队成员的工作和思想压力，以及遇到的问题和难题，使成员真切感受到自己是团队的一份子，从思想上和心理上对团队产生强烈的认可感和归宿感。

四、及时和领导、同事进行有效的沟通

一个团队的建设成长，离不开方方面面的支持和帮助。油棕研究团队的发展也是如此，我们院所的相关领导和各位同事都给予高度重视和大力支持。要多听取别人的意见和建议，少走弯路，达到更快更好发展的目的。

但在我们油棕团队建设中也存在一些问题，尤其是研究室的发展方向和定位方面，对我们提出更高的要求，要具有前瞻性和稳定性，鼓励大家朝一个目标而努力，不要轻易改变。另外世界范围内的油棕产业已经面临非常大的问题和挑战，我们团队提出新的口号：“不做两只蛙，争做两只牛”。不做两只蛙是不做满足于现状的温水蛙、不做闭门造车的井底蛙；两只牛是勤耕之牛和执着之牛。要看清现状，努力，一本蓝图干到底。另外，研究方向应紧跟国家战略，一是做好基础研究，抓住制高点，与法国和马来西亚等比较；二是开展应用基础研究，开展林下经济，掌握关键技术；三是积极服务“一带一路”，帮助中国企业走出去。团队建设的目标和方向也要和产业发展的需求密切联系。此外，采取合理的绩效考核办法引导团队成员的创造力。团队组织与传统组织在形态、权责范围、目标要求、动作方式等很多方面有区别，所以在对团队进行绩效考核激励时，要区别对待。激励机制是整个团队发展、生存的关键。在考评激励时，要考虑团队的整体性。绩效考核是集体智慧的结晶，是靠大家的力量共同完成的，要考虑如何与个人考评相结合。不可以单纯看重对个人的考评和奖酬。只有这样，才能使团队成员齐心协力地合作。同时，还可以将企业的期望、目标和价值观传递给员工，增强员工的凝聚力和创造力。

以上就是我对油棕研究创新团队建设过程中的体会和高效团队建设思路的一点建议，如有不妥，请大家批评指正，我将虚心接受。

（曹红星）

读《打造高绩效团队》的心得与感悟

最近所里发了本《打造高绩效团队》的书，拿到书后信息联络员说要写心得体会，我第一感觉就是，那不是应该是科室主任写比较合适吗，他肯定无时无刻地想着如何做好顶层设计，如何根据大家的特性，安排相对应的工作，把大家的积极性调动起来，打造一个完美的高绩效团队，多出科研成果，多转化多赚钱。

闲暇之余，我也拿起书，细细嚼读起来，我发现，这是本通书呀，适合每一个人去读去想，比较细致地、有逻辑性地阐述了团队真正的内涵，高绩效团队应从哪几方面进行突破才能达到最好的效果。

2006 年 7 月从象牙塔毕业出来直接到椰子所参加工作，至今，一晃十二年过去了，虽说咱所在热科院待遇排名一直都处于中下水平，但幸福感就没感觉低过。为啥呢，因为从最初的资源与育种研究室到特色作物研究室，到现在的槟榔研究室，我认为我都是在一个和谐、快乐、高绩效的团队里，在此要感谢我曾经的团队小领头们，感谢亲爱的室友们，虽然我们都不是诸葛亮，但是随便挑三个出来那都轻松胜过诸葛亮，这就是团队的力量。

都说“一个人走可能走得比较快，但一群人一起能走得更远”。我们大家为了共同的利益走到了一起，最初各忙各的，只求能保住饭碗就行，很难提到共同奋斗、共同负责、共同承诺、共同沟通这一说法；团结和谐、高效执行、互助互爱等都感觉比较遥远。但是渐渐的，在一些比较有见地的团队领头人的带领下，通过利益分析、沟通来提高团队的士气，形成共同奋斗的目标，在科研思路和专业知识方面大家都能主动共享，互相帮助，寻找解决的方案，建立彼此的信任。随着深入的沟通，大家形成了共同的责任、共同的目标。不仅如此，主任的授权与分工，让每个人都发挥了潜质，而且在工作中再一次做到了才能互补、相互协作，在工作与利益上实现双赢。

《打造高绩效团队》是一本对个人职业生涯有深刻的剖析和指导意义的书籍，书中着重阐述了三层意思，第一层关于团队，第二层是关于高绩效团队，第三层是如何打造高绩效团队，读完此书，我感悟颇深。

一、关于团队

团队区别于一般的群体，是某一工作区域内为实现共同的工作目标而相互协作、独立工作的团体。团队各成员需要有大局意识、协作精神和服务奉献精神，也就是所谓的团队精神。作为团队的一员应不遗余力地为团队的正常运转、高效运行奉献自己的聪明才智，营造积极向上的工作氛围，增加团队的凝聚力和战斗力，同时从优秀的团队中汲取营养，不断成长进步。

二、关于高绩效团队

首先，我认为高绩效团队的一个首要特点是拥有一个清晰的共同目标。一个共同的目标是团队存在的价值和理由，引导每一位成员往相同方向前进。同时，团队目标必须是每一位成员都能清楚地理解而达成共识的，否则就非常不利于协调团队行动。其次，高绩效团队非常重视每一位队员之间的互补性。在群体成员的组合上，同样数量与素质的一群人，由于排列组合不同，所产生的效应会有所不同。如果能利用好队员之间互补的性格、技能，就能发挥协同效应。人的性格、技能各有不同，有人容易悲观，有人天性乐观，有人谨小慎微，有人敢闯敢拼。只有平衡协调每个人的特点，扬长补短，才能实现绩效最大化。

三、如何打造高绩效团队

通过学习，我认为一个优秀的团队应该具备以下品质。

（1）奉献精神。一分耕耘，一分收获，当你加入一个团队，就要为团队贡献自己积极的、正向的能量，促使团队发展壮大。如果将团队比作一棵大树的树干，个体是大树的枝叶，只有树干营养充沛，生命力旺盛，枝叶才能有所依托，茁壮成长。

（2）成就团队。成就团队就是有大局意识，个体利益服从集体利益，反对个人英雄主义，克服自私自利心理，发扬协调关系、合作顺畅的团队精神，不要为了自我表现，突出个人能力而分散团队的向心力。

（3）忠诚。不管我们从事的是多么平凡、杂陈的工作，都要具备崇高的责任心和高度的工作责任感，只有这样，才能把工作做到最好。工作无所谓崇高，真正崇高的是人对工作的态度。

（4）集体荣誉感。团队的荣誉就是我们自身价值的综合体现，凡事要以团队的利益为最终目标，要时刻心系团队，与团队荣誉与共，每一项工作都要全力以赴，决不拖大家的后腿。

（5）建立良好的工作关系，保持有效沟通。我们不能忽略工作关系对我们的影响，如果工作关系良好、顺畅，非常有助于我们工作。反之，消极抵触的工作关系会使我们的工作质量和效率受到很大程度的制约。所以在做好工作的同时要注意协调沟通，征询对方需求，主动协作配合，适时反馈，同时表达自己的想法和希望对方接收的信息，使工作关系中的个体相互促进，共同进步。

团队是每个个体的总和，需要发挥集体中每个个体的智慧和长处，发展壮大团队的力量，个体通过团队校正自己的行为，提高工作能力，二者协调发展，相得益彰。正是这样的协调发展，使得一支团队能够超越简单的、按部就班的进步，达到能力的飞跃，也就是文中所探讨的打造高绩效的团队。

蒋巍巍先生的《打造高绩效团队》使我深刻认识到每个人只有锐意进取，与时俱进，把自己融入团队，奉献自己，才能展现出自己的才华与精神风貌。我喜欢这本书，我也感谢所领导一直在努力为人才成长创造优良的环境，积极支持我们在岗学习，并为我们介绍这么好的书，我相信通过这本书的阅读，我们一定能够在今后的工作中更加充分地发挥勇于进取、甘于奉献、团结协作的团队精神。为了我所的明天，让我们全力以赴，携手共进，共同打造高效团队。

（黄丽云）

浅析团队建设与管理

随着椰子所的发展，团队建设越来越受到管理层的重视，良好的管理团队必须具备以下特征：发展目标清晰、完成任务高效、团队成员相互信任、良好沟通、积极协作等。团队建设离不开科学有效的激励机制。

一、发展目标清晰

有一则俄国寓言故事《天鹅、大虾和梭鱼》：天鹅、大虾和梭鱼想把一辆大车拖着跑，他们的身上都套上了绳索，大家都在拼命地拉，大车却一动也不动。事实上天鹅正伸着脖子要往云里钻，大虾弓着腰儿正使劲往后退，而梭鱼却一心想往水里跳，结果可想而知。这个故事告诉我们一个高效团队的工作目标任务和方向应清晰，且应该保持高度的一致。任何团队都是因为任务而存在的，没有统一目标的团队仅仅只是一群散兵游勇。为了统一目标方向，要把整个团队的思想、精力、激情集中到一起。椰子所在年初会根据年度目标和规划，确定每个科室的科研计划和工作重点，科室的工作任务具体会落到每一位科技人员身上，由每一位科技人员落实具体的工作。作为科室主任，只需要定期对科技人员的工作进行指导和成果验收，确保目标任务在执行中无偏差就好。

二、完成任务高效

对于科技人员而言，要高效完成工作任务，需要有时间观念，懂得做好时间规划，努力让自己的每一分每一秒都可以充分利用。不要拖延，给自己一定的时间周期，因为越是拖延，工作效率越低。要善于请教身边的人，因为每一个科室都是不同专业领域的同事，无论是试验设计、试验操作、数据分析处理等各方面，他们都能站在自己的角度给你提出或多或少的建议和意见，从而帮助自己分析，得出一些结论，有利于自己高效地完成工作任务。

三、团队成员相互信任、良好沟通、积极协作

《打造高绩效团队》第四章提到“绩效基于协作，协作基于信任”。很多团队之所以强大，实际不在于员工个人能力的卓越，而在于其团队整体的强大，而整体强大的基础，就是团队成员的相互信任。团队协作就是有共同目标的成员在团队中扮演不同的角色、充分发挥各自的优势来实现目标的过程。虽然每位成员的角色不一样，但是在团队中的每一个人都是非常重要的，这才是一个真正的团队。在团队中，成员之间难免存在一些矛盾，但当大家有了共同的目标后，加上团队领导者的人格魅力，就能拧成一股绳。

没有信任的团队是不安全的，团队成员间明争暗斗，团队领导者与其他成员互相拆台，纵使团队业绩做得再大，也无法长久。团队成员对团队的信任主要建立在团队领导者身上，因此，团队领导者必须要有责任感，以身作则，言而有信，公平公正。一个高效的团队不可缺少的重要特征之一就是成员彼此充分交流

沟通，通过交流看法、信息和经验，促进成员的共同进步。

四、团队的激励机制

报酬与工作量、绩效形成对等关系。不完善的绩效管理体制——导致产生对内不公平性和对外不具备竞争性，会给单位带来很多负面的影响。将报酬与绩效挂钩，形成“多劳者多得，不劳者不得”的机制，实现同岗不同酬、同酬可以不同岗，打破事业单位“吃大锅饭”的模式。在椰子所，有些科技人员虽然已评上正高或副高职称，但由于难以承担相应的研究工作，完不成职称所要求的工作业绩，却拿着高于其他人的薪水，因而导致其他科室成员心里不平衡。本次椰子所从岗位四级和六级着手，通过业绩竞争上岗，解聘不符合要求的科技人员，无形中给了有关人员压力，使得他们不得不行动起来提升业绩，从而促进整个团队进步。团队进步了，整个所就发展起来了。

五、关于椰子所科研团队存在的问题及建议

目前椰子所存在的主要问题有：① 科研方向分散，科研目标不明确，每个方向都很难产生大的成果；② 人员结构不合理，高层次人才匮乏，难以产出重大的科研成果；③ 高水平的和谐的科研团队少，缺乏团队文化建设；④ 科研管理体制不够规范，管理制度不合理，对科研团队的发展没有起到促进作用；⑤ 科研团队考核评价与激励机制不健全，缺乏有效的优胜劣汰的监督。建议：① 科研团队应建立完善的建设方针，要有长远目标和短期具体目标，不能盲目去申请项目，更不能因申请到一个科研项目立刻改变研究方向；② 建立合理的组织机构和职责分配，完善的科研团队组织机构框架应至少包括 3 个层次：第一层次为最高学术领导层，负责建立和把握科研团队的科研方向、建设方针和目标，并统领科研团队的发展，解决科研团队的重要问题；第二层次为条件保障和管理部门，负责为科研团队提供人员、经费、科研平台等保障资源和条件；第三层次为科研团队本身，包括负责人和成员，团队负责人和成员应尽可能按岗位、职责设置，负责人和成员之间应形成一种既独立又相互联系的关系，消除个人因素和主观因素。

（李佳）

高绩效团队需要发挥每一个体的智慧和长处
——《打造高绩效团队》读后感

单位给我们每位职工发了一本书籍——《打造高绩效团队》，拿到书籍的那天，翻看扉页的时候，对其中一些话深有感触。如何去打造一个团队？怎样处理团队中的冲突？如何进行团队沟通？如何激励员工？利用工作之余，断断续续读完此书，感觉受益匪浅。椰子所就像一艘大船，已经有了明确的航向，也有了优秀的船长，目前最关键的就是在这船上的每一个人都要树立团队意识，把椰子所打造成一个高绩效的团队，只有这样，椰子所这艘大船才会更快更好地前行。那么，作为团队中的一员，我们要具备哪些具体的品质或意识呢？通过学习这本书，我对这个问题的理解如下。

一、奉献精神

一分耕耘、一分收获，当你加入一个团队，就要为团队贡献自己积极的、正向的能量，促使团队发展壮大。如果将团队比作一颗大树的树干，个体是大树的枝叶，只有树干营养充沛，生命力旺盛，枝叶才能有所依托，茁壮成长。作为椰子所的一员，我们要尽自己所能为椰子所的发展出一份力，如果每位职工都能为所奉献自己，不计较个人得失，我相信椰子所的未来会更加美好。

二、成就团队

成就团队就是要有大局意识，个体利益服从集体利益，反对个人英雄主义，克服自私自利心理，发扬协调关系、合作顺畅的团队精神，不要为了自我表现，突出个人能力而分散团队的向心力。作为一名科技人员，要以研究室发展为中心，个人研究方向、个人利益服从于研究室利益，服从于全所利益。我所作为全国唯一的热区油料研究所，总体目标是科技支撑我国食用油自给率提升 8%，为实现这个目标，所领导给每个研究室定制了明确的科研方向，每位科研人员都应围绕全所的科研目标而努力。

三、忠诚不渝

不管我们从事的是多么平凡、杂陈的工作，都要具备崇高的责任心和高度的工作责任感，只有这样，才能把工作做到最好。工作无所谓崇高，真正崇高的是人对工作的态度。管理人员和科辅人员要服务于单位发展，满足科研人员、开发人员需求，做好管理细节，提供优质服务，保障单位科研和开发目标实现。科研人员要把握科研前沿，围绕主导产业，了解产业需求，加强研企合作，提高成果质量及转化应用。后勤服务人员也应做好自己的本职工作，水电工保证正常水电供应，保洁阿姨每天打扫卫生，给大家提供舒适干净的环境。不管是管理人员、科技人员、还是后勤服务人员，都要认真对待自己的工作，努力把工作做到最好。

四、荣辱与共

团队的荣誉就是我们自身价值的综合体现，凡事要以团队的利益为最终目标，要时刻心系团队，与团队荣誉与共，每一项工作都要全力以赴，决不拖大家的后腿。正如我所的所训："所兴我荣，所衰我耻"，我们要以全所的利益为己任，只有椰子所发展好，我们才能真正发展得好，椰子所的荣誉就是我们自身价值的彰显。

五、有效沟通

不能忽略工作关系对我们的影响，工作关系良好、顺畅，非常有助于我们工作。反之，消极抵触的工作关系会使我们的工作质量和效率受到很大程度上的影响。一方面是领导与职工保持良好的沟通，对于调动职工的热情，激励他们为单位积极工作有着特别的作用。另一方面是职工之间的相互沟通，能增强同事之间的感情，使工作开展的更顺利，比如：科研工作中，善于与同事沟通，精诚合作，通常能达到事半功倍的效果。

总之，团队是每个个体的总和，需要发挥每个个体的智慧和长处，发展壮大团队的力量，个体通过团队校正自己的行为，提高工作能力，二者协调发展，相得益彰。椰子所是我们大家庭，让我们像呵护自己的家那样去呵护椰子所，用我们的智慧、热情以及对单位的深深热爱积极投身到科研工作中去，相信我们椰子所明天会更美好，事业会更辉煌。

（刘小玉）

论高效团队的基础——成员的成长

作为新鲜出炉的椰子研究室副主任，摆在我面前的第一要务，就是如何凝聚人心，打造高效团队。阅读了《打造高绩效团队》，我想就如何帮助成员成长阐述自己的看法。

近来有一句关于团队合作的流行语：“不怕神一样的对手，就怕猪一样的队友”。什么意思呢？如果团队成员合作默契，即使对手比较强大，也是有可能获胜的，但如果团队中有不在状态或者能力不足的队友，那么，即使对方羸弱，也很可能会失败。

如何帮助团队中较弱的成员成长，能够跟随大家脚步，配合大家的工作，是我们团队建设亟需解决的事。

一、高效团队必须有明确的共同目标

高效团队必须有明确的共同目标，领导必须为团队制定目标，并带领全体成员实现团队目标。要做到这一点，我觉得让成员接受团队目标，自觉地将团队目标与个人目标结合起来非常关键。只有成员认为团队目标与自身息息相关时，才会有内生动力，并愿意为之付出应有的努力。

我们的共同目标是多出成果，多发奖金，那么，大家就要团结一致往这个目标奋斗，要真真切切付出行动，而不是只在心里想想。

二、培养具有共同理念、愿意上进的成员

所谓“道不同，不相为谋”，不同理念的人组合而成的团队，最后都会因内讧而分崩离析。一个高效团队在建设初期，最重要的事就是寻找具有共同理念的小伙伴，或者把现有成员培养成具有共同理念的小伙伴。

如果你想要你的小伙伴成为“怎样”的人，那么请先让自己变成这样的一个

人。比如：如果你希望可以打造一个学习型团队，希望团队小伙伴持续学习，不断提升自己的技能，那么，请先让自己成为这样一个人，这比任何措施都来得有效。同时，成员也必须具有上进心，愿意共同学习，共同进步，拒绝学习的成员要不得。

三、关注团队文化建设

团队文化是团队的灵魂，一个团队只有有了自己的文化，才具有真正的核心竞争力，才可以最大限度地统一员工意志，规范员工行为，凝聚员工力量，为团队总目标服务。

一个团队中，大家是漠不关心、各扫门前雪，还是关键时刻互相扶持、互相帮助、有血有肉、有情有义，全在于团队文化的建设。打造温暖而有生命力的团队，就在于成员间思想与心态的高度整合，在行动上是默契与互补的，是“小我”与“大我”的同步发展，是彼此之间互相宽容与理解。

四、尊重成员的个体差异

每个人由于成长背景、教育水平、人生经历的差异，无法用统一的标准衡量。尊重个体差异，在于去理解每个人的成长轨迹不同、成长快慢不同、兴趣点不同、内驱力也不一样。要想去引导一些改变，必须要考虑到他们内心的真实渴望。

在团队内部不能忽视团队中的任何人，要让每位成员都能拥有自我发挥的空间，还要用心去破除个人主义及唯我才行、夜郎自大的傲慢心理。消除不必要的工作界限，培养员工整体配合的协作精神，要在团队中制定一些条例，使大家形成一种分工不分家、互相支持和共同努力的习惯，树立团队集体主义观念。管理者要以身作则，学会包容、欣赏、尊重其他成员的个体差异性，以影响带动每一位成员，使全体成员产生团结感，树立共同目标，共创未来。

五、给予成员适当的压力

俗话说：“没有压力就没有动力。”在管理中，我们常常不希望让成员感觉到压力的存在，好像压力是个贬义词。其实不然，适当的压力是促使成员学习成长、提高效率的最好驱动力。

我们所不少人在评上副高以后，自觉正高无望，也满足于现有的生活状态，便放松了对自己的要求，对工作怠懒，上班就是打个卡，每个月浑浑噩噩混工资。为什么会出现这种情况呢？因为当前我们的体制对无心工作的人没有压力。人一旦进入舒适区，没有一定的压力是绝对不会主动走出来的。最近所里进行中期检查，许多混日子的人顿时慌了神，也开始认真检讨自己的工作，纷纷表示以后不再混日子了，这就是适当的压力的作用。

六、引导成员与外部环境的联系

一个人在一个团队、一个项目或一个环境待久了，认知会受限，总觉得自己已经做得足够得好，亦或是每天忙忙碌碌，做着很多重复性的事情，其实每天都毫无进步。一个团队最怕没有活力。一潭死水般的团队是面临崩盘的团队。保持团队的活力，最重要的一个因素就是源源不断地引进新的思想，碰撞出思想的火花。为此，团队要为每个成员创造尽可能多的机会，与外界交流、沟通、分享。

（弓淑芳）

读《打造高绩效团队》的收获和启示

大家常说“众人拾柴火焰高”，讲的正是高绩效团队所发挥的作用，科研院所的高效团队要求团队的成员分工明确、学术水平过硬、团结互补、忠诚奉献，同时还要求每个人具有共同信念和价值观，愿意共同完成院所的发展目标。打造一支高绩效团队的必要性还体现在促进人力资源管理方面的完善，推进人性化管理的普及，达到所与人才双赢的效果。我读了《打造高绩效团队》，感受颇深，以下是我从此书中所获得的启示。

一、培养团队的意识，构建团队合作

任何一个团队，都有义务和责任为其成员构筑共同的愿景和目标。美国著名心理学家马洛斯说：“杰出团队的显著特征，是具有共同的愿景与目标。”拥有共同的愿景与目标，既是解决团队中矛盾、争论和冲突的关键，又是把个人目标整合到组织目标，增强团队凝聚力，最大程度上发挥个人效能的有效方式，缺乏共同价值观的团队就如同一盘散沙，失去了作为一个整体运作的基础。可以说，拥有共同的愿景与目标是团队获得成果的重要因素之一。

日益细化的办公体制和长远的发展目标要求团队要有较高的团队意识，拥有较高的合作效率，要相互信任，相互帮助。积极向上的团队意识是由管理者和团队成员共同建立的，管理者相当于团队意识的宏观，团队成员则是微观，通过宏观微观共同培养团队意识。内部与外部利益坚固的协作性团队建设，会有助于团队意识的提高；在构建团队合作上，首先要明白自己身处团队的特点和共同目标，要在努力奋斗中实现单位目标；同时明确角色定位，构建紧密的团队合作，通过职责和权力完善团队；还要清楚地意识到工作流程，通过互相尊重、有效沟通、开放学习等方面促进团队的信息共享，并在构建过程中注重学习型团队建设，注重培养，帮助团队稳定发展。

二、培养学习型团队

学习能力是团队素质的体现，促进了团队发挥其最大效益，发挥了每个人的主观能动性和集体智慧，增强了团队战斗力。团队里的每一位成员都需要不断地学习，努力提高自己。只有提高每个人，才能提高整个团队的素质与水平，才能提高整个团队的竞争力。学习型团队的建设过程，就是在团队的目标基础下，进行人才建设，明确知识结构，采用科学方法明确分工。学习型团队注重学习能力，对新知识、新观念、新事物的理解能力、吸收能力和整合能力具有较高的要求，注重培养思考、学习和解决问题采取行动的能力，增强面对突发事故的采取措施能力，形成一种良好的学习氛围，提高自身素质。在建设过程中要完善学习机制和知识共享机制，给团队注入源源不断的动力，与时俱进，完善创新，最大化实现团队目标。

三、加强人力资源管理

团队需要将人力资源管理部门发展最大化，这样在人才的选拔、技术的考核、素质的评价等方面做到全面评估，建设更加科学合理的高效团队。在人才选拔方面，要通过团队制度和团队目标合理选人，分配好成员角色，科学的角色配置可以使团队的各个环节具有高效性，可以发挥每个人的功能，达到人才配置的最优；而且单位还要定期培养人才，因材施教，确保人才思想创新，确保队员实干凝聚，在不断实践中完善团队，形成高效的团队运作流程。

建立人性化的管理机制。对于一个团队来说，尽管其团队成员有一定的能力，但并不一定能对组织产生价值，员工能力和天赋的发挥在很大程度上取决于其需求水平的高低。人们加入某个团队，在其中从事劳动，是基于不同的需要和动机，如报酬、住房、个人发展等，激励正是通过满足员工的不同需要和动机，来引导其为团队的目标努力和作出贡献的过程。所谓人性化就是尊重人、激励人、培养人，最有效的也最广泛的人性化管理机制之一就莫过于激励机制了，激励机制是让人才维持高效的关键，是对人才的一种肯定和犒劳。良好的激励机制一般与团队绩效挂钩，可以有效地提高团队成员的干劲。我所逐步将工作绩效与个人工资挂钩，并逐年改进与完善，可以有效地提高团队成员的干劲，提高凝聚力，达成互助互补、扬长避短的目的；而且通过物质奖励和精神奖励的双奖励制度，不仅能够促进个人的成长和发展，还能促进集体成就感。在激励制度不断完善和福利制度不断提高的过程中，还能对团队和个人做出绩效评价，了解团队哪方面不足、哪方面人才需要着重培养，同时还有助于责任化管理、人力资源管理等多方面团队制度的建设，是一箭多雕的明确之举。人性化管理除激励制度以外还包括冲突管制，凡事有利必有弊，团队合作往往最大的麻烦就是内部人员的冲突，若是不能达成一致，没有明确的团队目标，很容易使管理无效化，无法达到团队标准。及时发现人员冲突并进行管理，可以促进人与人之间的沟通交流，互相理解，在团队中打造良好的人际关系，是收到实效的最好方式。当团队成员被激励时，往往会努力工作。但是一个成员的努力不一定会使团队的整体绩效提高，因为要提高团队的绩效，不仅要考虑团队成员的努力程度，还必须考虑成员们努力的方向。按照激励的方向，可将激励分为正激励和负激励；按照激励的质量和程度，可将激励分为内激励和外激励。应当对团队成员进行正激励和影响较大的内激励。

团队建设是一项控制难度很大、实践性很强的工作，只要勤于探索，注重实效，大胆创新，就一定能够走出各种误区，从而真正培养出团队的凝聚力和向心力，形成团队独有的核心竞争优势，打造出椰子所特色的创新高效团队。

（陈仪茹）

高效团队建设的要素和建议

作为一名科研人员，我原来以为打造高绩效团队是领导者的事，自从阅读了《打造高绩效团队》这本书，才深刻认识到，打造高绩效团队，每个成员都应该积极参与并做好相关工作，下面谈一下读这本书的体会。

一、高效团队应有明确的目标

没有明确目标的团队只能叫一群人，有明确的目标，大家才清楚奋斗的方向。作为科研团队，更要结合国家战略需求及产业发展需要，制定团队的科研目标（长远目标、中期目标、近期目标）。这个目标要符合所发展方向，被团队成员所认可，并能充分调动每个成员的积极性，团队成员可以结合整体目标确定个人目标，尽力发挥个人潜能。

二、高效团队应有卓越的领导

团队是由员工和管理层组成的一个共同体，一个成熟的、有战斗力的高效团队必然要有一个卓越的领导者，在部门目标的引领下，通过改善团队成员表现，引发团队领导者来整合团队，从而迅速、持续地提升团队绩效。团队领导者要高站位、思路清晰、有公信力，同时要有一定的组织协调能力、公关能力、善于发现和及时解决问题的能力，这样才能避免“兵熊熊一个、将熊熊一窝”现象的发生。

三、高效团队应有高度的忠诚

团队是个集体，有着共同的目标，团队成员的忠诚度在某种意义上直接影响部门的目标能否顺利实现。大家作为团队的一员，在团队中因目标的需要而扮演不同的角色，有不同的工作任务，只有对部门高度忠诚和负责任，才能发自内心地乐于发挥自己所长，做好团队的事情。如果没有忠诚，飘忽不定，得过且过，就有可能打乱目标实施的计划，从而影响到整个任务的落实，更不可能实现目标。因此，团队不但要做到整体的团结，更要细化个人的责任，要强化团队忠诚度的培养。

四、高效团队应有相互的信任

高效团队成员间要有相互的信任，这是长期、有效合作的基础。领导者与下属、下属与下属之间都要建立起相互信任的关系。要信守承诺，要主动承担责任，要摆正工作态度。就像书中所说，任何人都应该热爱自己的职业，一个不重视自己工作的员工绝不可能尊重他人，也不可能把自己的工作做好，只有把职业当成事业，热爱自己工作的人，才会去钻研、去努力、去探索，从而不断提高自己的工作能力。唯有那些怀有高度敬业精神的人，才能成就事业。

五、高效团队应有相关的技能

目标的实现，需要有不同技能、知识、能力的人来扮演不同的角色，才能够将目标实施计划有效分解。这过程中，可能需要有公关、需要做策划、需要写项目、需要做实验、需要收集材料、需要做推广等。为此，每个团队成员都应该有自知之明，要结合角色任务，不断加强理论知识的学习和相关技能的提高。

六、高效团队应有有效的沟通

在具体工作中，团队成员难免产生问题或疑惑，此时就需要及时进行沟通。通过沟通，大家可以进行信息交流、资源共享、业务切磋，同时也可以增进大家的感情，这有利于形成良好的团队工作氛围，进而逐步形成团队文化，促进团队目标的实现。

七、高效团队应有科学的评价

论功行赏是很有必要的。团队目标实现后，或获得荣誉，或取得收入。这些如何分配，是应该慎重考虑的事情。我认为，事前团队成员应该敞开心扉，出于公心，客观评价和确定不同岗位应承担的责任与应得的报酬。考核与分配制度一旦确定，就要严格执行，不能等目标实现后再来另制一套，这样会造成团队成员的心理不平衡，严重挫伤团队成员的工作热情，甚至影响队伍的稳定性。

高效团队的建设，涉及因素还很多，我认为，无论怎样，只要大家心在一起，在部门主任的领导下，为共同目标不懈努力，就一定能够逐渐建立起椰子研究室的高效团队。

（刘蕊）

读《打造高绩效团队》的感触和体会

学习蒋巍巍老师的《打造高绩效团队》，全书200页，通篇分为十二章节，每个章节叙述一种打造高绩效团队的方法，采用总分的叙述形式，从打造卓越团队领导者、制订明确的团队目标、激发员工主动意识、打造高度信任机制、有效授权、考核、激励、化解冲突、高效执行、科学决策、鼓励创新等方面进行了论述，先强调团队的重要性，再过渡到领导者对团队的作用以及如何通过行之有效的方法建成高绩效团队，内容通俗易懂，举例恰当贴近实际。

我断断续续读了两个星期，谈不上感悟颇深，却也学习到许多不曾思虑的团队管理、建设思路。书的内容提要说这本书适合企业中高层管理人员、团队领导者阅读，也不尽然，对于入职不久的新人，这本书就像一种窥视领导者思路的捷径，可以打开新人的眼界格局，学会换位思考，明白站在团队的角度看待问题的重要性。

这本书有三个部分令我感触颇多。

一、团队文化的重要性

正如书中所说："拳头之所以比手指或者巴掌更有力量，是因为整只手的全部力量都凝聚在拳心，使得拳头拥有了更大的能量。同样的道理，一支拥有强大凝聚力的团队，将会比那些缺乏凝聚力的团队更容易取得进步和成功。"

一个团队的成功依赖于文化，团队想要有凝聚力，更有赖于团队成员对文化的认同。这就好比广场上跳舞的大妈，每天准时准点在广场上聚集，他们认同广场舞这种文化形式，所以风雨无阻，并会因自己归属于某个舞蹈团队而骄傲。

团队文化的重要性不言而喻，如何做好团队文化的导入，书里介绍了以下两个重要步骤。

1. 优秀团队文化的定义

优秀的团队文化一定是大家共同形成的，根据团队所在的行业特征、使命、远景与战略来定位，是可以通过努力实现团队核心价值观的集中体现，是团队传承和沿袭的内在精神和气质，大家能够发自肺腑、自觉地予以遵守和维护。

2. 优秀团队文化的导入手段

团队价值观能否被全体员工接受，直接关系到整个团队的命运走向。要想让团队文化得以有效传播和被认可，需要领导者培养自身魅力，能够以自己的人格魅力感召大家一起努力；将优秀的团队文化固定下来，形成书面化的团队文化，不因内部人员的更替而荒废；鼓励员工与团队共同发展，在不断完善的过程中形成大家潜意识的规范和准则。

二、分析员工所在需求层次，科学制定考核机制

随着经济社会的发展，员工福利也在发生变化，众多福利项目推陈出新，当薪酬不再是决定员工去留的唯一要素时，有效的员工福利管理可以发挥出不可忽视的重要作用，甚至成为企业和单位吸引人才、激励人才、提高员工满意度的重要因素。

马斯洛需求层次理论把人的需求分为 5 个层次，分别是：生理的需求、安全的需求、社交的需求、尊重的需求、自我实现的需求。分析员工福利需求，对员工福利管理提出建议，使管理者意识到员工福利的根源不是福利数量的多少，而在于员工福利是否满足员工需求。基于马斯洛需求层次理论，对员工福利管理提出以下建议。

1. 设定适当的福利目标

在符合国家相关规定的基础上，福利目标符合单位长远发展目标和薪酬政策，应该与单位所处的发展阶段相适应，能激励大部分员工和骨干及以上层次员工，福利成本适当。

2. 明确福利实施对象

根据各层次员工福利需求实际推行全员化或个别化福利项目，实施差异化福利管理策略。

3. 不同福利待遇之间保持差距适度

以员工的贡献作为福利待遇标准的衡量依据，相近福利项目间的待遇差距不

易过大，保持适度性，既有利于鼓励先进员工，又有利于促进团队协作。

4. 做好福利的沟通

良好的福利沟通有利于实现员工福利效用最大化。例如多了解员工的福利需求、公开介绍有关福利的项目、跟踪改进福利项目的实施、逐步调整不适应的环节。

三、打破窠臼，鼓励创新，加大人才的培育和支持力度

不论我们接受还是不接受，随着新经济时代的到来，大部分的事业单位、企业都遇上了前所未有困难，有外部环境的变化带来的不确定性风险，有技术创新的压力，还有人民需求的迭代速度，当然最难的还是创新。在这个提倡“大众创新、万众创业”的时代，提升团队创新意识成为团队绩效持续提升的发动机。

在本书最后一章，着重强调创新的重要性，要想长盛不衰，就必须在各个方面创新，现代社会的竞争要求一个团队必须是一个创新性团队。

我认为创新团队的打造，不仅如书中所言，团队领导者要时刻保持创新的意识，还要培养员工的创新意识，带动员工一起创新。其中，最棘手的问题还是人才的管理。创新归根结底是一场人才的拉锯战，用好、管好手中的人才，创新团队的建设事半功倍。

人才管理的问题，主要体现在两个方面，一是人才选、用、育的速度跟不上企业发展的需要；二是现有的人才无法满足企业未来发展的需要。然而就企业人才的管理而言，大多数企业的决策层往往会把企业的人力成本简单地界定为工资或是奖金、福利等支出，遗憾的是身处在“人力资本”时代，却用着“人力成本时代”的方法经营企业，更为遗憾的是，有些企业用错了方法还奢望着奇迹出现。企业要发展，必然要用与时俱进的方法激发人才的潜能，否则将会被时代遗弃，被对手淘汰，看似输给了时代，其实是输给了自己。

目前，企业与企业之间的竞争已转化为人力资本的投入与产出比之间的竞争，企业的人力资本将作为支持企业发展的最关键的资本，企业的人力资本将成为企业的资本之根，如果企业具备了核心的“人力资本”就可以快速吸纳、集聚、调动和运用其他资源与资本，形成一种可持续发展的局面。如今，500强企业对人力资本的争夺已经摆出咄咄逼人的态势，这紧迫的形势又一次给大部分企

业敲响了警钟。

（彭娇洋）

高绩效团队建设的几点思考
——以农业科研领域的团队建设为例

团队就是一群人围绕着一个共同的利益与目标，在合理分工的基础上进行有效协作和奋斗；并在成功和挫折中，获得一种能够自我修复和不断改进的、顺应时势的工作与生活的共同发展理念、秩序和模式；在彼此宽容和提醒当中呈现出群体优势，最终赢得社会的尊重和认可。不难看出，一个成功的团队不仅强调个人的工作成果，更强调团队的整体业绩。其成功的充分必要条件，则可以归纳为以下几点：公平公正的竞争环境、一脉相承的团队文化、雷厉风行的执行能力、富于激情的学习氛围、行之有效的绩效考核、贴合实际的培训机制、敢于担当的责任意识、不断优化的工作流程和全体成员的通力合作。

而就农业科研领域而言，高绩效的优秀团队也脱离不了“目标、文化、执行力、激励、领导、沟通”等因素。如黄路生院士团队解决了仔猪断奶前的腹泻问题，王辉教授团队为小麦的良种繁育做出了巨大贡献，标记辅助选择育种以及全基因组选择育种大大提高了动植物的品种选育速度等。类似的农业科研团队为我国的农业技术发展提供了强大的动力支撑。他们的团队构架都是一个稳定的三角梯队，每个人的定位都非常明晰，上升的空间也是层层递进，相互之间并不存在直接的竞争关系，而且还在能力上互补，一起进步，一起成长。

我国自古以来就是农业大国，从古至今都高度重视农业问题，自 2004 年以来，中央一号文件均以“三农”为主题，体现了国家对农业发展的重视和支持。而农业科研团队作为农业发展的重要推动力，是发展现代农业的力量支撑。但截至 2014 年，我国农业领域的国内顶尖重点学科只有 306 个，占据国内重点学科的 21%，远远落后于发达国家的水平；农业领域重点学科的科研人员为 25 887 人，平均一个重点学科仅有科研人员 18 人，而美国的国家实验室平均拥有科技人员 235 人；我国农业科技成果转化率也仅为 30%~40%，西方发达国家则达到了惊人的70%~80%。另外，我国的农业推广机构虽然有十万多个，但主要集中在县级以下，推广员自身的农业技术也显不足，加上农民本身知识有限，先进技术的推广难度更大。而制约我国农业现代化水平的关键还是在高绩效农业科研团队的打造力上。个人认为，要打造一个优秀的农业科研团队，离不开以下几个方面。

一、管理者的统筹

团队就像一台机器，而每个成员是机器的零件，机器能否正常运转的核心就是机芯，而团队的机芯就是管理者。与传统观念中仅指挥不干活的管理者不同，当今时代更需要善解人意、胸怀宽广、正直真诚、心思缜密的领头人。管理者的统筹就是指为了一个足够长远而又超前的目标，管理者要善于利用手上所持的资源将终极目标划分为一个个可达的任务，让整个团队按照固有的节奏持续推进，在每个阶段都让大家看到实实在在的成果，并乐于将这些成果跟团队的每个人共享，而不是独占！这在农业科研领域尤为重要，农业科研系统的试验周期长，怎样使每个科技工作者融入到大团队中，并不断体现个人的获得感和价值才是每个管理者应该兼顾的职责所在。

二、有效的沟通

团队里必然会有各种各样的声音，有些不满意待遇，有些不满意领导，当这种声音逐渐占据主流，那么这个团队离分崩离析也就不远了。一个正能量的团队并不是管理者几句振奋人心的口号就能吹捧出来的，绝大多数的负能量都是因为沟通不到位产生的，因此自由的沟通环境就极其重要。创造这种环境除了需要一些制度上的保障，还需要营造一种氛围：就是鼓励团队的每个人都有机会发声，可以诉说不满也可以提出建议，可以匿名也可以私下约谈，什么问题摊开来讲就会明朗很多。

三、必要的激励措施

“团队不是一群人在一起，而是心在一起。”什么叫心在一起？在科研院所这个评价体系完全一致的地方，只有论文和专利等科技成果才能调动大家的积极性和获得感。因此，如何能让团队和个人的利益一致，是一个团队能够健康运作的关键。最持续而有效的方法是让团队的每个人都能看到一个长期的愿景，并能根据个人职业发展期许制定一个阶段性的培养计划，有时候一些制度性的成果公开奖励和约束是很必要的。以科研团队来说，既然在这个圈子里，晋升的评价标准是论文，那么团队的成果必然需要管理者协调成果分配的情况，杜绝一些个人行为，谁申报了什么成果，如何署名，都要在团队里公开进行，甚至有些成果的归属需要一种循环机制，让大家都有一个共同的意识：协同作战才有资格享受成果。

四、不断地学习

子曰："君子之威，不在胜人，而先在修己，修己而后安人。"这在科技领域尤为重要，当今科技形势瞬息万变，原来单纯的学校学习已经不能适应时代的发展了，为了避免被时代淘汰，每个团队成员都要保持进取的姿态，终身不辍。农业科技方面的创新成果也是日新月异，我们每个人都要不断地用先进的知识来武装自己，只有不断进取，不断学习，才能在新时代的浪潮中为我国的农业科研贡献更大的力量。在农业科研团队建设中，考虑到在职攻读学位、技能培训、办公培训等技能和学历提升，团队在人才需求与规划方面也要做好统筹安排。

团队发展的好坏，小到关系个人的职业发展，大至影响一个部门、一个单位、甚至一个国家的发展。怎样能建设好一个团队也是"仁者见仁、智者见智"。个人觉得，团队建设的关键还是在于要让每个人都能够在团队的大目标里找到自己的定位，把工作当事业来做，不为那五斗米折腰，实现团队发展和个人价值的一致性。

（张玉峰）

在团队发展中发挥自身特色和优势

个人能力发挥得好坏，在团队管理中具有至关重要的作用。不论是什么岗位和工作环境，充分发挥自己能力和优势是个人和团队发展的基础。团队由多个个体组成，让每一个个体得到合理利用，让团队整体水平得到提升是团队管理者想要看到的管理效果。但是这个责任不是团队领导一个人的事情，而是每个团队成员都要努力的结果。要想在团队合适位置发挥个人作用，需要做到以下几点，这样才能让自己在团队中的优势得到发挥。

一、努力形成与团队一致的价值观，以团队的目标为自己的目标

一个人无论多么优秀，只要他是一个团队中的一员，那么他所有的行为都应该对团队负责，不能有伤害团队利益的行为。因为团队才是让你依靠的平台，你和它的关系就如船和大海一样，如果没有大海，船就无法乘风破浪。所以，你的一切言行都必须以团队的利益为个人利益基础，以团队的价值观为个人价值观的基础，以团队的目标为个人目标的基础，然后在这些基础上才能充分发挥自己。

二、要充挖掘自身的优势，并与团队的需求融合

如果你有别人没有的能力，也就是优势，比如组织能力、协调能力、公关能力、谈判能力、技术能力、执行能力等，那么你在团队中的优势就显而易见。在一个团队里别人有的能力你也有，别人没有的能力你也有的话，你在团队中的优势一定是最大的。当然，这个世界上的通才太少，我们也不提倡每个人都把自己培养成通才，不仅做不到，而且也会浪费太多的资源；但是，你必须有一技之长，无论是刀、叉、剑、戟还是斧、钺、钩、枪，并且是这个方面的专业人才，那么就足够了。任何一个团队都不可能只要一种人才，正如梁山上不能只有宋江，也不能只有吴用、李逵或者林冲，《西游记》里不能只有孙悟空一样。各个领域，各种能力的人形成互补的优势越强，团队的竞争力也就越强，成功的希望也越大。因此，团队需要每一个个体都能够有自己的优势，而这种优势最好是团队中其他的个体所不具有的，正好可以弥补团队在某一个领域的不足。

三、要不断地学习，提高自身能力

世界在不断地发展，团队状态也在不断变化，所以每个人也应该不断地学习新的知识，提高自身能力，如果不加强学习、更新观念，那么你曾经的优势将不会发挥最大的作用，跟不上团队发展的需求，你也许会被团队淘汰。要知道团队是在发展的，团队中的个人也应该不断地完善和提高自我。如果满足于有一点能力，能发挥一点优势，就举步不前，那么你离被团队淘汰的时间就不远了。很多

一起与老板或者团队一起创业打拼的人，在企业（团队）开始成长的时候便不得不离开岗位，直到离开团队，是因为他的优势已经不再能够满足团队发展的需要了。不仅如此，他曾经的优势更有可能成为了阻碍团队发展的障碍，所以团队就只能忍痛割爱了，并不是老板们都喜欢过河拆桥，而是团队利益的需要。

四、认真执行团队领导的决议，维护团队领导的权威

也许，有人会说我只对团队负责，领导还不和我一样是团队的一份子？是的，你的想法没有错，但是，任何一个团队都必须有一个能够制定团队目标，并能够带领大家实现团队目标的人，那就是领导，缺少了领导的团队，一样是不堪一击的乌合之众。要相信，他能够成为这个团队的领导就一定有他的道理。领导下达的任务也是以团队的目标为前提的。了解团队领导的意图非常重要，如果领导的方向是朝东，你却以自己的喜好偏向西，那么你就大错特错了，只有充分地与领导沟通，充分地理解领导的意图以后，你才能利用你的优势把事情做得漂亮。

五、要善于等待和创造机遇

自己的优势能力不一定能够时时得到充分的发挥，比如你有很强的项目策划能力，但领导没有把你放在此岗位上，你也发挥不出你的优势。这时你要善于等待机会和创造机会，当然，这样说并不是要你被动地消极地等待，而是应该有计划有目的积极等待，不仅要善于捕捉一闪即过的机遇，还应善于创造机会表现自我的能力，展现自己的优势。这主要取决于你对团队未来走向的分析，你对大局的掌控能力和处理问题的经验。

六、要保持谦虚的态度

常说“三个臭皮匠顶上一个诸葛亮”“一个篱笆三个桩，一个好汉三个帮”，一个人的能力再大都是有限的、相对的。一个人千万不要自高自大，要学会谦虚，要永远记得：任何人都有自己的长处，千万不要因为你有别人没有的能力就目中无人，这样只能遭到团队的遗弃。离开了团队，就没有可以发挥的平台了，岂不可惜。以前，周总理的司机因为自卑情绪很是低沉，总理知道以后就笑着对

他说："其实你也是很有能力的人，比如你的车开得很好，我就不会嘛！"司机听了总理的话以后，回去想了想就释然了，周总理那般伟大的人物也有不会的东西，何况我们这些普通人呢！中国有句老话"天外有天"，"地球离了谁都转"，千万要自尊、自爱、自重！

做好以上六点将有利于团队成员找准自己的位置，在协作团队工作的同时，让自己的优势得到发挥，自己的能力得到快速提高，从而让自己在团队发展中取得更快、更好的发展。

（付登强）

以身作则，合用共赢，建立高效的科研团队感想

一、团队合作才能产生共振双赢

不要把团队成员和团队相互之间看做是竞争者，他们是合作者，相互完善比相互竞争更重要。一般人看事情多用二分法：非强即弱、非胜即败。其实世界之大，人人都有足够的立足空间，他人之得未必就是自己之失。尽管人们习惯于独赢的成就感，但是这个世界上比你聪明的人有的是，与其冒着失败的风险去追求独赢，不如与他人一起分享胜利。

二、人才是高效团队的核心

科研人才是高效科研团队的核心。搞科研主要是两个层面，一个是试验设计，另一个是试验操作。试验设计是最关键的，一般需要有较高科学基础和素养的人才能担任这样的任务。可是，试验设计好了后的实际操作只需要经过一般基本试验训练的人就行了。人才的合理布局也是团队成功的必要因素，因此好的科研团队既要有博士和硕士，也应有一定的学士和相应的科研辅助人员，同时应有一定数量的研究生，这样的团队构成才合理。

三、培育以人为本的团队文化

团队是一种特殊的组织形态，应该具有适合的团队文化。好的团队文化对于

团队绩效的创造具有积极作用，最直接的作用就是对团队成员的吸引、鼓舞和激励。在打造团队文化时，首先应是培育团队的核心价值观。其次是努力营造一种“平等—民主—以人为本”的文化氛围，促使价值观深入人心。而价值观的打造要注重团队成员的发展，从制度保障到心灵互动，主要体现在培训体系、激励机制、沟通机制等方面。

四、知人善任，注重特长

世界上几乎每个人都有自己的特长，只是表现在不同的地方而已。我们必须利用每个人的特长，调动每个人的积极性。比如说，有的人内向，喜欢做一些具体的工作，而有的人比较外向，喜好交际，社交能力较强。针对这样的特点，前者应该较适合做一些实验室的具体工作，给一些重要的任务，而后者更适合从事接待来访者和外出办事等工作。

五、既有具体的分工又提倡严密的合作

科研团队常常同时承担几个重要的课题，要与许多单位合作，这就要求在团队内部进行合理的分工。只有团队内部合理分工，才能使团队成员在做好自己本职工作的同时，遇到其他成员需要帮助的时候，才能不分你我鼎力协作，这样的团队才能始终保持良好的合作精神和高效的工作效率。

六、互相尊重，平等相待

达到一定规模的科研团队，一定会有不同身份和职称的人，在专业分工和工资待遇上一定会有不同的层次。虽然在工作中存在着领导和被领导的差异，但是在具体的事务中，要始终坚持平等待人的原则。应注意到，绝大多数成员对领导者的态度比对工资待遇还要在意。学会相互尊重，对于提高员工的积极性非常有益。一个良好的相互尊重的科研环境对科研工作的开展是很重要的。所以，作为领导，应主动放低身段，平易近人，经常与下级一起做一些具体的工作，遇事用商量的语气，而不是发号施令的态度，让下级感受到一种平等的待遇。

七、领导者以身作则

作为一个科研团队的主要负责人，必须是这个领域的一流专家，精通自己的

专业知识。在工作中一旦遇到问题，能够立即发现问题、找出原因，并且能够尽快找到解决这个问题的方法和措施，要做到这点，必须经常与团队成员一起做一些具体的事务，从而可以了解不同成员的办事风格。在日常事务中，一定要以身作则，认真严谨，苦累的活自己带头干，遇到问题自己主动承担责任，以丰富的科学知识，以高尚的品行来感染你的下属。

八、塑造团队共识

"共识"比较通俗的解释就是大家都有某种想法，它是指从"共同危机感"到"共同目标"的"共同意识与共同责任"。没有共识就没有凝聚力，没有凝聚力就没有强大的团队。

九、推行有效的激励机制

俗话说得好，"遣将不如激将"，命令他人去做某事不如激励他人去做某事，在完成团队目标、提升团队绩效的过程中，有效的激励无疑是一种重要的手段。在日常工作中要注意细节处的小激励，还要设计有效的激励制度，不管是货币性的还是非货币性的。通常所说的激励，有研究者将其分为物质激励、精神激励、言语激励、人性化激励、公开表扬等。这些激励手段可以使员工充分发挥自主性、创造性，自动自发地开展工作。

优秀的科研团队共同的特点就是具有明确的科研目标和稳定的科研方向，加上卓越的团队领军人才和合理的团队架构，以及优秀的团队文化和必要的外部支持，这样的团队将战无不胜。

（覃伟权）

学习团队建设理论　提升土地管理成效

团队是由员工和管理层组成的一个共同体，可以合理利用每一个成员的知识和技能协同工作，达到共同目标。团队建设理论内容丰富，涉及面广。通过学习《打造高绩效团队》，深感打造高效团队对提高工作绩效有非常重要的作用，结合椰子研究所土地管理存在土地来源合法但被占用现象突出的问题，从团队目标、相互信任、统一行动三个方面谈谈个人感想。

一、打造高效团队建设理论

（1）目标一致，有利于激发工作动力。在工作中，有共同的工作目标，思想统一，认识一致，有利于激发人们强大的工作力量。人们寻求建立共同愿景的理由之一，就是他们内心渴望能够归属于一项重要的任务、事业或使命。

目标是团队取得成功的前提，没有目标就称不上团队，有了团队目标只是团队目标管理的第一步，更重要的是让团队的每个成员都认同团队的目标，并为实现目标而努力地工作。

（2）相互信任，有利于提高工作绩效。在一个团队中，没有信任就没有协作，没有协作就不会有绩效，因此，领导者要打造团队高度信任机制，使团队成员相互信任，做到相互协作，才能产生绩效。团队协作就是有共同目标的成员在团队中扮演不同的角色，充分发挥各自的优势来实现目标的过程。虽然每位成员的角色不一样，但是在团体中的每一个人都是非常重要的，这才是一个真正的团队。

（3）统一行动，有利于提高工作成效。一个团队在行动的时候要相互沟通与协调，让行动统一有序，使整个流程合理衔接，每个细节都能环环相扣。

二、高效团队对提升土地管理成效的重要性

通过学习打造高效团队建设，联想我所土地管理存在的突出问题，学以致用，提升土地管理成效，将对椰子研究所土地管理工作有很大的促进作用。

1. 椰子研究所土地权属清晰合法

根据1970年广东省委员会革生发（70）第353号文件精神，1970年由海南地区革委会和广州军区生产建设兵团共同发文，经海南土地规划小组审查上报并经广东省革委会生产组批复同意，新建冠南农场（由海南农垦局文昌农垦橡胶研究所领导和管理）。直到1979年，为了发展我国的椰子事业，中华人民共和国农垦部批准建立椰子试验站。1979年经华南热作研究院同海南农垦局商定，并报原中央农垦部批准，于1980年将海南农垦局文昌农垦橡胶研究所下属的清澜片四个生产队移交给华南热作研究院筹建椰子试验站，椰子试验站接收文昌农垦橡

胶所所属原冠南清澜的四个生产队的国有土地、人员及一切资产。1993 年文昌县人民政府根据 1992 年 6 月 9 日海南省政府办公厅有关文件拟订的意见，召开了确定椰子研究所国有土地会议，重新调整土地界线。文昌县人民政府于 1993 年至 1994 年对椰子研究所的土地全部进行确权发函，当时的土地确权工作主要依据当时的土地利用现状进行，即将已经种植作物的土地和作物周围必须保留的防护林带用地确权下来，将没有种植作物的土地以及一少部分比较靠近村庄的林地退给农村。在这次土地确权的基础上，于 1998 年经文昌市人民政府批文发给椰子研究所土地使用证，2000 年土地使用证年审后换发了新的土地使用证。

这说明椰子研究所土地确权发证工作是政府依法依规进行的，土地权属清晰合法，理应受到法律保护。

2. 土地管理存在被占用的突出问题

椰子研究所土地管理存在的突出问题，最主要的就是土地被占用现象非常严重，主要表现在以下三个方面：一是土地被侵占比例较大。在全所 6 700 多亩土地当中，目前被占用 1 400 多亩，约占全所土地的 21%，有些是混在椰子研究所作物试验基地当中占用，有些是整块土地占用。二是解决问题难度较大。一直以来，土地被占用等纠纷问题发生比较频繁，解决这类问题的难度也比较大，有时往往是旧的问题尚未彻底解决，新的问题又接着发生，导致有些土地被占用等纠纷问题一直悬而未决，遗留问题仍然较多，使土地管理和开发利用工作较为被动，且在工作上花费了大量的人力和财力。在解决问题过程中，同村民发生争执是常有的事，而且与有些村民集体行动相比，管理队伍也显得势单力薄。三是土地管理成本较高。在土地利用过程中，往住会受到周边村民的干扰、阻拦和破坏，造成土地利用成本高，工作难度加大。比如，2015 年，椰子研究所对试验一队计划种植椰子的土地进行清理以后，周边村民趁机在椰子研究所已经清理干净的土地上抢种苗木，所里不得不花费较多的时间和较大的精力处理矛盾。同年，在试验一队实施土地维护项目建设的时候，受到周边村民的无理阻拦和破坏，损坏围栏将近 100 米，建设项目被迫暂停，实施方案被迫变更，使所里的工作进度和预算执行情况都受到较大影响。2017 年和 2018 年，椰子研究所在一队进行道路和围栏建设过程中，多次受到周边村民的阻碍干扰，工作被迫多次中止，经多次沟通协商才能一点一点地缓慢推进，不但严重影响工作进度，也花费大量的人力物力。2018 年，在对土地维护项目建设过程中，同样遭到村民的阻挠，工作无法顺利开展，所里被迫一边处理纠纷一边变更项目实施方案。

3. 打造高效团队对土地管理工作的促进作用

打造高效团队对土地管理工作的促进作用表现在很多方面，下面浅谈几点：

一是要有一个共同的目标。开展土地管理和维权工作，如果我们目标一致，工作就会积极主动，就会产生一种想尽快实现目标的工作热情，并体现在实际工作当中。相反，如果我们团队目标不够明确，或大家各有想法，处理问题就会产生障碍或阻力。

二是要相互信任。在土地管理工作中，为了实现共同的工作目标，要求大家要相互团结、相互信任。有不同看法可以提出来讨论、研究，就事论事，找出问题，研究对策，达成共识，相互配合抓落实。如果大家相互之间不信任，意见不统一，或者凭个人感情用事，在工作中就很难得到相互间的支持、配合和帮助，工作效率将大幅降低，也很难取得好的成绩。

三是行动统一。在处理村民占用所里国有土地的工作中，往往村民表现得更加团结、意见更加统一，共同给所里施加压力和阻力，导致处理问题的难度进一步加大。所以对于我们研究所来讲，在工作中要思想统一，团结一致，心往一处想，力往一处使，拧成一股绳，统一行动，给村民讲道理，摆事实，共同作对方的思想劝说工作，以期取得更好的效果。

（韩联健）

科学合理的考评机制能激发团队活力
——《打造高绩效团队》学习心得体会

近几日读了单位发了挺长时间却未认真仔细阅读过的蒋巍巍老师所写的《打造高绩效团队》一书，感触颇深。

团队建设在企业管理的进程中是一个永恒的课题。其建设的难点在于，决定团队成长的因素在团队管理中始终是以变量的方式呈现的，也就是说团队建设者管理的主体始终是一个“变量”。成功的团队中没有失败的个人，失败的团队中没有成功的个人。千年胡杨不会独自生长，百年企业更不能独孤求败，要想成就一个百年企业，必须先打造一支高绩效团队。而要想打造一支高绩效的团队，就必须领会团队灵魂的精髓，掌握影响团队绩效的根源，熟悉打造高绩效团队的方法和规律。如今，已经不是一个人和另一个人竞争的时代了，而是一个团队和另一个团队竞争的时代，只有完美的团队，没有完美的个人，高绩效团队是用汗水、血水和泪水铸成的，高绩效团队不但要融于一体，还要与时俱进。

没有考核，就没有绩效，考核是团队绩效的重要保障。加强员工绩效考核是任何一个组织最基本的管理方式，也是提高员工执行力的有效方法。考核的目的是为了奖惩，奖惩不仅可以激发员工的工作热情和干劲，还可以促进员工遵纪守法，按流程办事、提高服务质量，使团队各项规章制度得到切实落实。首先，考核保障执行，执行带来绩效。随着经济的发展，买方市场的形成，各行各业的竞争越来越激烈，现在很多团队在发展过程中都碰到了执行不到位的难题，谁能狠抓落实执行到位，谁就能出高绩效。其次，考核是评价制度的标准。一个卓有成效的绩效评估体系通常包括两种评估形式：正式评估和日常管理中的及时评估。团队之所以要进行绩效评估，首先是希望通过对员工的考核，判断他们是否称职，从而切实保证他们与职位的匹配、报酬、培训等工作的科学性；其次是希望通过绩效评估，帮助员工找出自己绩效差的真正原因，激发员工的潜能。

与绩效评估紧密相关的工作，就是如何科学地支付报酬。作为团队所有员工认可的绩效评估形式，这些报酬体系的设计首先应该表现出“对内具有公平性，对外具有竞争力”的特点。无论是金钱报酬还是非金钱报酬，其目的应该在于激发员工的创造力和团队合作精神。当一个项目小组或一位员工表现杰出时，我们就需要通过绩效评估来给予奖励。

建立高效团队的考核机制，是有一定原理依据的。高效团队的考核原理主要有两个，一个是马斯洛需求层次理论，另外一个就是赫兹伯格的双因素理论。马斯洛需求层次论是研究人的需求结构的一种理论。马斯洛把人的需要划分为 5 个层次，分别为：生理的需要、安全的需要、社交的需要、尊重的需要、自我实现的需要。了解员工的具体需要是需要层次论对员工进行激励的一个重要前提。在现实的社会中不同组织、不同时期的员工的需要充满差异性，会经常变化。因此，作为领导者，就要经常用各种方式进行调研，了解员工未得到满足的需要是什么，再有针对性地进行激励。赫兹伯格的双因素理论实际上是针对满足的目标而言的，分为保健因素和激励因素两种。所谓保健因素实质上是人们对外部条件的要求；激励因素实质上是人们对工作本身的要求。根据赫兹伯格的理论，要调动人的积极性，就要做到“满足”。满足人们对外部条件的要求，称为间接满足，它可以使人们受到外在激励；满足人们对工作本身的要求，称为直接满足，可以使人们受到内在激励。在实际工作中，借鉴这种理论来调动员工的积极性，使员工不至于产生不满情绪，还要注意利用激励因素去激发员工的工作热情，使其努力工作。

奖罚的目的都是为了激发活力，而实施奖罚也是有潜规则的，别被假象所迷惑。世上并没有用来鼓励努力工作的赏赐，所有的赏赐都只是被用来奖励工作成果的。努力是不好衡量而且也比较容易掺杂假象的。奖惩的标杆应该是一个可以直接用于比较和衡量的客观标准，因此，成果是最有说服力的。处罚只是手段，创效才是目的。从客观上讲，无论何种形式的惩罚，都会对受惩罚者造成一定的物质损失或精神伤害。人是有血、有肉、有思想、有情感的，在达到处罚目的的同时，要充分考虑受罚员工的想法和承受能力，对不同状态的员工采取不同的方法与对策，从而达到教育员工的目的。总之，不论对员工的表扬、奖励还是批评、惩罚，领导者都要做到实事求是、恰如其分、力求准确。表扬时不能为了突出某人的成绩而对之凭空拔高；批评时不能捕风捉影，任意上纲上线也会产生不良后果。

在团队中，人与人进行沟通时通常都有一定的目的。如，赢得他人的尊重和认可，获得他人的理解和支持，以及解决工作中各种各样的分歧、争议和冲突等。但是，沟通如果仅是依靠简单的会话是不能完全解决这些问题的，还需要搭建团队沟通的桥梁。

作为椰子研究所的一员，我深感到团队建设的重要性。在日常工作中，要明确团队目标，有了目标，团队才有前进的方向，大家才能劲往一处使，不至于出现南辕北辙的现象。大家应重视团队合作，如果缺乏合作意识，只懂得闷头苦干，即便个人能力再强，也是无法适合团队需要的，甚至会影响到团队的凝聚力。大家还要彼此信任对方，只有这样，大家才能一起面对困难并最终克服困难。如果同事之间连基本的信任都没有，在顺境情况下可能不会出现问题，但是当面临逆境时，信任危机带来的危害就会出现，进而影响到整个团队的凝聚力。最后，还应加强彼此间沟通，重视绩效考核，并激励自己努力。

（刘艳菊）

阅读《打造高绩效团队》有感

近期，我所动员和部署了“高效团队建设年”活动。为了积极参与学习，我认真阅读了《打造高绩效团队》读本，感慨良多。椰子所就是一支团队，我们不同级别不同岗位的员工都是团队的建设者。只有每个员工都明白高绩效团队是如何打造的，是如何管理和运作的，员工才知道自己应该干什么，应该怎么做，才能各司其职，更好地完成本职工作，更好地去完成领导交代的每项任务从而促使整体目标的达成。

一、何为高绩效团队

只有抱成“团”，才能形成“队”。我们每一个员工都是椰子所这支团队里的一名队员，我们所需要的高绩效团队就是能在每一次目标要达成时，在有限的环境下，最快最正确最规范地达成目的。高绩效团队有着强烈的向心力和团队精神，遇事不推诿，每个个体都在朝一个目标推进。

二、打造高绩效团队的重要性

现代企业之间的竞争，已经不是员工个人之间的竞争，而是一个团队与另一个团队的竞争。当今社会人才济济，企业不缺人才，缺的是将各类人才迅速整合，打造成高绩效团队的能力。成功的团队中没有失败的个人，失败的团队中没有成功的个人。我们在工作中如果只知道自己单干，不懂得依靠团队的力量，就只会越干越忙，越干效率越低。打造高绩效团队，是我所提高科研实力，推动所建设发展的必要举措，也是我们每一个员工提高自身发展，提升自己核心竞争力的有效手段。所强员工强，高绩效团队可以给所带来高绩效回报，辐射到每一个员工身上，都会受益。

三、如何更好地打造高绩效团队

打造高绩效团队的关键是卓越的领导者。每一个团队都会有一个领导者，而高绩效团队则需要一个卓越的领导者。高绩效团队的领导者新定位：做一名优秀的以教人为主的教练型上司。用好每一个人，充分调动每个人的积极性，发挥每个人的主观能动性，通过管人达成管事。

打造高绩效团队的根基是定目标，创流程。只有明确团队目标，打造我所文化，让所文化汇聚到每个员工的心中，所荣我荣，才能凝造向心力，打造团队凝聚力。同时，制定团队业务流程，建立流程跟踪制度。明确指令性业务流程，可清晰地呈现出：常规的事务如何做，临时的任务如何执行，突发的事件如何应对。有清晰的流程，可使员工更清楚地知道自己要做什么，如何做。讲规矩，重制度。无规矩不成方圆。

打造高绩效团队的重要保障是绩效考核。没有考核就没有绩效，加强员工绩效考核是提高员工执行力的有效方法。考核的目的是为了奖惩，有奖也有惩，奖惩不仅可以激发员工的工作热情和干劲，还可以促进员工遵纪守法、按流程办事，使团队各项规章制度得到切实落实。

打造高绩效团队的沟通桥梁是说对话才能做对事。沟通的第一个环节是表达，正确地表达有助于人们真实地传递信息，明确目的。而沟通的第二个环节是倾听，学会倾听才能够准确地把握谈话者的意图，才能对症下药地去解决问题。有效的沟通最后一个环节是反馈，有效的反馈可极大地提高沟通效果。对事不对人，具体而明确地表达反馈信息。

打造高绩效团队还需直面问题，积极引导。团队由一个个独立的个体组建而成，无法避免会产生团队冲突。正确认识团队冲突，剖析冲突产生的原因，冷静应对团队冲突，积极引导，方能让团队在“冲突”中成长。遇到问题，直面问题，勇于攻坚，突破即可收获。

打造高绩效团队需科学决策，减少失误。所谓决策，是指为了实现某一目标而做出的决定或选择。决策者在作出决定之前，往往会面临不同的选择，这就要求领导者要理性地作出决策，科学决策，统一认知。

打造高绩效团队还需鼓励创新。在当今激烈的竞争环境下，提升团队创新意识是卓越领导者的必备能力。只有全体员工不断发掘自身潜力，积极参与工作创新，勇于创新，敢于创新。团队绩效才能迅速、持续提升。

四、团队中的个体如何更好地各司其职

在团队中，每一个成员必须认清自己的职责定位，认清团队目标，接受团

队文化。做到思考：在这个团队中，我可以做些什么？提升：学习提升自身的技能，充分发挥自身绩效。服从：服从领导者的安排，及时跟踪反馈。执行：高绩效 = 高执行，不是为了执行而执行，而是让执行得到一个结果。责任：工作即为责任，提高责任意识，才能不被团队所淘汰。领导与被领导：团队目标往往会分解成多个小目标，团队中层领导者，需学会领导与被领导的权责体系意识。

打造高绩效团队，我们需要做的还有很多。一个卓越的高绩效团队，应该是一群有共同目标的人，一群有共同价值观的人，一群有共同利益的人，一群能协作战斗的人，一群荣辱与共、同舟共济的人。

（王冰）

团队精神是打造高绩效团队的法宝
——《打造高绩效团队》心得体会

读完《打造高绩效团队》后，令我感悟颇深，它给了我一个“团队”的全新诠释，团队精神是一切事业成功的基础，没有团结协作，一切都只能各自为政，一盘散沙。个人与团体就像鱼与水紧密联系。团队精神是任何一个集体成功的法宝，只有团结一致，众志成城，才能取得更好的成绩。

一、设定科学合理的奋斗目标

目标就是个人或组织期望的成果。设定目标可以让团队成员明确方向，把握重点并产生积极的心态。

（1）设定团队目标。打造高绩效团队必须确立一个科学合理并具有挑战性的奋斗目标。团队目标的设定主要涉及两个方面，首先是执行上级下达的工作目标。其次是团队自选目标，这是团队自我加压、自我挑战的精神追求。对于团队自选目标的设定一定要遵循可操作、可衡量、可实现的原则，目标过高或过低都不利于团队成员积极性的发挥。自选目标主要依据在团队以往管理中存在的实际问题，通过团队成员集体参与、分析决策，从而达成共识。

（2）设定个人目标。个人目标是团队目标的细化和延伸。管理者要高度重视职工个人目标的制定工作。通过与职工的沟通互动来帮助职工确立更高层次的目标。在具体制定过程中，既要尊重职工的自身追求、不越俎代庖、不简单下达目标，又要帮助职工分析利弊、不放任自流、合理施加压力。制定职工个人目标必须明确详尽，并事先制定达成目标应该采取的步骤、各步骤完成的期限，以及衡量目标达成的方式。

（3）定期跟踪目标。目标制定之后，管理者和职工需通过共同的努力去实现目标，展示职工价值、提升团队形象。为此，团队管理者必须对目标进行定期跟踪，及时提醒，使职工始终能围绕目标，重点突破。首先是对团队和个人设定的目标进行公示，这种形式有助于职工自我提醒，也有利于职工之间相互监督，从而激发职工主动进取的内在动力。其次是将职工目标分解到月度考核中去，定期对个人目标进行分析检查，并对职工工作完成情况进行反馈。管理者要充分发挥自身优势，帮助职工获得完成工作所必须的知识、经验和资源，使职工朝着积极的方向发展。

二、构建全员认同的价值取向

作为一个团队管理者，首先要承认个性差异，同时要围绕单位中心工作和目标愿景，塑造全员认同的价值取向。这要求管理者制定明确的管理规则。规则是团队成员必须共同遵守的、实现团队顺利运转的一种制度。团队管理者要把那些大家必须遵循的原则明确提出，通过职工的共同参与，在团队内部确认和公布，让每个职工都明白团队管理中的“游戏规则”，从而实现团队内部管理的公开透明。

三、建立持续改进的管理机制

（1）营造团队学习氛围。一个高绩效的团队，除了职工加强自身职业修养的学习外，更要有组织地开展团队学习，特别是对新形势、新政策的把握，对新技术、新材料的应用，都需要团队成员时刻保持率先领先的精神状态，提高团队学习力。要不断总结团队成员在日常工作中的实践成果，加强宣传和推广，提升团队整体工作成效。要虚心学习借鉴兄弟单位成功经验和好的做法，为团队管理注入新的活力。

（2）改善团队沟通机制。团队的高效运转很大程度上取决于通畅的信息沟通。良好的内部沟通机制有助于消除误解、达成共识、提高团队执行力。首先要拉近与职工之间的距离。管理者在沟通过程中要注重方法和艺术，善于发现职工的优点，给予真诚的表扬和鼓励，扫除职工心理障碍。其次是改变管理者说职工听的单向沟通方式。倾听职工陈述能让职工有一种被尊重和被欣赏的感觉，有助于真正地了解职工，化解矛盾和冲突。通过倾听还可以向职工学习知识和方法，获得更准确、更真实的信息。第三，要建立内部信息沟通平台。及时做好上情下达和下情上传工作，保持管理者和职工信息对称，堵塞传闻的蔓延。

（3）建立正向激励机制。管理者必须顺应变化，改进职工绩效评价机制，重视绩效沟通反馈。首先是引入正向绩效评价机制。重新设计职工绩效评价办法，完成工作任务仅得基本分，对主动改进工作、取得明显成效的给予加分，这样，管理者不必再为考核职工而为难，职工也不会因为绩效不理想对管理者耿耿于怀。职工会告诉你他是如何用心来改善工作，取得了怎样的效果。这正是高绩效团队所需要的。其次是重视职工绩效沟通反馈。一些团队管理者往往想提高效率，通过内部绩效沟通会，把表扬和批评一并亮相，尽管陈述了事实，但一些挨批的职工心理会无法接受，甚至出现消极对抗情绪。因此，采用当众表扬、个别交流的形式，才能真正使绩效评价产生积极效应。

不管我们从事的是多么平凡、杂陈的工作。都要具备高度的工作责任心，只有这样，才能把工作做到最好。工作无所谓崇高，真正崇高的是我们对工作的态度。要有奉献精神。一分耕耘，一分收获，当你加入这个团队，就要为团队贡献自己积极的、正向的能量，促使团队发展壮大。团队是每个个体的总和，需要发挥集体中每个个体的智慧和长处，才能发展壮大团队的力量；个体必须通过团队校正自己的行为，才能提高工作能力。二者协调发展，相得益彰。

通过学习《打造高绩效团队》，使我深刻认识到每个人只有锐意进取，与时俱进，把自己融入团队，奉献自己，才能展现出自己的才华与精神风貌。

（吴清新）

打造高绩效科研创新团队的建议
——《打造高绩效团队》读后感

根据《椰子研究所委员会关于开展高效团队建设年活动的通知》(所党委发〔2018〕5号)的安排部署，本人认真研读了北京大学国家软实力课题组研究成果系列《打造高绩效团队》(蒋巍巍著)，感受颇深，受益匪浅，进一步明确了自己的定位和今后的努力方向。

该书阐述了打造高绩效团队的方法，分别从打造卓越团队领导者、制订明确的团队目标、激发员工主动意识、打造高度信任机制、有效授权、考核、激励、化解冲突、高效执行、科学决策、鼓励创新等方面进行了论述。

本人作为一名普通科技工作者，结合自身工作，结合所在的槟榔产业技术创新团队，就如何打造高绩效科研创新团队谈谈自己的几点感受。

团队是一个介于组织与个人之间的人群结合体，是为了达到共同的特定目标，由两个以上的人所组成的相互依赖、相互作用的人群结构。团队的构成要素总结为5P，分别为目标、人、定位、权限、计划。团队的目标必须跟组织的目标一致，此外还可以把大目标分成小目标，具体分到各个团队成员身上，大家合力实现这个共同的目标。同时，目标还应该有效地向大众传播，让团队内外的成员都知道这些目标，以此激励所有的人为这个目标去工作。人是构成团队最核心的力量，3个(包含3个)以上的人就可以构成团队。目标是通过人员具体实现的，所以人员的选择是团队中非常重要的一个部分，不同的人通过分工来共同完成团队的目标。团队的定位包含两层意思：团队作为整体的定位和团队中个体的定位。团队当中领导人的权利大小跟团队的发展阶段相关，一般来说，团队越成熟领导者所拥有的权利相应越小，在团队发展的初期阶段领导权相对比较集中。计划是团队实现共同目标所制定的一系列具体的行动方案，提前按计划进行可以保证团队的进度顺利，只有在计划的操作下团队才会一步一步地贴近目标，从而最终实现目标。

随着农业科研技术的不断深入发展，其研究的难度和涉及的学科领域也在不断拓展，我国农业科研创新能力与团队建设也越发凸显出其重要性。科研创新团队是指以优秀学术带头人为领导，以重点实验室或者工程中心为依托，以科学技术与研究开发为内容，拥有合理结构的学术梯队，人数不多且技能互补，愿意为共同的科研目的、科研目标和工作方法而互相承担责任的群体。加强农业科研院所创新团队建设是适应新时期农业科技创新要求的新模式，是整合创新资源、加强联合攻关的有效途径，对于推动科技创新发展具有重要的作用和意义。

科研创新团队的组成要素主要包括研究方向、专业人员、研究项目、研究平台、信息资源和制度文化等。科研工作具有创新性、风险性、延续性、协同性，以及科研过程难以监控、科研成果难以精确测量考核和评价等特点，因此，农业科研创新团队建设要注意以下几点。

一、要有明确的高水准发展目标

创新团队必须有瞄准国际国内重大科学前沿问题的高水准的战略目标和中长期发展目标，团队的学科方向必须是本单位确定的重大创新方向，是国家和行业急需解决的热点问题。

二、要有高水平的学科领军人才

领军人才是科研创新团队的领导者，他们学术造诣深，在学科建设方面具有创新性构想和战略性思维，同时在团队建设管理方面也要有一定的经验，善于激励下属，能带好队伍，保证团队目标的顺利完成。

三、团队梯队建设结构要合理

一个优秀的科研创新团队并不是简单地由几个“最优秀”的人才组成，除了拥有具有开拓创新能力的年轻生力军外，也离不开做辅助工作的科辅人员和技术人员，在人员配置方面避免出现“代沟”和“断层”，确保团队各成员拥有的技能能够实现良好的优势互补，形成合理的人才梯队。在这个团队中，不同年龄、不同工作经验、不同学科背景、不同研究水平的成员相互交流、相互影响、相互熏陶，集思广益，每一个团队成员都能找到自身的正确位置，通过团队各成员之间的有效配合能够发挥出更大的作用，实现一加一大于二的效果，推动科研活动高效开展，通过各成员技能的充分发挥和协同合作高效地完成团队共同目标。

四、要建立健全完善的团队激励机制

目前，一些农业科研院所在团队运行机制方面还存在一些不足，对科研绩效的评价，往往注重发表论文专著、争取科研经费、承担课题项目等量化指标，而忽视成果的转化率、转化效果、应用推广等质量指标，这样容易造成团队的急功近利，限制科技创新效果，难以研发出有重大价值的成果。同时，一些农业科研机构为科研人员提供薪酬、福利、科研条件等基本保障的能力不足，甚至在经济运行压力下将项目经费、技术创收以及收入上缴作为科技人员的重要任务和考核评价指标，甚至向科技人员摊派“人头费”，致使科技人员和科研活动的基本保障功能失效，科技人员不得不忙于各类创收性业务和“跑项目、找经费”，制约和阻碍了其进行科学研究和开展科技创新活动。所以，首先要保障团队成员的基本薪酬福利和科研条件，同时建立健全完善的团队激励机制，通过有效的人才激励机制进行鞭策，使每位团队成员通过努力把自身的价值发挥到极限，共同为团队做贡献。

（陈君）

塑造高效团队的思路和方法分析

有人说：一个企业如果没有团队精神将成为一盘散沙，一个民族如果没有团队精神也将无所作为。可见团队精神无论是对一个企业、还是对一个国家的发展都起着至关重要的作用。

时代需要英雄，更需要伟大的团队。举个例子来说吧，中国的历史上，曾经出过一位历史人物项羽，他是西楚霸王，与刘邦争天下，论骁勇，十个刘邦不是他的对手。但是，刘邦知人善任，在利用和调动团队力量方面比项羽略高一筹。因此，刘邦成为胜者，笑到了最后，建立了大汉政权。归根到底，刘邦胜利的原因，是他能识人用人。可以这样说，刘邦的胜利，是团队的胜利。刘邦建立了一个人才各得其所、才能适得其用的团队；而项羽仅靠匹夫之勇，没有建立起一个人才得其所用的团队，所以以失败而告终也在情理之中。就当今社会发展的形势来讲，21世纪的竞争态势已经很明显，一个伟大的团队远远胜于英雄个人的作用。奥运会上梦六队的失利，NBA中巨星云集的湖人队败给没有大明星的活塞队，都说明了这一点。

既然明白了高效团队对于一个企业发展的意义，那么塑造高效团队的思路方法又有哪些呢?

一、要明确高效团队建设的目标

高效团队建设实际运行过程不是一件轻松的事情，常常让人感到无从下手。但是，团队要发展、要成功，不能单纯模仿，而应该通过自己的观察、思考和策划，走出一条属于自己的路。所以首先应该很清楚现在应该干什么，下一步又要干什么。一个共同愿景的建立，是把团队中每个人自己的愿景和企业共同愿景结合在一起。从某种角度上说，建立一个共同愿景的过程，其实就是进行团队成员间讨论和交流的过程，这个过程就是人与人之间进行互动，真诚地和对方交流自己的想法。在团队中建立共同愿景，这是提高团队凝聚力的最有力的举措。剩下的只需要认真分析、正确导向，发挥团队积极性，提高执行力，即可达成绩效目标。

二、要强化学习培训，提高效率

人员素质的提高是完成绩效目标的前提和保障。如果团队从下到上，特别是管理人员基本素质不过硬，不强化学习，不懂得不断充实自我，那么这个团队就不能在发展的社会中创造出更多的“奇迹”。因此，只有加强学习，才能提高人员的整体素质，团队内部才不会出问题，这个团队在激烈的市场竞争中才能有战斗力。一个优秀的团队，应是个人与团队共同进步，个人在团队工作中，把自己的职业规划跟团队业绩相结合，团队给队员提供个人的发展平台和职业通道。

三、要建立和谐的工作氛围

加强团队的文化建设，就是要把全体员工凝聚在一起，拧成一股绳，让员工有归属感；营造浓郁的团队氛围，培养良好的团队精神，建立和谐的工作氛围。一是要通过放松员工工作压力，关心员工工作生活，让员工感受到“家”的温暖，及时、有效解决员工思想上、工作中的问题和困难，使员工真切感受到自己是团队的一份子，从思想上和心理上对团队产生强烈的认可感和归宿感。二是要通过开展形式多样的团队活动，如员工聚会、户外郊游、篮球比赛、演讲比赛、服务技能比赛等，调动员工的积极性和工作热情，增进相互了解和同事间的感情，加强员工的归属感。

四、要加强沟通，增进互信，倡导平等

团队的领导与成员、成员与成员、成员与环境、团队与团队之间都应架起沟通的桥梁，共同学习、共同发展、共同成长，才能共同创造辉煌的事业。团队的领导特色首先体现在鼓励平民化的敞开沟通政策，强调开放的沟通、互相尊重、使团队内每一位成员感觉到自己在团队的重要性。团队的高层领导人率先身体力行，努力倡导平等文化。团队在组织机构上，不是上下级等级森严，而是很平等，有问题可以越级沟通。在这方面，我建议单位应当每年请第三方公司做一次员工意见调查，听取员工对自己的工作和对单位发展的看法，并和上年的情况做比较，看在哪些方面需要做改进。或者单位每年进行两次讨论，领导和员工之间讨论以前的表现、今后的目标，除了评估员工的表现，也是沟通彼此的途径。

五、要通过绩效考核引导团队员工

团队组织与传统组织在形态、权责范围、目标要求、动作方式等很多方面有区别，所以在对团队进行绩效考核激励时，要区别对待。激励机制是整个团队发展、生存的关键。在考评激励时，要考虑团队的整体性。绩效考核是集体智慧的结晶，是靠大家的力量共同完成的，要考虑集体智慧如何与个人考评相结合。不可以单纯看重对个人的考评和奖酬。只有这样，才能使团队成员齐心协力地合作。同时，还可以将企业的期望、目标和价值观传递给员工，增强员工的凝聚力和创造力。

“康泰之树，出自茂林，树出茂林，风必折之。”一棵健康高大的树木，一定是从茂密的森林中生长出来，这棵树如果离开这片森林，风一吹来势必折枝散叶。在现今社会中没有一个人单靠自己就能顶天立地。企业竞争不是个人赛，而是团体赛。因此，增强领导才能，实施人文管理，倡导人尽其才，各司其职，增强团队凝聚力、向心力，才能实现智慧共享、资源共享，合作共赢，最终成就一支优质高效的团队，从而助推整个单位跨越式发展。

（刘祥龙）

高绩效团队需要“统一目标 + 知人善任 + 高效管理 + 优势互补”

众所周知，不同的人，不同的时间，不同的课题会产生不同的目标，但都知道“团队是单位提高效率的武器”。到底什么才是真正意义上的团队？如何才能打造出高绩效的团队？

首先，成功的团队没有失败者，失败的团队没有成功者。

在仔细阅读《打造高绩效团队》一书后，本人备受启发，此书由外入内，由远及近，由粗到细，将每一个细节问题由抽象化转向形象化、具体化，结合我们科研单位的实际情况来思考如何管理好我们团队的课题和项目，大家都会得到不同的感悟。

今天大家都在说如何打造我们的团队，如何让团队在企业当中发挥更大的作用，也说到通过种种方法来管理、完善团队，比如，制定每一阶段的详细计划，然后分工执行，最后落实检查计划完成情况及其效果。不可否认，相当多的单位都具有为数众多的部门，比如我们单位就有椰子研究室、槟榔研究室、生物技术研究室、特色作物研究室、植物保护研究室、综合办公室、成果转化办公室、后勤服务办公室、科研办公室、财务办公室等，那么，就出现一个问题，那就是什么是团队？一个部门是不是一个团队？一个项目组是不是一个团队？一个研究方向是不是一个团队？

团队，其实是一个新的概念。团队是由员工和管理层构成，组成一个利益共同体，团队成员拥有互补的知识和技能，他们协同作战，解决问题，攻克难关，勇攀高峰，最终达到共同的目标。

在团队当中，每个成员的目标必须是一致的，每个人都是目标当中的一个链条，这些链条环环相扣，缺少任何一个链条都不能成为一个团队。所有团队成员的目标只有一个，而不是多个。在我们椰子研究所的部门当中，以科研部门和管理部门作为例子，可以看出，每个部门的成员目标都是不一样的。

其实，部门的提法由来已久，什么时候有企业、有单位，什么时候就有部门。而团队的概念出现也就 50 年左右，做得最好的当属日本和美国。中国的单位一直以来在协同方面都有问题，问题往往在于团队建立得太少，在中国，单位通常跟团队无缘，都是部门，而不是团队。部门的人员职能可以不一样，但是团队成员每个人的目标都是一样的，每个人都为了共同的目标在做事，比如椰子科学院创立的木薯产业创新团队、槟榔产业创新团队、木本油料作物创新团队等。

一说到团队的时候，人们自然会想起“1+1>2”，什么是科研部门的业绩，什么是管理部门的业绩，团队业绩就是所有人的业绩之和，所以团队会出现一加一大于二的效果。一个简单的例子可以证明这一点。

《瞎子和瘸子》的故事，作者是德国作家克・菲・格勒特。一个瘸子在马路上偶然遇见了一个瞎子，只见瞎子正满怀希望地期待着有人来带他行走。“嘿，”瘸子说，“一起走好吗？我也是一个有困难的人，也不能独自行走。你看上去身材魁梧，力气一定很大！你背着我，这样我就可以给你指路了。你坚实的腿脚就是我的腿脚，我明亮的眼睛也就成了你的眼睛了。”于是，瘸子将拐杖握在手里，趴在了瞎子那宽阔的肩膀上。他们有着共同的目标，两人步调一致，获得了一人不能实现的效果，这就是一加一大于二。

你不具备别人所具有的天赋，而别人又缺少你所具有的才能，通过类似的交际便弥补了这种缺陷。因此，请别抱怨上帝的不公！某些优势，他没有给你，而赐予了他人，是公平的，真正的团队必然是通过互补的知识和技能来达到共同的目标。再看唐僧师徒四人西天取经这个例子，大家觉得，他们的个性一样不一样？技能一样不一样？

团队成员具有不同的业务能力和性格特征，只有知人善任，根据其特长和能力分配工作岗位，并根据其性格特点进行适当地控制，才能最大限度地发挥其特长和积极性。唐僧的三个徒弟各自有着不同的才能和性格，但他很恰当地进行了工作分配，并辅之以一定的控制手段。例如对于业务能力强、工作积极但心高气傲的孙悟空，一方面给他分配能够充分发挥其专业特长的工作，如降妖除怪、在危险环境中探路等；另一方面也注意约束其行为以防止其专业能力的过度发挥影响项目目标的实现，即当在“降妖除怪”与“误伤好人”（这可能影响“取经”的核心目标）之间存在矛盾时，就毫不犹豫地保证项目目标的实现（宁可放过一千，决不错杀一个），否则就要采取惩罚措施（念“紧箍咒”）。对于业务能力中等但工作态度不积极的猪八戒，则让他与业务能力强、工作积极高的孙悟空协同工作（《西游记》中经常出现孙悟空和猪八戒一同打妖怪的场面），以督促他完成工作；同时充分利用其“善于处理人际关系”的特点，分配一些能发挥其特长的特殊任务（如化斋、问路等），另外唐僧利用猪八戒喜欢讨好领导的特点，一些通风报信的工作也交给了猪八戒，以便唐僧能够随时了解团队成员的动态，也为自己的管理手段随时做出正确的调整。而对于勤勤恳恳但业务水平较差的沙僧，则分配给他技术要求不高，但对工作态度要求较高的规范性强但比较枯燥的工作（如挑行李等）。实际上，我们什么时候也没有看到唐僧亲自打妖怪，如果有一天，唐僧带着三个孙悟空，到西天取经，这个经能取回来吗，估计取不回来，问题是谁愿意挑这个担子呢？就算让孙悟空来挑这个担子，估计他也会花钱雇一个人来挑担子，最终我们会发现，一个高绩效团队，是由具有互补的知识和不同技能的人组合而成的。

综上所述，我认为，一个合格的团队就是：统一目标＋知人善任＋高效管理＋优势互补。

（吕朝军）

绩效基于协作，协作基于信任

很多团队之所以具有很强大的竞争力，实际上根源不在于员工个人能力的卓越，而在于其团队整体的强大。团队整体强大的基础，就是团队成员之间的相互信任和协作。在一个团队中，没有信任就没有协作，没有协作就不会有绩效，因此，领导者要打造团队高度信任机制，使团队成员相互信任，做到相互协作，才能产生绩效。

一、协作才能产生绩效

团队协作就是有共同目标的成员在团队中扮演不同的角色，充分发挥各自的优势来实现目标的过程。虽然每位成员的角色不一样，但是在团体中的每一个人都是非常重要的，这才是一个真正的团队。

在自然界中很多动物的生存及人类的游戏、球赛中很多事例都能体现团队协作的案例。对中国象棋有一定研究的人基本都知道，单车的子力价值基本与马炮两子等价或者高于两子力量。但双方都是仕象全的情况下，高手与高手对弈进行阵地战，车马炮卒方可胜双车方，而双车卒或者车马炮卒只能和双车。实际上车马炮卒在团队中很好地扮演不同的角色，并且必须是棋力很高的棋手才能把各子组合好，最终很艰难地战胜双车方。其中胜利方的一卒虽然是最弱子力，但少这一卒就无法取胜，这一卒很好地体现出团体中每一个成员都是非常重要的。在今年的世界杯足球队比赛中，有些国家队的球员团队协作精神体现得淋漓尽致，而有些国家的球队由于团队成员不信任互相拆台而导致惨败。

小的科研团队就像一盘中国象棋，团队的每位成员包括博士、硕士等高学历人才及辅助人员，没有一个是多余的人，都有着共同的目标，在团队中扮演着不同的角色，并且要充分发挥各自的优势才能最终实现团队共同发展的目标。对更大的团队来说更像是一盘围棋，更多的棋子有着紧密的联络才能在与对方的绞杀中求生存。

二、信任是协作的基石

合作产生效率，这是如今许多团队领导者常说的一句话。在团队的内部管理中，团队成员间相互协助是提升效率的前提。但在我们日常工作中，有不少人有点本事，个性就很突出，脾气很大，其实这些都是个人修养不够的表现，会影响团队的协作。正如旧上海的一位名人所说：“四等人，没本事，脾气大；三等人，没有本事，没有脾气；二等人，有本事，脾气大；一等人，有本事，没脾气”，在我们身边四种等级的人都有，第二、三等人多，前后类型的人都较少。

在团队中，成员之间存在一些矛盾在所难免，但当大家有了共同的发展目标后，加上团队领导者的人格魅力，就能够拧成一股绳。团队领导者应该经常让员工有这种感觉：我们不但是团队成员还是一家人。

三、团队成员互相信任的建立

团队成员互相信任的建立，首先要求团队领导者必须有个人魅力，必须心胸坦荡，有公心、担当，对待成员要真诚，以一种平等的心态与成员共事；站在团队负责人位置，应当将每个团队成员相互发展与成长作为一种责任，而不是把一点权力当作压迫成员，甚至为自己、家人谋私利的工具。团队负责人必须对成员充分地信任，包括对成员的知识、能力、品德等方面，结合每个团队成员的特点委派不同的事务。如果长期只是相信一两个人，无论何种事情只是委派一两个人，只是让极少数人立功、得利，就会在大团队中发展成小圈子，团队的相互信任就会丧失，团队与负责人及团队成员之间就会产生隔膜，交流沟通困难。在这样的团队氛围下时间一久，团队就会形成一盘散沙，负责人能倚重的人也越来越少，带给团队大多数人的收益也越来越少。以上导致团队产生负能量的人，主要不是个人业务能力不够，更重要的是自己心态不正、私心重、口是心非、表里不一，对大多数成员不信任，使得大多数成员缺乏归属感，不利于团队的成长和发展。有些团队领导人格的缺陷是破坏团队信任的一条重要的导火线，不利于大团队的协作，从而影响团队的绩效，只是让极小的圈子成员得小利，就会引起大多数成员不满、部分成员愤怒，甚至导致少数成员离开团队或者离职，这样的团队在工作生活中或者网上报道的案例比比皆是。

不管团队负责人还是成员，时刻都不要忘记进入团队时的初心，牢记进入团队的使命，碰到困难时要及时与团队成员沟通、协作，共同找到解决问题的办法；有好的想法、创意及好事也与团队成员一起论证、分享，这样才能为打造高绩效的团队贡献自己的力量，个人的事业也会随着团队的发展而发展。

（刘立云）

从不同角度认识和打造高绩效团队

近期，在单位组织下利用下班时间学习《打造高绩效团队》，共计十二个章节。每个章节内容丰富，深入浅出，绘声绘色，使我们深深体会到：单位的发展离不开高绩效的团队，充分发挥好团队精神，心朝一处想，劲往一处使，才能无往而不胜。

回想自己进入单位近两年的学习、工作和生活，收获良多，单位为我们的成长和发展创造了很好的条件，也提供了很好的平台，可以这样说，我的每一点进步和成绩，都离不开单位及领导的关心和支持。对此，我始终心存感激。一直以来我都很珍惜我的工作，因此我也一直很认真地做好每一项工作。一个人能力会有大小，但做好工作除了能力，更需要坚持和执着，以及责任感。《打造高绩效团队》一书的主旨是如何打造高绩效团队，联系我们单位的实际，单位就像一艘大船，航行在农业科研创新领域的征途中，有了坚定明确的航向，也有了优秀的船长，目前最关键的就是在这艘船上的每一个人都要树立团队意识，把单位的人才队伍打造成一支高绩效的团队，只有这样，我们单位这艘大船才会更快更好地前行。

一、从员工的角度上

我认为作为团队中的一员，我们应具备如下品质或意识。

（1）良好的执行能力，能够高效地完成领导分配的任务，做好本职工作。同时无论领导的命令对与错，是否与自己的想法相左，都要先执行，执行之后，再寻找适合的机会提出自己的改进意见。之所以军队能成为最高效的团队，很大程度上也是依赖丁这种令行禁止的作风，用一个将军的名言来总结“虽然我并不认可你的判断，但是在没有新的命令下达之前我都会尽所有能力完成现有的命令”。

（2）积极的团队协作能力，能够和工作流程中的上下部门进行良好的配合与衔接。

（3）善于跟领导用适合的方式提出改进意见。一条小鱼，也许只能打败虾米，但一群团结的小鱼，可以拥有鲨鱼一样的力量。团队已是时代主题，现在已经进入一个团队为王的时代。请忘记来自外界的竞争吧，因为最大的敌人就是内部的不齐心协力，团队内部关系的融洽往往比改善生产工具更具生产力，和谐团结的团队是高绩效的保证。一滴水，阳光下很容易干，但正是因为有亿万滴水的存在，世界上才有了浩瀚的大海，这就是团队的力量。

二、从管理者的角度上

如何能让自己的团队成为高绩效团队，我认为要具备以下几点能力。

（1）要让自己的团队有明确的目标，也只有所有的成员都明白目标在哪里，才能充分地发挥自身的优势，去实现这个目标；也只有当大家志同道合时，才会在沟通过程及工作过程中减少因目标不明确带来的团队战斗力的缩减，从而形成有强大战斗力的团队。领导还要能够鼓舞士气，不停地督促大家，及时纠正并制止过程中队员的精力分散，让大家持续把目光放在目标上。

（2）能够对团队成员进行良好的分工，对工作进行合理的量化，尽量避免团队成员因工作量过大无法完成而导致后面工作拖延的沙漏效应，从而保证团队的高效工作能力。同时对流程进行明确，制定标准，并形成一环扣一环的工作衔接，还要在工作衔接中善于寻找方法，提高效率，减少流程中对时间的浪费。

（3）慧眼的能力，在工作过程中，能够发现团队成员的优点、缺点及特性，根据团队成员的特性，将团队成员安排在适合的位置上，做适合的工作，最大限度发挥成员的作用。

（4）要具备虚怀若谷、善于听取意见的能力。工作过程中往往最能够提出改进意见的人是基层的员工，他们在实际工作中最能发现问题，所以领导需要善于听取意见，从而对流程进行优化，保证团队良好高效地运行。

（5）在日常工作和生活中都主动与部门员工沟通，并根据实际情况与同事单独交流，了解他们的思想状况，帮助并解决部门员工工作和生活中遇到的困难。通过大家的共同努力创建一个轻松愉悦的工作氛围和一个和谐的小团队。

（6）要有承担后果的勇气与责任心，才能建立领导的凝聚力。

三、有效的沟通

沟通的效果取决于别人的认同，良好的沟通在我们工作中是必不可少的，不沟通就会产生很多误会，误会多了自然就会产生隔阂，严重影响团队的建设。沟通要掌握三大原则，即，先营造氛围，再处理事情；立场要坚定，态度要热情；摆对位置说对话。在日常工作中，很多人在沟通的时候都没有把握好上述三大原则，因此导致沟通没有达到真正目的，没有得到别人的认同，有的甚至适得其反。

我是个不善于沟通的人，但我明白沟通的重要性，不沟通就没法有效地开展工作，一个人如果真的要有所成就，一定要学会沟通，特别是要能面对很多人说话。所谓高明的沟通技巧并不是主要的，最重要的是心态，拥有良好的心态就必须克服三种不良状态，即自私、自我和自大；心态好了，沟通时就会很自然地去体谅对方的不便和难处，能考虑到对方的需求，能主动支援和主动反馈，而这些恰恰是沟通所必需的。在现实生活中，我们经常需要和别人去沟通，也总是以为我们想要表达的信息，对方可以完整地接收到，而其实，由于种种原因，我们所表达的和对方所接受的信息，有时竟然会相去甚远，所以，很多时候，我们花了许多时间，也做了精心准备，但沟通却是无效的，因此学会沟通，懂得沟通，善于沟通是多么的重要。

单位是我们的一个大家庭，让我们像呵护自己的家那样去呵护我们的单位，用我们的智慧、热情以及对单位的深深热爱，积极投身到单位的发展创新中去，相信我们的单位明天会更美好，事业会更辉煌。

（孙昌东）

浅谈科研团队的沟通
——《打造高绩效团队》学习心得

每每阅读一本书，只要我们用心去感受，认真去体会都可以学习到很多知识，发现很多问题，而这些问题往往是被我们忽略掉的。《打造高绩效团队》书中提到科研团队沟通的三个重要环节：表达、倾听、反馈，要做到有效地沟通就必须要做到清晰地表达，耐心地倾听和及时地反馈，三者缺一不可相辅相成，书中仅是抛砖引玉，在认真思考后我再结合自己的实际工作得到如下心得体会：

一、相互了解是沟通的前提

古人说：“知己知彼，百战不殆”，知道自己的能力和处在什么样的位置，找准自己的位置；知道同事的长处与短处，安排下属做什么样的工作，以发挥最大的效力，这样才会“百战不殆”。在我来看我们还要了解同事的家庭情况、想法、能力等，要做到了解对方，成为同事的知己；在长期的工作中，我们要善于总结，不断完善与同事在工作中的交流方法与工作方法；处理好工作与生活中人与人之间的关系；对同事在工作中或其他方面的过失要换位思考，体谅他人的难处，归根结底就是要了解同事的需要。

二、目标明晰是沟通的保障

团队在开展工作的时候，务必分工明确、目标明晰。当然有了分工，不代表你可以一个人埋头苦干闭门造车，如果没有遵循团队的意愿和策略去开展工作，就会脱离总体的目标方向。团队成员之间需要有良好的沟通，业务分工既是相互独立又是有内在联系的，良好的沟通能事半功倍，能够相互看到不足并进一步汲取经验，如同拔河一样，“劲往一处使”方能获得最终的胜利，反之即便你用尽了全身的力气但是方向是和大家反着的，那最终也会是“神助攻”，费力不讨好。

三、沟通必须有积极的心态，总是往“可能”的方向去做

一个目标只有可能和不可能两种最后的答案，我们必须一心想着可能实现的，并不断为可能实现的目标找方法，不能一开始就觉得不可能，否则我们的行动总是围绕着“不可能”而开展的，总是为不可能实现找借口，一开始怎么想的就决定了我们能否成功，因为行动是按照想法去做的。还有在做事情的时候，必须不受外界因素的影响和干扰，不然，容易使我们放弃努力，限制了主观能动性的发挥，导致不理想的结果。

四、沟通的目的是以人为镜

“不识庐山真面目，只缘身在此山中”。自己看自己，很难发现自己身上的不足和缺点，但是和人交往，与人接触，别人能更加清晰地看到你的缺点，如果总是自以为是，故步自封，目中无人，那么你的真心朋友就很少，你在整个社会人际圈里，将找不到自己的位置。我们不能要求所有人都对自己有良好的评价，但我们可以改变自己，改正缺点，去适应别人的看法，提高别人对自己的评价，让更多的人和我们有良好的沟通和合作关系。我们该怎样做呢？首先，必须有颗谦虚宽容的心，有足够的勇气去接受别人的不满和批评，并且能够及时调整自己的心态和处世作风，相信自己能更加融入大家庭，这样才能够把事情做得更好。

五、沟通需认知——合作方能共赢

著名的红黑游戏，告诉我们这样一个道理，不管生活或者工作，我们往往处在竞争的关系当中，但是很多时候我们都在恶性竞争，一方以为自己通过不断打

压对方赢了，其实最后表面看是赢了，实际自己也输了，输的那么不经意，因为回过头来想想，结果不是我们想要的或者预期的。有的时候我们是不是应该在竞争的过程当中，主动给对方出张黑牌，告诉自己的想法，达到共赢的目的，因为我们想要的不是整死对手，或许联合更加容易成功，但是在必要的时候也出出红牌，告知对手，如果我们有了共赢的诚意，你若自以为是，我照样会出红牌，照样让你输得一败涂地。

六、沟通的桥梁——承诺与担当

“言必信，行必果”。承诺了就一定要做到，即使没有做好，也要学会担当，而不是找借口。在我们生活工作中，常常轻易地许下诺言，往往却做不到之前的承诺，很多人总是找这样那样的客观原因，推脱责任，希望通过这些获得别人的原谅，这样会使我们形成推脱责任的习惯，不管做什么事情都不会全力以赴去做，导致做事情从来不去找自己的原因，而其实自己才是兑现不了承诺的关键啊！所以不管什么时候，遇到什么样的困难，我们应该先责于己，从自己身上找原因，这样不管做什么事情，都会向着更加健康的方向发展，即使做不到，我们也要学会担当，该罚就罚，该怎么样就怎么样，不能逃避责任。若逃避责任，会使我们没有进取心，不会全力去做事情，更不会得到领导和下属的尊敬，只有得到大家尊敬，大家才会跟你一样，整个科研团队才会更加高效。

七、沟通的核心是和谐共处

天生万物，和谐共处方能共生，只有和谐相处才能共同进步，这些年全国大力宣传和谐观念就是这个意思。我们的社会要和谐，我们的科研单位要和谐，我们的课题组更要和谐。因为我们是一个团体，是一个团队，我们处在同一个环境下，只有我们共同协作，共同努力才能共同进步、共享利益。我们经常会看到团队成员不和，有部分成员形成几个小团体，为了一点蝇头小利，斗来斗去，互相拆台，造成共同利益受损，影响了团体力量的发挥，当然这里的原因涉及各个方面。要打造和谐的科研团队先要确立一个观念就是“以和为贵”。在中国的处世哲学中，中庸之道被奉为经典之道，中庸之道的精华之处就是以和为贵。同事作为工作中的伙伴，难免有利益上的或其他方面的冲突，处理这些矛盾的时候，第一个想到的解决方法应该是和解。毕竟，同处一个屋檐下，低头不见抬头见，如果让任何一个人破坏了心情，说不定将来吃亏的是自己，而不是别人。与同事和睦相处，在其他同事和上级眼中，你的分量将会又上一个台阶，因为这代表着一个人的涵养和品质。综上，人际关系的和谐处理不仅仅是一种生存的需要，更是工作上、生活上的需要。

（孙晓东）

《打造高绩效团队》读书心得

读了这本书让我受益匪浅，对团队及管理知识有了新的认识。工作没有贵贱之分，团队成员没有地位高低之分，不要看轻自己的工作，态度是关键。作为团队的成员之一，仅站在自己的角度谈几点感受。

一、学会自律

高绩效的团队讲究每个人的自动自发，它强调一种主动精神，没有硬性要求和强迫，自己应该如此认识到，并出色地完成自己的工作。自律包括自我约束、自我反思和自我检讨的过程。作为团队的成员，首先要敬业，本着一颗责任心，首先要做好自己份内的工作。比如说，我在省里的时候，我们的分管厅长，白天要应付很多会议，安排处理一些事情，基本没有时间处理文件。为了保证业务处室的正常运行，他经常是白天开会，晚上回来处理文件。这就是一份敬业，不管处在什么位置，要尽可能地去做好自己手头的工作，因为我们是一个团队，团队中的任何一个环节都会影响整个团队的整体运行，不能让自己拖了团队的后腿。

二、培养自己做事主动的品格

主动了解团队需要我们做什么，自己能为团队做什么，然后进行周密规划，主动行动，并全力以赴地去完成。当因为一些工作布置和落实没有达到预设的效果，或者个人之间产生小矛盾时，应顾全大局，首先要学会换位思考，考虑其他人的“难处”；其次要严格检讨工作中自身存在的问题，反思自己的不足，然后寻找合理的对策，主动解决问题。从身边小事开始，培养自己主动做事的品格。

三、严于律己，宽以待人

办公室中的每个人都各有各的长处和缺点，这就需要我们在日常生活中，培养与人相处的良好心态，严于律己，宽以待人，并在日常生活中落到实处。不斤斤计较，不搞小团体主义，团结合作，把办公室建设成有凝聚力的团队。在工作中，要严格以职业操守要求自己，经常提醒自己扎扎实实做事、认认真真做人。予人玫瑰，手留余香。对待同事要常存关爱、宽容之心，做到真诚待人、宽厚待人、以理服人，不兴风作浪，不混淆视听。

四、甘于奉献

除了自律，在团队合作中更需要牺牲和奉献作为基础。我无法清楚地界定，似乎从物质层面而言，奉献者得到的回报很多时候是低于其创造的价值的。但甘于牺牲和奉献往往也得到了心理上的满足，它是在摆正个人与团队关系的前提下，一种自觉的、不计回报的、把集体利益看得高于个体利益的行为。目前很多工作都是繁琐的，但团队中的小事，也必须有人来做。敢于承担责任并替他人分担责任，只有这样，别人才会信任你。在团队中更要注意培养自己的心态，不要把责任推到别人头上，即使是别人的错，你也有责任，因为作为团队的一员，如果你看见别人已经在犯错的边缘而没有伸出手拉一把，这本身也是你的错。

五、学会沟通

第一，学会沟通交流，自觉维护团结，是加强团队建设的重要保证。顾名思义，团队，是团结的队伍。没有团结，加强团队建设只能是纸上谈兵。能在同一办公室共事确实是缘分。由于性别差异、性格差异、情绪差异、工作思路差异等因素，在工作中难免发生争论和摩擦，甚至出现暂时的不快。一旦出现这种情况，首先要进行换位思考，学会站在对方的角度思考问题，体谅对方当时的心境和难处，反省自身存在的不足和问题，把双方的矛盾和问题简单化，避免复杂化，力争大事化小、小事化了。坚决避免无事生非、上纲上线，芝麻小事演变成矛盾纠纷。其次，主动沟通。要敢于放下架子，主动找别人谈心、解释情况，化解双方心结。第二，在工作中做到有分工有协作，是加强团队建设的关键所在。首先，要发扬团队的协作精神。协作精神是团队精神的重要内涵，团队每位成员在日常工作中，要正确处理好责任分工与团队工作的关系，处理好本职工作与其他工作的关系。在做好本职工作的同时，加强与其他成员的配合和协作，切实将分工与协作有机结合起来，积极营造良好的团队协作氛围。其次，强化成员间的支持和配合。由于工作头绪多、任务重，经常会出现难以应对的局面，出现失误和纰漏也在所难免。因此，在日常工作中，要积极主动配合同事们的工作，借用先前的一句话叫“相互补台、共同上台；相互拆台、共同下台。”

六、共同目标

一个好的团队当然要有共同的愿景，虽非一日可以得来，但无时不在的沟通则是必须和必要的，从目标到细节，甚至到家庭等，都在沟通的内容之列。与同事沟通，可以增强合作性，节约在工作中的磨合时间，更可以消除误会，减轻心理负担；同上司沟通，可以很好将自己对于工作的想法及时上达到领导层，为他们作出决策提供依据；同家人沟通，可以营造一份融洽的氛围，有利于身心健康。同外界建立畅通的信息渠道。信息的畅通是所有企业发展的前提，可以降低交易成本的支出。特别是在我们现今这个信息时代，丧失了通畅的信息渠道也就意味着丧失了对顾客以及竞争对手的了解，丧失了企业生存与发展的先机，对团队而言也是如此。

团队建设是一个长期的工作，随着团队组成、外部环境及内部影响，都会产生变化，但做人做事的原则是不变的。作为团队成员，要始终保持自身先进性，同时尽自己所能帮助团队成长。“在不忙的时候，帮助其他人”“毫无怨言地接受任务”“对自己的工作任务，主动提出改善计划”，如果团队的成员都这样要求自己，我想这个团队不会差到哪里。

（尹欣幸）

如何做团队的小角色，如何让小角色活出精彩

团队建设中不可能总是和风细雨，总会遇到一些非常情况。因此作为团队领导，既要“俯首甘为孺子牛”，为团队成员服务好，也要能够“横眉冷对千夫指”，坚持原则，克服好人主义思想，对危害团队的人和事，要敢于斗争，处理起来要当机立断，毫不手软，以斗争求团结，最终实现团队奋斗目标。

做好团队的“头”。是众多团队培养专家和学者强调的要点。要做好团队的领头羊，首要的是单位领导要提高自身素质，即培养自己的凝聚力、魅力、魄力、眼力和执行力。既强调领头羊的学习精神，坚持不懈地培养团队文化，同时又要正确对待工作中的困难和挫折，一如既往地保持工作热情，用自己的人格魅力与敬业精神感染和团结员工。

我们每个团队的负责人，肩负着带领团队实现团队各项目标、并带领团队成员共同进步的重任。他既是管理者，又是执行者；既是工作计划的制订者，又是实施计划的领头人，作为团队的“头”，其个人素质起着至关重要的作用。要做好这支团队的领头羊，不仅要用平和之心客观公正地对待团队的每件事和每个人，更重要的是全面提高自身素质。

但在实际工作中，每个人都是小角色，单位领头羊也是院管理团队体系的小角色，中层干部是所领导班子领导下的小角色，团队成员又是团队的小角色。每一个小角色形成了一个个通过化学键构成的官能团，官能团之间形成小分子，小分子形成大物质，无数的大物质又构建了整个世界。

一、作为团队中的小角色该如何定位和做好自己的工作

1. 找准定位，认清自我定位十分关键和重要

一个人的位置会决定这个人的视野，从新员工的角度永远无法全盘看待一个单位的问题。有的小角色，对一个单位以及领头羊所处的政治环境、运转模式、管理策略一无所知，但就是觉得自己能力出众、鹤立鸡群、分分钟搞定单位老板并能解决单位问题，整天只会从自己的角度去看待问题，肆意展开坐井观天式的

评论和怒怼单位的管理。如果重用这种小角色只会将管理者带到坑里。

人天生有一种负面行为，就是抱怨，对于身边不满意的事情，就要“怼”个痛快。于是单位里永远不乏这种人，仿佛全世界就他一个人发现了同事不行、领导太傻、待遇太差，总是絮絮叨叨，见到人就说单位存在的种种问题。对于这种人，智商在线的可能就跟要好的同事抱怨一下；智商不在线的，就会跟领导拍桌子、写告状信、吹枕头风，搅得一个单位一个团队乌烟瘴气。当自己处于领导的位置时，也许当初的那些所谓的抱怨也就不算是问题了，只有自己走过这样的路，自己才能懂得。

团队中的每一个小角色都需要以提高自身素质和实现团队目标为己任，只有以合作协同为核心，才能最大限度发挥团队的潜在能量。每一个小角色都要遵从一些基本的规则，如果每个小角色都做“布朗运动”，团队必将是一团瘴气。

2. 从团队角度，尊敬和服从上级

之所以会有上下级，是为了保证团队工作的开展。上级掌握了一定的资源和权力，考虑问题是从团队角度而可能难以兼顾到个体。

员工如果不站在团队的高度来思考问题，只站在自己的角度去找上级的麻烦甚至恃才傲物，那么会很难生存，更奢谈走得好走得远。

3. 通过正常的途径与方式去反馈意见和建议

一个团队的决定有可能是对的，也有可能不太合理，但决定一旦定下来了就具备一定的权威性和强制力，也是保障一个团队正常运转的必要条件，是从大局和整体的角度出发的。员工先换位思考，如果对团队的利益有保障就要服从。如果有不尽完善的地方，要选择正常的程序和方式提出建议并等待回复，只要决定没有触犯法规，员工应该无条件服从。如果采取消极方式对团队的决定进行对抗，受伤害的只会是员工自己。试想如果每个士兵对于将军的决定都坐地讨论，那么还谈何打胜仗。

4. 踏踏实实把事做好

把问题说出来没什么了不起，人人都有这个本事，重要的是能够在改变不了这些问题的情况下，还能踏踏实实做好自己的事情。

每个单位都会存在这样那样的问题，如果不能改变这些问题，踏实做好你自己的事情，比什么都重要。与其花时间怒斥单位存在的问题，倒不如扎扎实实做好自己的岗位工作。

能不能做，是能力问题；肯不肯做，是态度问题。很多人自恃能力出众，不肯做能做的事情，天天想着自己还不能做的事，这就是价值观的问题。

5. 把事做好的同时，把人做好

从进入职场开始，就要把塑造自己的品牌作为一项重要的事来做。而把事做好是基本的，同时也要把人做好。把人做好更是一个人品牌塑造的重要条件，你在职场上的声誉会决定你职场的长度和宽度。你的人品是需要大家通过与你共事看出来的，也是一个长期积累的过程。不仅要在单位内，还要在行业内、在业界树立良好形象。

如果你不能为一个团队创造一定的价值，起码不要成为制造麻烦的因素。

团队里成员形形色色、个性各异，有的员工喜欢用小手腕制造麻烦、造谣惑众来达到一些目的。一个人的为人和能力在团队成员的长期合作中，大家都会有判断。小手腕能让一个人得到短期利益，一旦其他成员了解了他以后，他便很难立足。要在团队里长期生存下去，大聪明是必要的。

总有很多所谓聪明人常常长袖善舞、八面玲珑，但遇事不愿承担责任，此类人之所以没有做成大事，不是能力问题，而是态度问题。服从安排，出活，端正工作态度，踏实做好本职工作，总有一天就算你不言语，也会有领导征询你的意见。

二、如何让自我的小角色更精彩

“没有才，一切归零；没有道德，才归零”。

（1）不同的岗位需要不同的员工，每个小角色都可能是必不可少的人才。我们通常有一个误区，认为无论什么岗位，员工学历越高越好。其实，绝大多数人都各怀其才，关键是如何使用人才。

（2）每个人都有才，关键是团队能否给他提供一个大展身手的岗位。对人才的评判，不能以资格来决定他能不能当领导。而是应该取决于这个人有没有挑战精神，有没有拼搏的精神，有没有奉献的精神。如果有，就给他机会与平台。

（3）对于人才，道德是第一位。人才要忠于自己的岗位，如果没有道德，他就不是人才。尽管你懂技术，但我认为，你依然不是人才。

三、小角色的小贴士

（1）小角色书读得不多没关系，就怕不在岗位上继续读书。

（2）小角色要有专注的东西，一辈子走下去挑战会更多，不可坐井观天、故步自封。

（3）小角色光有激情和创新是不够的，它需要很好的体系、制度、团队以及良好的盈利模式。鞋舒服不舒服只有自己知道。

（范海阔）

成就优质高效团队 助推科研跨越发展
——高效团队建设的心得体会

通过对高效团队建设实践及相关材料的学习，感觉耳目一新，如夏日里的一缕凉风，让我感受到前所未有的惬意与畅快，收获到意想不到的惊喜与成功！“康泰之树，出自茂林，树出茂林，风必折之。”一棵健康高大的树木，一定是从茂密的森林中生长出来，这棵树如果离开这片森林，风一吹来势必折枝散叶。在当今社会中没有一个人单靠自己就能顶天立地。科技竞争不是个人赛，而是团体赛。因此，增强领导力，实施人文管理，倡导人尽其才、各司其职，增强团队凝聚力、向心力，实现智慧共享、资源共享，合作共赢，最终才能成就一支优质高效的团队，从而助推科研工作跨越式发展。主要体会如下：

一、增强领导力

增强和发挥领导的指导作用，首先领导必须以身作则，为团队成员起榜样和示范作用；其次，明确方向和目标；最后，明确各团队成员的角色和责任分工，充分发挥团队成员各自的才能，激发每个成员最大的潜能。团队是因事业的某项关联促使各成员联合起来而形成的，在行为方面有彼此影响的交互作用，在心理上能意识到其他成员的存在，并有相互归属感，目的是追求事业的整体性成功。团队的管理者是团队的中心，是团队组织的指挥。就像是一场交响乐队演奏时手持指挥棒的指挥，如果没有那优雅而充满激情的指挥，任凭乐手各自自行演奏，那么再优秀的乐手演奏再伟大的交响乐曲，也只能成一曲杂乱的狂欢曲。团队的管理者也是如此，优秀的团队管理者，不仅应该具有突出的工作能力和知识技能，还应该具有卓越的领导能力、统筹能力和协调能力。管理者是事业文化的传播者、制度的执行者、团队任务的计划和决策者，也是团队责任的承担者，是团队和高层间的沟通者和桥梁，也是团队健康氛围的促进者和协调者。比如群狼狩猎，只有在一匹精明能干、沉稳睿智、颇具组织、领导才能的狼首领的英明带领下，群狼捕猎才能取得成功。

二、增强团队合力

团队成员由于心态、观念、能力的不一致，难以各自高效地完成目标，正所谓“百姓百心”，导致很多工作进展缓慢，作为领导者和管理者必须以人为本，采取科学有效的管理方法，让全体员工凝成一股绳，建设一支高效团队。

1. 目标引领

团队凝聚力是无形的精神力量，是将一个团队的成员紧密地联系在一起的看不见的纽带。团队的凝聚力来自于团队成员自觉的内心动力，来自于共识的价值观，是团队精神的最高体现。因此领导者要能把握先进的科研目标，以科学的目标引领团队前进的方向，使团队成员对工作目标形成统一和强烈的共识，增强团队成员对团队的向心力、凝聚力，使团队走向高效。

2. 沟通协调

首先，领导要进行充分沟通，引导团队成员调整心态和准确定位角色，把个人目标与工作目标结合起来，明确知道自己要做的事，以及清楚如何去做，增强团队成员之间的沟通和协调。其次，领导要及时发现团队成员之间的矛盾冲突，通过沟通和协调，促使各方不断达成共识，更好地促进目标的实现。因为冲突是团队建设中无法避免的现象，冲突可以造成正反两面的效应，它的正面是促进团队成员对重大事项审慎分析，具有激励作用，带来竞争，唤起成员的危机感和紧迫感，但冲突的反面是引起团队的运作秩序混乱，引起冲动和非理性行为，将整体的目标转化为个人目标，导致团队整体运作的效率下降。此时的沟通就像是一座桥梁，可以针对性地解决问题，以及进行内部机构的合理调整。沟通可以采取各种不同形式进行，管理者可以适时通过单一性的会议或进行个别交流，达到内部机构的和谐。沟通不仅要在内部之间展开，同时也要对外部直接相关的团队横向沟通，促进与外部机构的和谐。良好的沟通可以将团队成员更加紧密地连接在一起，是团队建设和谐的基础。

三、实施人文管理

没有规矩不成方圆，同样，科研院所要加强团队建设必须要依靠制度，但在制度的规定上要有弹性，体现人文关怀。人文管理还体现在领导者要放下领导的权利，以优秀的人格魅力来管理团队，让团队成员心服口服。

四、增强团队的凝聚力

一个团队就像一张捕鱼的网，每一个网格在自己的位置都起着不同的作用。不能因为某一个网格上能捕到鱼，而忽略其他更多网格的作用和存在。团队中的成员就是网格，每个成员都有自己的一个位置，有自己发挥作用的地方。忽略或强调某个人的成绩，都不能形成一个高效团队。

五、加强沟通与协调

加强沟通，是团队内的上级、同级、下级或组织外的个人、组织、群体乃至社会，进行思想、观点、信念、意见、感情、愿望交流的过程，目的是形成相互理解、相互信任的和谐人际关系。高效协调，是为了更好地实现目标而采取不同的方法、手段，协同各方面的力量和步调，以达到相互配合，从而形成最大合力和支持力的具体过程。沟通是协调的主要手段。加强沟通和协调，就是使自己成为受欢迎的人，提升与人合作的能力。在以往工作中，确实存在同上级、同事缺少相互沟通的现象。通过学习使我认识到沟通在工作中的重要性和必要性，沟通可以加强相互之间的了解，减少误会和误解，统一认识，目标一致，彼此尊重，相互信任，密切合作，预防和避免工作中的失误。沟通也是减少内耗、增加效益的重要手段，是实现人员团结、组织巩固的有效途径，是调动各方面积极性的重要方法。因此加强沟通和高效协调非常重要，在团队建设中必须引起高度的重视。

（唐龙祥）

如何增强团队合力

通过《打造高绩效团队》这本书的阅读，了解到团队合力是高效团队建设的重要因素。作为领导者和管理者必须以人为本，采取科学有效的管理方法，让全体员工凝成一股绳。增强团队合力是团队建设最主要的一点，对于如何增强团队合力，有以下两点认识。

一、目标引领

团队凝聚力是无形的精神力量，是将团队成员紧密地联系在一起的看不见的纽带。团队的凝聚力来自于团队成员自觉的内心动力，来自于共同的价值观，是团队精神的最高体现。

一个团队就像一张捕鱼的网，每一个网格在自己的位置都起着不同的作用。不能因为某一个网格上能捕到鱼，而忽略其他更多网格的作用和存在。团队中的成员就是网格，每个成员都有自己的一个位置，有自己发挥作用的地方。忽略或强调某个人的成绩，都会影响团队的建设。个人有能力，但也必须有给你发挥的机会，还需要其他同事的合力互作，才能发挥更大程度的作用。高绩效的团队就应该是一个整体，有着充分的凝聚力，成员之间相互信任、相互协作，才能发挥出团队最大成效。

搞好团队建设，提高凝聚力和竞争力，必须认真做好沟通、关爱、激励、信任、服务、协调和组织这 7 个方面的工作。

（1）沟通是真诚搭建理解的坦途，只有真诚沟通才能相互理解。我们小组只有 4 个人，暂且不谈学习其他科目，很多时候除了做项目，我们各自都有自己的其他工作，有的是某平台负责人，有的是支部支委，而且身兼多职，这就需要占用我们一定的时间。这时候良好的沟通显得更加重要，只有沟通好了才能及时发现问题、解决问题。我们平时都是通过聊天的方式进行沟通。有人曾经问我：怎么整天见你跟人聊天啊？我的回答是：聊天也是工作。因为，那不是乱聊的，尤其在时机和话题的选择上。利用工作间隙聊聊项目的话题，目的只有一个：拉近距离，融洽气氛，了解情况，施加影响。还有就是文字记录，一定要让团队成员，尤其是关键成员养成做文字记录的习惯，这对我们团队的建设很有必要。

（2）关爱组员，人是最富有感情的，每个人在生活中都会遇到这样那样的困难，这时候组员之间要相互帮助，真诚的为对方出谋划策，会让小组人员之间的感情更牢固，使我们的小组“温馨”之家的感情日益浓厚。通过给组员创造一个轻松的环境，让组员的凝聚力和责任感不断增强，是搞好团队建设的重要一环。

（3）激励和信任可以有效地增强组员的使命感，提高组员的自信心。给组员更多的机会锻炼及证明自己的能力，既能促进工作的顺利完成，保证工作质量，同时又能在组员心里产生可亲可敬的形象，觉得小组里的人是值得信赖的。真正重视团队成员的意见并给予适当的授权，完成任务时给予及时的肯定，失败时给予真诚的帮助和鼓励，比物质上产生的激励作用要来的强烈和持久的多。

（4）服务，这是团队建设的核心内容。每个组员都应该为我们整个小组服务。而项目组长想的更多的应该是对这个团体的责任，是要把工作做好。工作最终要靠整个团队，而不是某个人来完成。组长要立足于服务，给团队成员创造一个良好的工作环境。换句话说，组织者的任务是把台子搭好，让团队成员把戏唱好。即便是团队成员最终超越了你，你真诚地帮过他，他自然也会帮你，何乐而不为呢？所以，不要吝啬于把你知道的东西告诉你的同伴，不要有妒忌的心理，这是非常忌讳的。这里需要指出的是：服务不等于麻木听从，是有原则的，会有不少误解、委屈，也会很“吃亏”，但你收获的将是一帮多年后都还彼此眷顾、相互信任的朋友和一段美好的回忆。

（5）协调和组织，也就是把合适的人放在合适的位置上。实际上，作为一项具体的技能和工作内容，沟通和服务是连在一起的。把沟通与服务做好了，协调与组织基本上就是水到渠成的问题。

还有 2 个需要注意的方面：一是要注意实际情况，因人而势；二是要注意尽可能合理地分配任务。

二、沟通协调

领导要进行充分沟通。首先，要引导团队成员调整心态和准确定位角色，把个人目标与工作目标结合起来，明确自己要做的事，以及清楚如何去做，增强团队成员之间的沟通和协调。其次，领导要及时发现团队与中层领导之间的矛盾冲突，通过沟通和协调，促使二者之间不断达成共识，更好地促进目标的实现。

冲突是团队建设中无法避免的现象，冲突可以造成正反两面的效应，它的正面是促进团队成员对重大事项审慎分析，具有激励作用，带来竞争，唤起成员的危机感和紧迫感；但冲突的反面是引起团队的运作秩序混乱，引起冲动和非理性行为，将整体的目标转化为个人目标，导致团队整体运作的效率下降。此时的沟通就像是一座桥梁，可以针对性地解决问题，对内部机构进行合理调整。沟通可以采取各种不同形式进行，管理者可以适时通过单一性的会议或进行个别交流，达到内部机构的和谐。沟通不仅要在内部之间展开，同时也要对外部相关的团队进行横向沟通，促进与外部机构的和谐。良好的沟通可以将团队成员更加紧密地连接在一起，是团队建设和谐的基础。

（王媛媛）

第三章
“打造高效团队”主题演讲比赛优秀演讲稿

团结、敬业、创新、谋发展，打造高效团队

大家早上好，根据所党委要求，本人认真研读《打造高绩效团队》书籍。秉承如何将我所所训“团结、敬业、创新、发展”的精神落到实际工作中，争取团队与个人最大进步的原则，结合《打造高绩效团队》一书，我进行了认真的思考。下面谈谈我的体会。

一、守好规矩，服从安排

从个人讲，作为一名管理人员，要努力做好本职工作，思想端正，遵守单位规章制度、服从安排、努力提升自己。只要用心对待工作，即便身份不同，也会得到相对的肯定。

二、尊重、沟通与服务

首先，一个团队，不管是领导者、管理者还是服务人员，团队建设的前提在于人与人之间的尊重！不懂得尊重人，一切都无从谈起，相互尊重可获取更多的信任。其次是沟通，好的沟通就像一个灵敏有效的神经系统，又像是机件运行的润滑剂。沟通的手段多种多样，目的只有一个——拉近距离，融洽气氛，让工作更加畅快、更加高效。再次是服务，这是团队建设的核心内容，特别在科研单位，管理部门要有团队服务意识，尽可能地把自己当“第三方”去多方面考虑和解决问题，而不是为了完成任务而应付性地去工作。交流语中也尽量多选用“请问”“请教一下”“麻烦”“谢谢”等字眼，好的语气会使工作更加高效。工作最

终要靠整个团队，而不是某个人来完成的，因此要立足于服务，给团队成员创造一个良好的工作环境。

三、协调和组织

协调和组织实际上是和尊重、沟通、服务连在一起的。把尊重、沟通和服务做好了，协调与组织基本上就是水到渠成的问题。人的特性不尽相同，在同一个团队中，团队带头人应有明确方向把合适的人放在合适的位置上，如同八仙过海，各显神通，通过合理的组合，减少冲突，增强综合能力。

讲个例子，在筹建一个全国性产业联盟年会期间，由于没有专项支持经费，会议筹备初期困难重重，如会议经费缺少开支渠道、会议规模大和邀请人员太多等，“巧妇难为无米之炊”。后经团队成员的共同努力制订实施方案，通过合理协调与组织，问题一个个迎刃而解。没经费？那就加大力度进行宣传拉赞助，经过努力，经费的事情解决了，团队工作人员动力足了，会议筹备中，团队成员紧锣密鼓地联系企业、布置展位、邀请专家等，大家都各为其职努力着。由于这也是我们团队第一次用“以会养会”的模式举办会议，工作中每个人也有那么一丝丝的成就感，整个团队人员满满的正能量。后来，产业联盟年会顺利成功举办，会议召开后，许多企业又主动与我们联系希望能成为联盟的会员。

四、绩效激励机制

团队建设应当配套绩效激励机制。本着多劳多得的原则，规范量化考核等制度，是一个团队建设的根基。即便在制度的建设过程中会遇到许多阻碍，团队通过 3~5 年的运行便可形成良好的风气和氛围。例如我所 2015 年首次出台《开发创收奖励管理办法》时，经过多少次会议讨论再讨论，修改再修改，当时多数科技人员认为存在开发基础不一样、基数、创收奖励比例等一系列问题，反对声音不少；但该办法出台后却极大推动了科技人员的积极性，近三年来，我所的开发收入平均每年以 15% 以上的速度增长，对科技人员奖励的力度也逐年提高，科技人员的腰包真正鼓起来了。

五、创新失败，该奖还是该罚

《打造高绩效团队》整本书亮点颇多，看到“创新失败，该奖还是该罚”这章节时，我忍不住多看了几遍，我认为创新就是“敢于第一个吃螃蟹的人”。目前我所成果转化与资源开发的工作就是不断地摸索与创新，开展合作的模式与内容等都是一种新方向、新摸索、新趋势，我们只有努力开展了才能看到成与败，就算是失败也是一种经验的积累，因此团队建设中请允许团队成员的创新失败。

六、提高职工幸福感

如何提高职工的幸福感，对团队建设工作起到至关重要的作用。有人说职工工资待遇提高了就幸福了，这是一种方式，但绝对不是唯一途径。提高职工幸福感的方式特别多样化，如人文关怀、工会福利、娱乐赛事等方式都可以简单地让职工获得幸福感。前些年，我们所女同事都是非常活跃的，经常自发性地 AA 制开展各类球赛、聚餐、娱乐活动等，所里也会咨询女同事们需要单位为大家提供哪些便利，就是这么个小小的举动也会让我们以自己是研究所的职工而产生一种幸福感，所以有时候幸福真的可以很简单。

（郑小蔚）

做好自己，团结他人，成就团队

不知道大家有没有注意，我们经常会在不同的场合听到“团队协作、互相抱团、拧成一股绳”等，这些都是团结的代名词，可以说“团队协作”已经是当今社会一个热门的话题。“团队协作”是一个团队、一个组织生存和发展不可或缺的基本原则。下面我将从个人角度，谈一谈对打造高绩效团队的理解和认识。

首先，就是要做最好的自己。木桶定律大家都懂，水桶能装多少水取决于最短那块板，每个人都应该争取不让自己成为团队的制约因素，即便是最短的板也要努力追赶他人，这样木桶才能装更多水，团队才能更强大。那么问题来了，怎么样才能做好自己？

一是要学习他人优点，克服自身缺点。人无完人，三人行则必有我师。作为团队的一员应该主动寻找团队成员的优点和保持积极向上的态度，学习他人的优点并克服自己的缺点，让缺点在团队合作中被弱化甚至被消灭。

二是勇于承担责任。作为团队成员，对自己负责，也是对团队和其他成员负责。任何有利于团队荣誉或者有损于团队利益的事情，都与每个团队成员息息相关，大家都有直接或间接的责任。只有每个成员，敢于负责，勇于担当，齐心协力，团队才能不断发展壮大，个人才能有所收获和进步。

古语讲“千人同心，则得千人之力；万人异心，则无一人之用”。打造高绩效团队，关键在一个“团”字。团结他人，相互帮助、精诚合作才能携手共赢。木桶里的木板如果各自分散，那么木桶肯定一滴水都装不了。在团队中，任何个体都是与他人捆绑在一起的，帮助别人就是强大自己，别人得到的并非是我所失去的。

有一个小故事大家都听过。从前一个人想知道天堂和地狱的人各是怎么生活的，上帝满足了他的愿望。在地狱，他看到人们一个个饿得皮包骨，但是，饭桌上并不是没有吃的东西，而是因为他们每人拿着一米长的筷子，拼命往自己嘴里夹菜，菜还没喂到嘴里就掉了。在天堂，他看到人们过得富足而快乐，饭桌上的菜肴和地狱并没有两样，他们也拿着一米长的筷子，所不同的是他们所夹的菜，不是喂自己，而是喂给对方。

天堂和地狱往往在于一念之差，成功的人总是那些乐于付出的人，只有先付出才能有收获，如果过分突出自己或是怀疑他人而不肯与人合作，那就很可能失去自己心中所希望的一切。

前面讲的都是我以一个小人物的角度讲的团队建设，如果你是木桶里最长的那块板呢？木桶装水量就只与短板有关吗？当然不是，如果把木桶倾斜，长板多分担一些，那么水就能装的更多一些。所以团队里的优秀人物，在完善自己的同时也要担负起帮扶弱小、统领全局的责任，使团队效能发挥到极致。

木桶里的短板与长板是两个极端代表，那么中间的木板就可以安逸享受了吗？答案当然是否定的！做好自己，团结他人，听从指挥，否则你就可能是下一块短板。

（寇田田）

立足本职，打造高绩效团队

相传佛教创始人释迦牟尼曾问他的弟子：“一滴水怎样才能不干涸？”弟子们面面相觑，无人回答，释迦牟尼说：“把它放到大海里去”。是啊，无论是沧海一粟还是浪花一朵，都必须有他的承载；一个人也一样，只有在一个优秀团队的依托下才能更好地发光发热，实现自己的人生价值和理想。掩面沉思，我们每个个体，应如何参与到高绩效团队建设中呢？

只有抱成“团”，才能形成“队”。我们每一个员工都是研究所这支团队里的一名队员，我们高绩效团队的打造，就是在每一次目标设定后，全体队员最快最规范地去达成目标。高绩效团队有着强烈的向心力和团队精神，遇事不推诿，每个个体都向着同一个目标在积极推进。

现代企业之间的竞争，已经不是员工个人之间的竞争，而是一个团队与另一个团队的竞争。当今社会人才济济，企业不缺人才，缺的是将各类人才迅速整合，打造成高绩效团队的能力。成功的团队中没有失败的个人，失败的团队中没有成功的个人。我们在工作中如果只知道单干，不懂得依靠团队的力量，就只会越干越忙，越干效率越低。打造高绩效团队，是研究所提高科研实力，推动研究所建设发展的必要举措，也是我们每一个员工提高自身发展，提升研究所核心竞争力的有效手段。所强则员工强，高绩效团队可以给研究所带来高绩效回报，再辐射到每一个员工身上，都会受益。

在每一个团队中，每一个成员都必须认清自己的职责定位，认清团队目标，接受团队文化。思考在这个团队中，我可以做些什么？学习提升自身的技能，充分发挥自身能动性；服从领导者的安排，及时跟踪反馈；拥有高执行力，不是为了执行而执行，而是让执行得到一个结果。工作即为责任，个人需提高责任意识，才能不被团队所淘汰。

打造高绩效团队，我们需要做的还有很多。一个卓越的高绩效团队，应该是一群有共同目标的人，一群有共同价值观的人，一群有共同利益的人，一群能协作战斗的人，一群荣辱与共、同舟共济的人。

我知道，不是每一个人都能够站在团队的风口浪尖，领导着团队的发展与协作。你我不过是再普通不过的升斗小民，是研究所这个团队中的一枚小小螺丝钉。但是，就是这样一枚小小的螺丝钉，也能够发挥它的光和热。那就是，立足本职，争取在你的工作岗位上做一个认真负责的人。“位卑不敢忘忧国”。让我们不忘初心，心系团队。不管你在什么样的岗位，什么样的职位，我们都要做好本职工作，做一个高绩效团队的合格队员。

（王冰）

参考文献

陈一星 . 2007. 团队建设研究——以大学生为例 [M]. 北京：中央编译出版社 .
冯光福 . 2005. 教育部高职高专规划教材：管理学基础 [M]. 北京：化学工业出版社 .
胡启蓉 . 2012. 科研管理绩效管理：问题与对策 [J]. 成都行政学院学报（2）：94-96.
黄贤贵，程惠香，胡习斌，等 . 2008. 浅谈加快科研院所科技创新团队建设的若干举措［J］. 江西农业学报（1）：154- 156.
黄玉清 . 2008. 创建高绩效的项目团队［M］. 上海：华东理工大学出版社 .
蒋日富，霍国庆，谭红军，等 . 2007. 科研团队知识创新绩效影响要素研究——基于我国国立科研机构的调查分析［J］. 科学学研究（2）：364-372.
蒋巍巍. 2013. 打造高绩效团队［M]. 北京：中国电力出版社 .
李晨光 . 2003. 论高校科研团队［J］. 科学与管理（4）：49-50.
李巨光 . 2007. 浅议高绩效科研团队的构建［J］. 农业科技管理（6）：90-93，96.
李胜，陈晓强，江蛟 . 2010. 农业科研院所科研团队建设影响因素研究［J］. 江西农业学报（5）：191-193.
申林 . 2007. 组织行为学与人事心理［M］. 长沙：湖南师范大学出版社 .
师雪茹，陈刚 . 2015. 农业科研机构人力资源管理研究［M]. 北京：中国农业科学技术出版社 .
陶金. 2010. 团队建设与管理［M］. 广州：暨南大学出版社 .
谢晔，霍国庆 . 2014. 科研团队领导力结构研究［J］. 科研管理（4）：130-137.
徐莉 . 2008. 民航客舱文化［M］. 北京：中国民航出版社 .
阎剑平 . 2005. 团队管理［M］. 北京：中国纺织出版社 .
姚裕群 . 2006. 团队建设与管理［M］. 北京：首都经济贸易大学出版社 .